문예신서
300

20세기 독일철학

베르너 슈나이더스

박중목 옮김

東 文 選

20세기 독일철학

20세기 독일철학

Werner Schneiders

Deutsche Philosophie im 20. Jahrhundert

Kinship Between Life & Death

본 저서는 독일어권 내에서 20세기 철학의 가장 중요한 문제들과 사조들 및 전개 과정들을 기술하고 분석한다. 20세기 초기부터 철학은 다음과 같은 세 가지 주요 방향을 형성한다. 첫째는 과학 지향적이고, 둘째는 사회 지향적이며, 마지막으로는 실존 내지 초월 지향적인 철학이다. 첫번째 사유 방향은 철학의 과학화 혹은 과학에로의 환원을 추구하는 반면에, 후자의 두 사유 방향은——일부는 열린 채, 일부는 은폐된 채—— '구원'에 대한 어떤 형태를, 즉 본래적인 실존 내지 소외되지 않은 사회를 희망한다. 이 두 경우는——많든 적든 간에——규정될 수 없고, 그리고 은폐된 초월적 존재의 관점에서 어느 정도 희망을 품고 있다. 이러한 희망의 배후에 확실성에 대한 두 가지의 완전히 서로 다른 구상과 두 가지의 서로 다른 인간상 내지 세계관이 서 있다. 물론 모든 문제들을 해결할 수 있는 과학에 대한 희망도, 더 높은 구원에 대한 어떤 형태의 희망도 지금까지는 실현되지 않았다.

베르너 슈나이더스는 1932년에 태어났으며, 1997년까지 뮌스터대학교의 철학 교수를 지냈고, 도이체(Deutsche) 회장이자 18세기 연구를 위한 국제사회(Die internationale Gesellschaft zur Erforschung des 18. Jahrhunderts) 이사회 회원이다. 수많은 저술 이외에도 벡크(C. H. Beck) 출판사에서 《계몽주의의 백과사전 *Lexikon der Aufklärung*》(1995)을 편집하였으며, '벡크 비센(Beck Wissen)' 시리즈 가운데 《계몽주의 시대 *Das Zeitalter der Aufklärung*》(1997) 를 저술하였다.

머리말

본 저서는 20세기 독일철학의 가장 중요한 관심사를 밝히는 데 있고, 또한 다양한 이론들에 대한 개관——불가피하게 선택된 개관이지만——을 제공하는 데 있을 뿐만 아니라 근본 물음에 다다르게 하는 길을 열어 주는 데 있다. 본 저서는 **철학자들이 그들의 철학적 사유로부터 무엇을 약속했는가를** 묻는다. 물론 **이 철학자들이 철학적 사유로부터 무엇을 성취하였는가도** 당연히 묻는다. 이러한 관점에서 본 연구의 핵심은 다음과 같이 설명될 수 있다.

— 본 연구는 20세기와 20세기 바로 직전의 역사에 집중한다. 따라서 독일관념론 이후의 발전과 가장 최근의 철학적 과거를 돌이켜본다. 이는 역사적으로 생성된 특유한 현재를 더 잘 이해하기 위한 욕구에서 나온 것이다.

— 본 연구는 독일문화권 내의 철학에 집중한다. 따라서 독일어권 내지 적어도 본래 독일어권인 철학, 간단히 말해서 독일철학에 집중한다. 이는 독일철학의 사회적 영역 속에서 특유한 정신적 상황을 더 잘 이해하기 위한 의도에서 나온 것이다.

— 본 연구는 몇몇 주요 철학자들의 자기 이해에 집중한다. 다시 말해 특유한 철학뿐만 아니라 철학 일반에 대한 그들의 이해에 집중하고, 그런 점에서 자기 반성의 발화점으로서의 철학 개념에 집중한다.

이는 철학적 사유의 의미를, 따라서 특유한 행위를 더 잘 이해하기 위한 희망에서 나온 것이다.

　끝으로 베스트팔렌빌헬름대학교 철학과에 있는 계몽주의연구소의 공동 연구자인 미리암 라이쉐르트(Mirjam Reischert)와 다니엘라 바코니크(Daniela Wakonigg), 그리고 카이 첸크(Kay Zenker)에게 진심으로 감사를 드린다. 그들의 정열적인 도움이 없었다면 이 연구는 출간될 수 없었을 것이다.

베르너 슈나이더스

I

관념론의 완성과 붕괴

철학의 전환점

　20세기 철학의 바로 이전 역사는 1830년에 소위 말하는 독일관념론의 종말과 함께 시작된다. 계몽주의와 함께 걸어왔던 정신적 · 사회적 해체 현상들을 바라보면서, 이 중요한 시기에 새로운 사유를 통하여 서구 전통의 실체를 유지하려는 포괄적이고 원칙적인 시도가 다시 한번 착수되었다. 근대 과학의 개선 행렬과 과학에 근거한 종교 비판과 사회 비판 이후에 무엇보다도 중요한 것은 우선 철학을 몰락과 멸시로부터 구제하는 것이었다. 특히 이전에 결코 중시하지 않았던 근대 자연과학의 출현 이후 철학과 과학의 관계가 새롭게, 그리고 원칙적으로 해명되어야만 했다. 더 나아가 종교 비판과 18세기에 일어났던 정치적 혁명들의 경험으로 인하여 인간의 삶을 위한 종교와 국가의 역할 규정이 중요했다. 이와 함께 한편으로는 종교와 정치와의 관계, 다른 한편으로는 종교와 정치를 위한 철학과 과학과의 관계를 규정하는 것도 역시 중요했다. 이 모든 것은 포괄적인 정신적 개혁이 없다면 불가능하게 보였고, 이를 위해 철학은 '과학적'인 토대를 제공하여야만 했다.

　학문으로서의 철학에 대한 논의 기원과 독일관념론의 경로는 근본적으로 잘 알려져 있다. 고대 철학의 초기 이래로 철학은 특히 소크라테스(기원전 470-399)와 플라톤(기원전 427-347)을 통하여 지혜에 대한 사랑으로서 이해되었을 뿐만 아니라, 특히 아리스토텔레스(기원전 384-322)를 통하여 지식 또는 학으로서 이해되었다. 철학은 좋은, 그리고 행복한 삶을 추구한다는 점에서 무엇보다 중요한 것은 무엇을 올바르게 이해하는 것(Sich-auf-etwas-Verstehen, 참된 인식(episteme))으로 파악되었다. 이것에 의해 과학(scientia)으로서의, 그리고 이론(doc-trina)으로서의 철학 지위에 대한 물음이 이미 일찍이 제기되었다. 그러나 근대 자연과학의 발생과 함께 근대에 접어들어서 비로소 철학의 학적 성격에 대한 물음이 실제로 현실화되었다. 이제 철학자들은 철학의 새로운 정립을 통해 어떤 형식이든지간에 확실한 인식을 강력하게 주장하려고 했다. 그러나 동시에 철학은 **보편학**(scientia universalis)이라는 고유하고 전통적인 주장을 고집했다; 철학은 그 중에서도 과학으로서의 개별 학문이 아니었고, 그리고 개별 학문일 수도 없었다. 철학은 가능한 모든 학문들 중의 학문이고자 했다. 이리하여 '새로운' 자기 이해를 위해 수많은 관점들이 생겨났다. 물론 이 관점들은 서로 명확하게 구별되지 않았다. 한편으로는 철학이 개별 학문들의 성과를 한데 모으고, 그런 후 학문의 종합으로서 이러한 성과들을 정리하는 데 만족할 수 있었다——이 방법은 여러 가지 이유에서 진전되지 못했거나 단지 틈틈이 진전되었고, 아니면 은폐된 채 진전되었다. 다른 한편으로는 철학이 반성적 인식 이론 내지 과학 이론으로서 (과학적) 인식의 원리들을 도출하고 그리하여 고유한 방식의 상위 인식으로서, 따라서 사실 메타현상학적 혹은 변형 경험적 인식으로서, 즉 인식의 인식으로서 적어도 인식의 원리들을 설명하는 데 노력할 수 있었다 ——이 방법은 특히 영국철학에서 진전되었다. 또 다른 한편으로는 철학이 선행 학문(근본학)으로서 가설적인 현상의 해명들에만 계속 만족하여야 했던 경험적이고 수학적인 개별과학을 보편적이고 명증적인 원리를 통하여 확실한 기초를 세우고, 그리고 하나의 체계를 정립하려고 시도할 수 있었다——이 방법은 특히 대륙철학에서 진전되었다. 그리하여 한편에서는 최초의 현대적 인식론이, 다른 한편에서는 최초의 현대적 형이상학 체계가 발생하였다. 결국 철학자들은 이 두 방법에서 (반성적 혹은 기초적) 원리들의 학문을 통하여 현상과학들을 능가하려고 했다. 물론 그들은 확실한 성과를 얻지 못했다. 왜냐하면 잘 알려진 바와 같이 어떠한 사유 방향이든 새로운 문제들이 발생하기 때문이었다.

근대 철학은 근본적으로 새로운 학문들과 관련하여 보수학자들(스콜라학자들)에게 대항했던 재야인들, 즉 비-전문인·비-신학자들에 의해 창설되었다. 그러나 물론 새로운 시대의 철학자들은 많은 점에서 학교에서 배워 알았던 과거 이론들에 의존하고 있었다. 그리하여 영국에서는 관방장을 지낸 프랜시스 베이컨(1561-1626)이 그 당시 널리 유포된 후기 스콜라철학의 '유명론'을 출발점으로 1600년 이미 일종의 경험적 탐구 이론을 전개시키려 했다. 그러나 그는 일종의 형이상학의 잔재로서 남아 있는 원리 탐구를 여전히 고집했다. 그후 17세기 말 전문 의사인 존 로크(1632-1704)가 최초의 포괄적인 인식론을 창시했다. 이 인식론에 따르면 우리의 모든 관념들은——수학과 도덕의 관념까지도 지각으로 환원되었다; 이로써 로크는 오늘날까지 영향을 미치고 있는 인간학·심리학의 전환점을 영국철학에 제공했다. 주교이자 선교사인 조지 버클리(1685-1753)와 외교관이자 도서관장인 데이비드 흄(1711-1776)은 한편 우리의 표상과 실재와의 연관성을 이론적으로 증명할 수 없음을 강조하고, 다른 한편 실재 수용에 대한 실천적 필연성을 강조함으로써 로크의 이론을 현상주의 내지 실증주의의 방향으로 전개시켰다. 이를 통해 원래 경험론적 인식론이 영국에서 발전되었고, 그리고 바로 영국에서 일찍이 회의론의 일격을 받게 되었다. 반면에 대륙을 지배하고 있었던 합리론의 (수학 지향적인) 형이상학은 여전히 명증적인 인식에 대한 희망에 자극되어 있었다. 그리하여 수학자와 물리학자로서 성공했던 르네 데카르트(1596-1650)는 보편적인 근본학으로서의 철학을, 즉 순수이성을 통해 확실한 원리들로부터 연역된 체계로서의 철학을 오로지 명증성을 근거로 하여, 더 나아가 자의식의 자기 확실성을 근거로 하여 정립할 수 있다고 믿었다. 그는 신조차 대항하면서도 자아만은 의심할 여지가 없다고 주장하고, 동시에 모든 물질의 실체로부터 예리하게 구별하면서 의식철학 내지 주체철학의 형식으로서 근대 형이상학의 창립자가 되었다. 물론 오늘날까지 수많은 철학들을 확립했던 그의 이론은 이와 대립된 방향의 형이상학 구상을 통해 일찍이 의문이 제기되었다. 예를 들면 은둔자 생활을 하였던 국외자 베네딕트 데 스피노자(1632-1677)와 하노버에서 명성을 얻은 궁정 관리인인 고트프리트 빌헬름 라이프니츠(1646-1716)를 통하여 의문이 제기되었다. 스피노자는 유대교의 신비주의로부터 신 또는 자연을 유일하고 절대적인 실체로서 설명하고, 그밖의 모든 실재성을 신의 속성과 양태로 해석했다. 아리스토텔레스의 교단철학으로부터 단순한 실체들(모나드)의 무한한 다양성을 수용했던 라이프니츠는 이 실체들의 지각 속에 현상으로서의 모든 세계가 그때그때 포함되어 있다고 주장하였다. 또한 스피노자나 라이프니츠는 그들이 수용한 근거가 명증적이고 확실하며, 따라서 그들의 형이상학이 참된 근본학이라고 확신했다. 그리하여 전체적이고 개괄적으로 표현한다면, 18세기 중엽에는 두 사유 방식이 대립하고 있었다: 그 하나는 영국의 인식론, 다시 말해 경험론적이고 회의론적 인식 이론이며, 다른 하나는 대류적 형이상학, 다시 말해 합리적이고 독단론적 형이상학이었다.

1. 헤겔: 절대지를 통한 화해

이러한 상황 속에 관념론의 강단철학을 독일에서 열었던 이마누엘 칸트(1724-1804)는 18세기말 다시 한번 학으로서 형이상학의 가능성을 강렬하게 물었다. 그는 철학의 발생사에도 불구하고 자신의 철학을 독단론과 회의론, 합리론과 경험론 사이에 있는 제3의 길의 철학이라고 간주했다. 그는 주저 《순수이성 비판》에서 존재와 현상의 옛 구분을 없애 버리고, 자아의 자기 의식으로부터 우리의 지각뿐만 아니라 우리의 사유도 소위 물자체에 근원적으로 도달할 수 없음을 강조했으며, 더욱이 다음과 같이 입장을 바꾸어 놓았다: 공간과 시간은 우리에 의하여 수반된 감성적 직관의 형식이고, 통일성 내지 인과성과 같은 근본 개념들은 인간 오성의 선천적 사유 형식 내지 범주이다. 따라서 물자체는 우리에게 있어서 본질적으로 우리 자신을 통해, 즉 우리의 고유한 인식 조건들을 통해 생겨난 현상의 배후에 숨어 있다. 그리하여 현상만이――이는 우리 자신에 의하여 구성된 것이기 때문에――학적 인식의 대상일 수 있다. 반면 물자체는 소위 **가상체**(Noumenon)로서 단지 전제된 신적 지성의 대상이며, 이는 절대 우리에게 접근될 수 없는 채 남아 있다. 이와 함께 경험적 학의 가능성은 해명되었으나, 동시에 학으로서의 형이상학은 불가능해졌다. 칸트에 의하면 단지 당위의 경험 속에서, 즉 도덕법의 경험 속에서, 따라서 실천이성 속에서 우리는 여전히 절대자에게 접근할 수 있다——예를 들면 자유와 영혼 불멸, 그리고 신의 존재를 우리는 도덕적으로 확신한다. 특히 여기에서 종교는 본질에 있어 도덕으로 환원된다. 칸트에 있어서 철학은 비록 전형적으로 여전히 원칙적이고 체계적인 지식, 더 나아가 선천적 종합 인식이지만, 그러나 본질에 있어서는 비판이 되었다. 이 비판은 물론 다른 의미에서 학으로 불릴 수 있으며, 보다 오래된 그리고 보다 넓은 의미에서 학으로 불릴 수 있었다. 비판이 인간의 보편적인 관심이나 목적에 해당되는 한 비판은 세계의 철학이고, 비판이 전문적으로 형성되는 한 비판은 강단의 철학이다.

이러한 칸트의 비판주의는 동시대 많은 사람들에 의하여 불만족스럽고 모순적인 것으로 받아들여졌다. 특히 인식될 수 없지만 그럼에도 불구하고 필연적으로 사유되어야 하는 물자체의 개념이 문제시되었다——무엇보다도 자아 또는 자의식 속에서 추구되었던 제1의, 그리고 절대적 확실성에 대한 욕구는 분명히 깨어지지 않았다. 뿐만 아니라 종교적 · 정치적 관심은——계몽주의와 특히 프랑스 혁명을 통한 종교적 · 정치적 사유의 '해방'에 의해——새로운 정신 영역과 사회 영역 속으로 확산되고 있었다. 비-기독교적인 그리고 공화주의적 사유가 도처에서 점점 강조되었고, 이와 함께 새로운 철학의 참된 토대에 대한 물음이 점점 증가하고 있었다. 그리하여 칸트가 생존했던 시대에 이미 젊은 세대의 사유는 다시금 더 높은 인식, 즉 새로운 사변적 형이상학을 착수하고 있었다. 물론 이 형이상학은 (최종적으로 정치적 신학으로서) 정치적 · 종교적 사유를 새롭게 형성하여야만 했다.

요한 고틀리프 피히테(1762-1814)는 인식의 자기 인식을 위해 물자체가 무용한 것임을 강조하면서 우선 주체철학을 급진화시켰다. 피히테가 근본 명증성(Urevidenz)으로서 출발했던 절대적으로 확실한 자아

자체는 자기 자신과 다른 모든 것을, 자아와 비아를 '정립'한다; 전체 세계는 근본적으로 자아의 정립이다. 이 정립은 당위를 통하여 자아 속에서 요구된다. 그후 피히테는 후기에——일종의 종교적 '전회'를 통해——이러한 '자아성(Ichheit)' 내지 절대적 자아를 신으로, 따라서 세계와 신의 창조물인 인간으로 해석했다. 후기의 피히테에게 신은 더 이상 최초로 (선험적 또는 절대적 자아로서의) 자아 속에 있는 신이 아니고, 자아와 대립된 것으로서의 신이며, (자아성으로서의 자아만을 통하지 않고) 직접적인 세계 창조자로서의 신이었다. 근원적으로 이성의 자기 인식으로서, 그리고 순수한 직관적 이성과학으로서 이해되었던 철학은 이를 통해 다시금 절대자의 조망, 즉 초자아적 신의 조망이 되었고, 동시에 철학자는 은총받은 '지식인'과 '예언자'가 되었다.

이에 반하여 프리드리히 빌헬름 요제프 폰 셸링(1785-1854)은 일찍이——순수의식철학 대신에——신과 유사한 일체를 포괄하는 실재성으로서의 자연으로부터 출발하였다. 이러한 자연은 절대적인, 그러나 우선 여전히 공허한 동일성 내지 차이성으로부터 점차 세계로서의 새로운 상승 도약(잠재력) 속에서 인간 자아의 발생까지 전개되었다. 그리고 이 인간 자아 속에서 자연은 자기 의식에 도달한다. 철학은 절대자의 지적 직관이고, 절대자로부터 나오는 상관자의 재구성이며, 궁극적으로 인간의 도움을 통한 신적 자기 인식의 기관(Organ)이다——그러나 후기 셸링에게 신의 본질은 정신보다 의지 속에서 추구되었고, 참된 철학은 역사 속에서 신적 계시의 경험에 의존하게 되었다. 결국 셸링은 그후 관념적 정신철학을 일시적인 단순한 '부정적(negative)' 철학으로 간주하였다. 이 철학은 신의 메타-경험적 소여성으로부터 출발하는 '긍정적(positive)' 철학을 통하여 보완되어야만 한다. 그러나 긍정적 철학은 우선 신화 속에서 경험되고, 그리고 철학자는 신화의 해석자가 된다.

따라서 피히테와 셸링은 계속 대립할지라도 절대자에 대한 새로운 철학을 정립했다. 절대자는 이제 자명한 것으로 사변된다. 더 고차적인 의미에서 다시금 학으로서, 즉 지적 직관 내지 이성의 조망을 통한 절대지로서 간주된 철학은 그러나 동시에 더 높은 차원의 종교가 된다. 물론 이 종교는 비록 표면상 순수이성에서 나온 것이라 할지라도 확실히 기독교로 각인되어 있었다. 칸트의 비판주의에서 정점을 이루고 있었던 계몽의 인간학적 전환은 이와 함께 다시금 후퇴했다. 철학은 다시금 형이상학이고, 본질적으로 형이상학으로서의 신학이다.

슈투트가르트의 관리 아들로 태어나서 여러 번의 이동을 거친 이후 뒤늦게 베를린에서 위대한 경력을 쌓았던 게오르크 빌헬름 프리드리히 헤겔(1770-1831)은 처음부터 철학을 본질에 있어 사변적 신학, 또는 절대자에 대한 절대지로 이해했다. 철학은 절대적 체계로서 완성되어야 한다. 즉 철학은 최종적인 종합 속에서 체계적이고 역사적으로 전개된 모든 원칙들을 포함해야 한다. 이것은 생각하고 인식하면서 자신을 절대자에로 고양시키고, 그리고 소위 말해 신의 입장에서 세계를 관찰하는 것이 성공될 때에만 가능하다. 철학은 절대자로부터 모든 상관자를 구성하는 것이며, 또는 오히려 절대자 속에서 모든 상관자를 재생산하는 것이다. 헤겔은 신과 세계를 사유 속에서 서로 화해시키려고 했다. 그것을 위해 현실은 이성적이며, 이성은 현실적인 것임이 증명되어야 한다.

헤겔철학의 초기에는 짐작컨대 두 가지 대립된 근본 경험들이 있다: 한편으로 분열성의 경험(일면성과 소외성)과 다른 한편으로 통일성 또는 일치성(삶의 총체성과 전체 속에서 현실성과의 화해)의 욕구, 더욱이 신 자신과 다른 인간들과의 통일성에 대한 욕구. 따라서 철학은 일체의 매개로서의 총체성을 핵심적인 주제로 삼고, 무엇보다도 중요한 것은 이로부터 철학의 고유한 지위는 현실의 전체성 속에서 규정된다. 이러한 조망으로부터 헤겔은——일부이지만——대립된 두 가지의 새로운 요구를 만족시켜야 했다. 이때 제기된 물음의 대답에서 뿐만 아니라, 두 문제 해결의 결합에 있어서도 이미 현존하고 있는 관심사들을 돌이켜볼 수 있었다. 첫째로, 현대 과학을 통하여 확실한 지식의 가능성에 대한 문제가 더욱더 절박해졌다는 것이다——그리고 헤겔도 새로운 보편적 원리 학문을 매개로 가설에 의해 제약된 개별과학을 능가함으로써 이 문제를 해결하려고 했다. 둘째로, 역사 지식의 성장과 이를 통한 모든 인식의 상대화로 인해(소위 말하는 정밀과학을 제외하고) 역사 판정이 철학에서 절박해졌다는 것이다——헤겔도 역시 일종의 세속화된 구원의 역사를 통하여, 즉 역사의 신정론을 통하여 이 문제를 해결하려고 했다. 물론 이 신정론을 이성이 역사 속에서 제시한다. 따라서 헤겔은 철학이 지혜에 대한 사랑이라는 이름을 마침내 거절하고 절대학문이기를 요구하며, 동시에 이러한 절대체계가 역사 과정의 결과로서 이해되어야 한다고 요구한다. 소위 말해 절대지는 동시에 역사적이고 초역사적이어야 한다.

헤겔철학을 더 잘 이해하기 위해 이 철학은 세 가지의 근본 전제들로 환원된다: 1) 헤겔은 인식될 수 있는, 본질적으로 우리 자신에 의하여 생겨난 현상과 인식될 수 없지만 필연적으로 사유되어야 하는 물자체와의 칸트적 구별을 거부한다. 이미 초기에 그의 인식은 현상 배후에 있는 존재 자체를 수용한다. 존재는 어떠한 방식으로든지 현상 속에 나타나며, 따라서 단순한 가상(假像)이 아니다. 2) 인간 인식의 가능성은 존재와 사유의 근본적인 일치를 통해 해명된다. 존재하는 모든 것은——근본에 있어서 법칙에 따라 정돈되어진——따라서 이성적이다. 또한 이것은 주체적 정신, 인간을 통해 인식될 수 있는 실재적 정신이다; 결국 절대자 속에서 존재와 사유는 하나이다. 3) 절대자는 결코 공허한 통일성이거나 추상적 통일성이 아니라 자신 속에서 구별하고, 그리고 살아 있는 통일성이다. 이러한 통일성은 영원한 생성 속에서 발견된다; 절대자는 실체일 뿐만 아니라 주체, 즉 절대정신이다. 절대정신은 소위 말해 자기 자신과의 대화이다. 창조적인 이러한 대립의 원동력, 소위 말해서 변증법의 원동력은 모순과 부정이다. 왜냐하면 각각의 정(正)은 반(反)을 요구하며, 그리고 이 양자는 새로운 정(正)을 나타내는 합(合)을 요구하기 때문이다. 그리하여 매우 다양한 형식 속에서 자연 영역과 인간 영역에, 사유에서와 마찬가지로 존재에서 논리적(체계적)이고 연대적(역사적)으로 반성하는 절대자의 변증법이 발생한다. 이러한 전제하에서 헤겔은 신과 세계에 대한 우리의 지식을 체계적이고 역사적으로 전개하려는 일련의 준비를 한다. 그는 어떻게 인식이 단순한 감각지로부터 예술(표상)과 종교(느낌)를 넘어서서 철학(개념)으로, 그리고 철학 속에서 절대자의 학으로 고양해야 하는지를 제시하려고 한다; 그러고 난 후 그는 어떻게 이 절대지가 논리학(형이상학)과 종교철학(신학)·자연철학(실재철학), 그뿐만 아니라 윤리학(법철학)·미학(예술철학)과 같은 인간에 대한 학에서, 그리고 무엇보다도 역사철학에서 전개될 수 있는지를 나타내려고 한다.

헤겔에 있어서 철학의 출발점은 무엇보다도 분열된 삶의 경험, 특히 계몽주의와 경건주의의 대립으로 인한 그리스도 종교의 붕괴였다. 이러한 소외로부터 철학의 욕구가 발생한다. 철학은 오성의 잘못된 추상적 대립들을 이성을 통해 부정하고, 그리고 대립들의 통일성을 절대자 속에서 정립함으로써 전체를, 즉 시대가 분열시켰던 총체성을 보존한다. 철학은 매개를 통한 화해, 유한자와 무한자의 매개뿐만 아니라 유한한 대립들의 매개를 통한 화해이다. 철학은 굴욕으로부터 "신에로의 고양"(XVI, 84)을 통한 "정신적 해방"(XVI, 44)이다. 그리하여 철학은 정신을 위해; "자기 자신에게 거주하는 것"(XVIII, 175; 비교. VII, 25) 내지 다시금 자신에게 돌아오는 것을 의미한다. 절대자에로의 고양은 역사적 과정으로서 두 가지 관점을 지닌 과정이다. 그 하나는 개인사적 또는 심리적 관점이며, 다른 하나는 보편적 혹은 전체사적 관점이다. 개인적으로 절대지에로의 고양은 주체성의 해방으로서 이루어지고, 소박한 지각으로부터 순수개념 형식 속에 있는 인식까지의 진행으로서 이루어진다. 즉 지식이 모든 억견과 표상을 능가함으로써 이것은 철학 속에서 진리의 객관적인 학이 된다. 절대학으로서의 철학은 정신의 최고 단계이다. 그리고 이러한 정신의 최고 단계에서 절대자는 유일하게 자신과 상응한 형식 속에서 인식된다; 자신과 상응한 형식 속에서 예술과 종교의 단계는 지양되고, 즉 부정되고 보존되며, 그리고 더 높은 단계로 올라간다. 그리하여 이미 신에로의 상승은 가능하지만, 지금까지 이것은 최종의 참된 방식에서 여전히 현실화되지 못하고 있다. 특히 전체사적 관점에서 볼 때 진리는 근원에 있어 오로지 예술이나 종교의 형식 속에 주어져 있었다; 그리고 이것이 존재한 이래 철학은 역사 속에서 세계사와 이성과의 결합으로 자신의 역사를 겪었고, 그리고 이 역사 속에서 절대자의 사유는 시종일관 가능한 완성을 위해 발전하였다. 모든 역사적 상대성은 이러한 역사의 목적 지향성을 통하여 존재와 사유의 우연성을 지양하고, 그리고 이러한 우연성에 적어도 상대적 필연성을 부여하는 하나의 의미를 획득한다——그리하여 역사적 생성과 소멸은 절대자 속에서 절대적 생성으로 고양된다. 사실상 가능한 완성은 특히 헤겔 자신과 함께 비로소 도달되었고, 또는 적어도 그에 의하여 선취되었다.

따라서 철학은 절대자에 대한 지식이며, 더욱이 "절대지"(비교. **III**, 575ff)이다. 철학은 **"본질적 대상에 대한 최고의 이성적 사상"**(**IV**, 410)을 포함한다. 철학의 대상은 인간 또는 자연이 아니며, 오로지 "신이고 신 이외의 어떠한 것도 아니며"(**XVI**, 28; 비교, **XI**, 241), 모든 대립들의 최상의 통일성으로서의 절대자이다. 따라서 철학은 "본질에 있어 이성신학이며, 그리고 (⋯) 진리에 봉사하는 영원한 예배"(**XIII**, 139)이며, 소위 말해 "삶의 행복(Sonntag des Lebens)"(**XVIII**, 114)이다. 그러나 철학은 믿음과 달라서 "개념에 대한 노력"(**III**, 56)이 그 본질이기 때문에 (대립들 속에서 사유하는 의식의 출발에서) 철학의 첫번째 과제는 의식을 위한 절대자의 구성, 즉 추상적이고 상대적인 모든 대립들의 변증법적 매개이다. 이러한 의미에서 철학은 "이념의 사유하는 인식"(**VII**, 369)이다——절대적 이념은 "철학의 유일한 대상이며, 내용"(**VI**, 549)이다. 달리 표현한다면: "모든 철학은 본질적으로 관념론이며"(**V**, 172); 또는 간단히 말해서 철학은 존재하는 것에——이것이 영원하고 이성적인 한——몰두한다.(비교. **XII**, 114)

유일하게 절대자에 상응하는 인식 방식은 신이 자신으로부터 스스로 지식을 가지고 있는 것과 같은 지식이다. 따라서 철학이 실제로 절대지가 되려면, 철학은 신 자신이 스스로 알고 있는 것처럼 신을 드러내는 것이다. 특히 논리학(형식적 존재론의 의미에서)은 소위 말해 창조 이전의 신의 사상을 숙고하는 데 노력해야 한다.(비교. **V**, 44) 그러나 신에로의 고양은 가능하다. 왜냐하면 오로지 인간이, 특히 철학자가, 무엇보다 최종적으로 헤겔 자신이 절대자 속에서, 그리고 절대적 생성의 진행 속에서 탁월한 주인이기 때문이다. 그러나 철학의 이러한 주장이 유한성과 모순성에 집착하고 있는 건전한 인간 오성에게 미친 것으로 보이는 것은 당연하다. 결과적으로 (외부에서 본다면) 철학은 부조리한 세계이지만 실제는 "몽유병"이 아니라, 오히려 "가장 깨어 있는 의식"(XVIII, 58) 일반이다. 특히 철학은 "천민을 위해 만들어진 것도 아니며, 그리고 천민을 위해 준비된 것도 아닌 철학 자신을 위해 만들어진 어떤 비교적(秘敎的)인 것"(II, 182)이다. 그럼에도 불구하고 헤겔은 적어도 민중이 철학에로 고양할 가능성을 열어 놓으려고 한다.

동시대에 주장된 철학의 상대화와 절대화, 절대지에 대한 동시대의 주장에도 불구하고 모든 인식의 역사화는 이미 헤겔의 직접적인 추종자를 흥분시켰던 많은 문제점들을 야기했다. 즉 그의 철학은 오로지 가장 중요한 세 가지 점을 명명하기 위해 추후 반성으로 소급하고, 보수주의적 긍정을 유포시키며, 그리고 자신의 독특한 완성을 암시적으로 주장하는 것처럼 보인다. 더욱이 철학은 역사 사유 운동으로서 어느 정도 세계사의 가장 내적인 것이며, 자신을 스스로 생각하는 정신으로서 시대정신이다. 그러나 시대사유의 이러한 자기 의식은 본래 시대의 종말에 항상 나타난다──의식의 생성은 필연적으로 나중에(post festum) 발생한다. 그리하여 철학은 사유 속에서 시대를 파악하며, 그러나 동시에 황혼이 되어서야 비로소 날아가는 미네르바의 올빼미를 파악한다; 철학은 현실의 모습이 과거가 되고, 그리고 완성되었을 때에만 비로소 세계 사상으로 드러난다. 그리고 철학은 과거를 희미하게 채색한다.(비교. VII, 28; XVIII, 71) 그리하여 시대반성으로서의 철학은 존재하는 모든 것을 의식하고 극복하며, 새로운 사유를 준비하기 때문에 행위를 위해서는 언제나 뒤늦게 다가온다. 이로써 실천 일반뿐만 아니라 사회와의 관계 물음이 뒤따라 제기된다. 사실 철학은 계획대로 진행될 수 없다. 만일 철학이 이상들을(헤겔에게는 당연히 현실성의 소외이다) 제시하고, 그리고 당위성을 선언한다면 철학 자체는 오인된다. 철학은 단지 무엇이 존재하는지를 말할 수 있다. 즉 현실적인 것을 이성적으로, 그리고 이성적인 것을 현실적으로 인식할 수 있을 뿐이다. 그러한 점에서 현실의 단순한 확인으로서의 철학은 원래 본질상 긍정적이며, 그리하여 정치적으로 보수주의적인 것처럼 보인다. 물론 철학은 자신의 주장에 따라 현실로서 존재하는 것(현상)뿐만 아니라 실질적으로 진리 속에 존재하고 있는 것(본질)을 인식한다. 따라서 철학은 존재와 가상이 구별되기 때문에 적어도 잠재적인 비판이며, 이런 점에서——비록 헤겔은 비판의 잠재성을 계속해서 무시하였지만——규범적이다. 적어도 헤겔은 종종 자신의 철학과 자신의 시대현실이 일치하고 있음을, 그리고 자신의 철학을 통하여 전체철학의 완성을 증명하였다고 본다——적어도 그의 철학의 건축물은 이러한 결과를 암시하고 있다. 즉 모든 지식의 역사적 상대성에 직면하여(헤겔에 의해 강조되었던) 절대지에 대한 철학의 주장은 철학이 이미 역사의 종말에 서 있고, 그리고 철학의 완성이 종말을 의미하거나 또는 철학이 적어도 가능한 절대지를 제시하는 예견(물론 추후 반성으로서의 성격과는 모순되지만)을 입증할 때에만 정당화 내지 증명될 수 있다. 동시에 역사적 현실에 대한 역사적 반성으로서의 철학이 절대지를 주장하려면 철학은 모든 시대의 종말에 가서야 비로소 절대지에 대한 통찰을 얻을 수 있다. 따라서 헤겔철학은 근본적으로 역사의 반성적 결과일지는 몰라도 더 이상의 역사적 이행 단계일 수는 없다. 그런 점에서 그에 의하여 주장된 절대지의 체계는 가장 좁은 의미에서 그의 개성과 결합되어 있었다. 절대지는 헤겔과 함께 일어났고, 헤겔과 함께 몰락했다.

헤겔철학은 관념론의 완성과 동시에 (근대) 관념론적 형이상학의 절정으로 간주될 수 있다. 그러나 소위 말하는 독일관념론에 매우 상이

하고 서로 반목되는 입장들이 있다——칸트의 인식 비판과 헤겔의 정신 사변의 차이는 이루 말할 수 없다. 그러나 **관념론**이라는 상위 개념은 지금까지 독일철학의 가장 의미 있는 시기에 매우 중요한 개념이다. 칸트부터 헤겔까지 철학 전개의 모든 대표자들은 말할 것도 없이 이념적 존재의 현존으로부터 출발한다; 그들은 현상과 본질, 현상과 이념을 구별한다. 그리고 그들은 물론 절대정신의 현존으로부터, 많든 적든 간에 개인적으로 모든 현실의 궁극적인 근원으로서 생각된 정신의 현존으로부터 출발한다. 달리 표현하면 그들은 인식론적 관념론과 형이상학적 관념론을 대표한다. 이런 점에서 관념론은 특히 근대의 조건하에서, 즉 근대 과학에 직면하여 칸트에서 헤겔까지 플라톤적-기독교적 형이상학의 필연적인 완성을 나타내고 있다. 관념론의 모든 대표자들은 어떤 방식으로든지 신학을 상속하고, 그리고 철학을 통해 보충하려고 한다. 개별적인 취지와 출발점, 그리고 전개 과정이 다양함에도 불구하고 이러한 사유 운동은 후에——매우 도식적이지만——한편으로는 비판적 관념론으로, 다른 한편으로는 사변적 관념론, 즉 주관적 관념론, 객관적 관념론, 그리고 절대적 관념론으로 구분될 수 있다. 이러한 구분은——체계적으로나 역사적으로 보아——불충분할지 모르지만, 몇십 년 안에 독일에서 철학이 어떻게 제한적 인식 비판으로부터 여러 변혁들을 거쳐(그들 중 비판적 관념론으로부터 사변적 관념론까지의 변혁이 의심할 여지없이 최대의 변혁이었다) 절대지의 당당한 주장까지 전개될 수 있었는지, 그리고 어떻게 이 변혁이 관념론의 붕괴뿐만 아니라 철학의 심각한 위기를——물론 이러한 위기는 현대 철학의 출발점이 될 수 있었다——가져오게 되었는지의 윤곽을 설명할 수 있을 것이다.

2. 새로운 소외철학

철학 속에서 인간 이성은 "개념의 긴장"을 매개로 신적 이성으로 고양되어야 하고, 세계 속에서 신적 이성을 인식하고, 그리고 필요한 경우 이것을 실현하도록 도와야 한다고 헤겔은 요구했다. 그런 점에서 독일관념론의 철학은 그들 자신의 의도에 따라 이성철학이었다(중요한 것은 소위 말하는 계몽주의의 오성철학을 제외시킨다). 그러나 전체 현실 속에서 이성을 확보하려는 시도는 시대의 저항하는 힘과 서로 화해할 수 없었다. 이러한 현상은 정치적·종교적 관점에서, 그리고 또한 현대 과학의 관점에서 나타났다.

계몽주의는——비록 근원적으로 기독교에 대항하지 않고, 단지 기독교 신앙의 '타락'(신조주의·미신)과 이러한 믿음을 동반한 철학(스콜라철학)에 대항했음에도 불구하고——결국에 기독교를 신의 존재나 영혼의 불멸성과 같이 몇 개의 요청으로 환원시켰다. 이에 반하여 사변적 관념론은 만족스럽지 못한 종교적 욕구로 인해 신에로의 새롭고 열광적인 방향을 제시했다——사변적 관념론은 본질에 있어 종교적 철학이다. 그러나 새로운 사상가들의 이성 종교는 계몽주의적 오성 종교보다 더욱 엘리트적이었다. 이성 종교는 민중 종교를 대신할 수 없었다. 철학을 통해 종교를 구출하려는 시도(즉 철학적 개념에서 학과 계시와의 화해, 감정과 오성과의 화해)는 한편으로는 신을 모독하는 무신론으로 나타났고, 다른 한편으로는 비판의 용기 부족으로 나타났다.

프랑스 혁명과 독일 현실을 경험하면서 이성의 이념으로 자유 이념을 매개하고, 이와 더불어 앞으로의 정치 발전을 위한 전망을 제시하려는 시도는 이와 비슷하게 모순적이었고 또는 모순적으로 작용하였다. 정치적 자유의 이념은 계몽주의에 있어서 정치철학의 주요 주제가 되었고, 몇몇의 경우에는 정치 혁명의 주목적이 되었다. 그때 앵글로-색슨적인, 즉 일찍이 개인주의적이고 자유주의적인 구상과 프랑스적인, 즉 일찍이 국가주의적이고 사회주의적인 구상이 소위 자유 사상의 양극을 형성했다. 반면에 이성적이고 또는 합법칙적인, 개인과 사회가 화해하는 자유 이념을 독일의 현실과 일치시키려는 독일철학의 시도는 더 이상 국가로부터, 또는 국가 내에서 자유의 요구를 만족시킬 수 없었을 뿐만 아니라 현존하는 국가를 참되고 이성적인 자유의 조직체로 정당화시킬 수 없었다. 특히 독일관념론을 강하게 지향했던 프로이센은 반작용으로서 점점 더 발전된 왕정복고로 나타났다.

(종교와 정치를 통해 제기된 문제 이외에) 세번째 비판점은 관념론적 철학과 현대 과학과의 관계였다. 근대 철학이 시작된 이후 일반화된 것처럼 독일관념론은 철학을 현대 자연과학과 유사하게 (비판적 또는 사변적) 학으로 정초하려 했고, 그리고 이러한 (인식론적 또는 형이상학적) 원리학과 더불어 동시에 소박한 현상과학을 역으로 능가하려고 노력했다. 그러나 이러한 주장은 충족될 수 없었다. 실제로 철학은 과학의 급속한 발전을 쩔뚝거리며 뒤따라가고 있었다. 과학은 새로운 인식들을 자신의 체계 속에 통일시키려 했고, 그 결과 철학적 사변과 과학적 탐구는 점점 더 분리되기 시작했다. 그후 실증주의와 일치되었던 19세기의 자연과학에서 모든 철학은 단지 하나의 망상일 뿐이었다.

서로 다른 동기에서, 그리고 그 결과 서로 다른 관점에서 수행된 (관념론적) 철학의 비판은 이미 헤겔의 생존시에 형성되기 시작했지만 그가 죽고 난 후에 비로소 폭발적으로 일어났다. 그의 거대한 추종 그룹은 소위 헤겔-우파와 헤겔-좌파로 나누어졌다. 이때 '보수주의자'는 대학에 머물렀고, '혁명가'는 자유저술가가 되었다. 후기 중세 이후 독일에서 일반화된 것처럼 관념론의 철학자들은 대체로 대학 교수들이었다; 그리하여 그들의 철학은 비록 원리 인식을 통한 세계 구성을 주장하였지만 전공철학이었고, 따라서 독일 계몽주의 시대와 같이 일종의 학술적인 세계 지혜였다. 그러나 헤겔이 죽고 난 후 혁신적인 국외자의 시대가 독일에서, 그것도 철학 전공 영역의 주변에서 시작되었다. 헤겔과의 구별을 통해 자신의 길을 모색했던 새로운 세대의 일부는——적어도 자의든 타의든 간에——자신의 급진성으로 인하여 빠르게 학술적인 국외자, 무엇보다도 정치적·종교적 국외자로 전락했다. 요컨대 그들이 국가 관리인의 경력을 쌓으려고 했다면, 반-관념론자들은 대부분 초기에 실패했다: 따라서 관념론, 특히 관념론적 형이상학의 비판은 언제나 강단철학의 비판이었다.

헤겔과의 싸움은 절대적 관념론의 형식을 취하고 있는 관념론과의 싸움이었다. 신과 세계와의 화해, 또는 이성과 현실과의 화해는 헤겔 반대자들의 눈에 독일철학 교수의 도가 넘치는 우쭐함이나 또는 분열로부터의 도피로 비추어졌다. 그들은 비록 서로 다른 취지로 장래의 구원을 희망했지만——헤겔과 대화하면서——소외의 사태를 응시했고, 무엇보다도 모든 화해를 거부했다. 세 가지의 주공격은 비-기독교적인 반형이상학의 형성과 인간학을 통한 신학의 대치, 공산주의적인 세계 혁명의 준비, 그리고 기독교 신앙의 실존적 개혁을 목표로 했다. 그러나 헤겔의 모든 반대자들은 공개적인 비판 속에서, 그리고 은폐된 연속선상에서 헤겔의 영역 안에 다양한 방식으로 여전히 머물고 있었다; 그들의 반-관념론은 그들이 스스로 예견했던 것보다 훨씬 더 관념적이었다.

a) 쇼펜하우어: 자기 부정을 통한 자기 해탈

아르투어 쇼펜하우어(1788-1860)는 부유하고 교양 있는 단치히의 상인 가족 출신이었다. 아버지는 은행가였고, 일찍이 그와 사이가 나빴던 어머니는 작가였다. 베를린에서 공부하였으며, 시간 강사로 있었다. 동시에 야심만만하고 인간 혐오적인 그는 그곳에서 헤겔과 경쟁하고자 했다. 그러나 1831년 베를린에서 콜레라가 창궐했을 때 그는 프랑크푸르트로 이주하여 그곳에서 결혼하지 않은 채 여생을 일종의 연금생활자로 보냈다. 그의 주된 특성은 공격적 염세주의였다. 그에게 자연은 현존재를 위한 외로운 투쟁이다――"삶을 살아가는 자는 다른 사람의 희생으로 살아간다." 삶 자체는 "끊임없는 속임수"와 고통, 그리고 지루함이다; 모든 삶의 역사는 고통의 역사이다. 그리고 소위 말하는 인간 공동체는 근본적으로 지옥이다――"인간들은 한편으로 고통받는 영혼들이며, 다른 한편으로 그 속에 있는 악마들이다." 따라서 세계는 모든 가능한 것 중에 가장 나쁜 것, 본래 있어서는 안 될 그 어떤 것이다; 최상의 것은 아무것도 없는 것이다. 이러한 시각에서 쇼펜하우어는 전래된 형이상학, 특히 관념론과 대립하는 근본적으로 다른 철학을 제시하려고 한다. 이 철학은 탈기독교적인 의지의 형이상학을 넘어서서 불교를 유럽철학 속에 융합하려는 첫번째 시도이다. 그러나 그의 주저 《의지와 표상으로서의 세계》(Bd. I 1819, Bd. II 1844)는 많은 관점에서 아직도 독일관념론의 철학으로 규정되고 있다.

쇼펜하우어는 칸트와 더불어 우리는 인식 불가능한 물자체와 인식 가능한 현상을 구별해야 하며, 그리고 경험 세계는 우리의 표상의 산물이라는 사실로부터 출발한다. 그럼에도 불구하고 그는 또한 셸링과 더불어 현실의 본질이 의지라고 사변했고, 그리고 이런 점에서 현실의 인식 가능성을 주장한다. 반면에 그는 인격신과 원의지(原意志)의 동일화를 허무맹랑한 것으로, 그리고 국가 종교의 단순한 특허로 간주한다. 사실 그는 열정이나 충동과 같은 현상으로부터 형이상학적 근본 의지를 유추한다. 이 근본 의지는 이념 속에서 객관화되고, 그리고 개체화된 의지로서 모든 개별 존재자에 작용한다. 소위 말해 이 음울한 형이상학에 의해 세계의 모든 고통은 불행을 초래할 뿐만 아니라 보편적인 의지에서 나온다. 이 끝없는 의욕으로부터의 해탈은 오로지 더 이상 아무것도 의욕하지 않는 데 있다. 이러한 자기 해방은 일부 예술의 도움으로, 즉 이상적 본질의 순수직관을 통해, 그리고 이와 함께 실재하는 개체의 고통 완화를 통해, 또는 일반적으로 도덕적 행위, 즉 순수한 고통 동반으로서의 동정을 통해 이루어질 수 있다. 그리고 이와 함께 자기를 주장하는 개체의 결과로서 드러나는 갈등을 극복함으로써 이루어질 수 있다. 그러나 원칙상 자기 해방은 철학적 통찰의 도움으로 형이상학적 착종 속에서 의지를 통해 비로소 성취된다. 물론 이를 위해 완전히 새로운 종류의 철학이 요구된다.

쇼펜하우어가 특별하게 미워한 것은 여성들 이외도 철학 교수들이었다. 저서 《부록과 주석》(1851)에서 그는 "직업으로서의 철학"과 "자유로운 진리 탐구로서의 철학" 그리고 "정부의 위탁하에 있는 철학"과 "자연과 인류의 위탁하에 있는 철학"(IV, 159)을 날카롭게 구별한다──강단철학은 어디서나 단지 국교의 의역이고 변명서일 따름이다. 특히 독일철학은 단순한 관료인의 문헌이며, 그리고 철학 교수들을 위한 교수철학이다. 그리고 이러한 지방 철학 관료인들 중에 가장 나쁜 관료인, 즉 "미친 듯이 움직이는 강단 꼭두각시"(IV, 168)는 헤겔이다. 그는 유례없는 불손으로 어리석고 무의미한 것을 갈겨쓴 우둔한 사기꾼이다(참조 187ff)——그의 철학은 "사이비 지혜"(IV, 164)이고, "가장 공허하고 쓸데없는 말"이며, "철학적 익살"(IV, 165)이고, 그리고 "완전한 무의미의 철학"(IV, 188)이다. 반면에 진정한 철학은 "현존재의 문제를 해결하는 데" 노력하는 것이다.(V, 163) 이를 위해 지성은 영원히 의지의 명령으로부터 해방해야 하고, 이와 더불어 개별 사물들의 시선으로부터 해방해야 한다——"순수하고 의지 없는 인식의 주체"만이 보편자를, 또는 이념을 세울 수 있다. 그럴 때에만 (직관과 결합된) 개념적인 또는 추상적인 인식으로서의 철학이 가능하다. 여기에서 나는 자기 인식과 자기 극복을 통해 자기 규정의 새로운 자유를 획득한다. 체념 또는 금욕은 무의지(無意志)의 의미에서 내맡김과 그리고 심성의 지속적인 즐거움을 실현시킨다.

따라서 쇼펜하우어에 있어서 철학은 더 이상 헤겔처럼 현실과의 화해를 이끌어 내는 것이 아니라 현실로부터 해방을 이끌어 내는 것이며, 그리고 더 이상 (기독교적인 변신론의 의미에서) 신의 정당성을 추구하는 것이 아니라 (불교의 영향하에서) 순수한 무의 긍정을 추구하는 것이다. 그와 함께 쇼펜하우어의 부정은 종국에 자기에로 향한다: 철학은 체념의 훈련이며, 열반을 위한 이론적 준비이다. 이런 점에서 쇼펜하우어에게 철학은——종종 서구의 전통처럼——죽음의 습득이다. 그러나 결코 신에의 사랑으로서의 자기 부정(abnegatio sui)이 아니고, 또한 정신적인 것과 초감성적인 것의 관점에서 감성적인 것의 억제도 아니며, 오로지 자기 자신 속에 있는 개체적이고 형이상학적인 원의지(原意志)의 부정이다. 철학적 사유는 자기 부정을 통해 자기 해탈을 실현하는 것이다.

b) 포이어바흐: 신학 대신 인간학

루트비히 포이어바흐(1804-1872)는 유명한 법률가 안셀름 리터 폰 포이어바흐의 아들로서 란트슈트에서 태어났다. 처음에 그는 하이델베르크에서 신학을, 그리고 베를린에서 헤겔에게 철학을 공부하였다. 그후 그는 에를랑겐으로 가서 그곳에서 박사학위와 교수자격증을 획득했다. 아마도 그는 개인적 실망으로 인하여 헤겔로부터 멀어지기 시작했고, 1839년부터 공개적으로 그를 비판하기 시작했다. 단호하게 종교 적대적인 주제를 공개적으로 주장했을 때 그는 해고되었고, 그리고 여생을 시간 강사로 보냈다.

저서 《미래 철학의 원리들》(1843)에서 그는 의식적으로 "신의 입장" 대신에 **"인간의 입장"**(IX, 272), 따라서 절대자의 입장 대신에 유한성의 입장을 취한다. 이제 포이어바흐는 인간 속에서 신의 동일 모습을 보는 대신에 신 속에서 인간의 동일 모습을 본다——이로써 그에게 있어 헤겔은 머리로 땅을 딛고 서 있는 것이다. 더욱이 포이어바흐는 사유 방향의 이러한 전회로 지금까지의 모든 종교적 전통을 근본적으로 부정한다. 그는 종교적 전통을 인간적 환상의 산물로 소급시킨다; 신학의 자리에 인간학이 등장하고, 종교의 자리에 무신론 내지 유물론이 등장한다. 신은 단지 육체를 지닌 자아의 투영, 인간의 이상화된 모습, 더욱이 일반적인 인간의 모습, 따라서 유적 존재(類的存在)로서의 인간의 모습일 뿐이다. 이미 칸트가 보여준 것처럼 인간학은 이러한 방식으로 철학의 중심이 된다; 인간학은 모든 사유, 특히 종교철학의 토대가 된다. 종교철학은 신학의 자리를 대신하고, 신학의 정체를 폭로한다. 인간은 최고의 본질이다. 그러나 인간은 개체로서, 또는 선험적 자아로서가 아니라 육체를 지닌 자아와 유적 존재로서 최고의 본질이다. 즉 인간은 감성적 생명체이며, 따라서 감성은 지금까지의 정신철학과는 달리 정당화되어야 한다.

절대자의 제거는 막스 슈티르너(1806-1856)처럼 자아의 자기 절대화로 나아가지 않고, 오히려 포이어바흐에게는 모든 인간과의 연대를 요구한다. 사랑하는 공동체의 결핍 내지 여전히 실현되지 않는 사회적 인간 본성이 지금까지의 환상을 요구하는 근거이며, 그리고 피안에 대한 갈망의 근거이다. 인간이 자신의 개인적인 불행 속에서 신을 상상하는 것처럼 신은 본래적으로 인간의 신격화한 우상 이외는 아무것도 아니다. 인간이 공동체의 본질로서 실현될 수 있는 정도에 따라 이러한 잘못된 초월은 자연스레 사라지게 된다. 따라서 신과 함께하는 공상적 공동체 자리에 인간과 함께하는 현실적 공동체가 등장한다. "인간의 **자연적 입장, 나와 너, 주체와 객체 속에 있는 차이의 입장이 참된 절대적 입장**이며, 따라서 **철학의 입장이다.**"(IX, 337)

이로써 포이어바흐의 철학은 실천적이며, 즉 계획적이고 교육적이다. 그러나 그의 성향은 이미 (추상적이지만) 정치적이다. 참된 철학, 앞으로의 철학 또는 "미래의 철학"은 피안을 지향하는 대신에 인간의 미래를 지향할 것이다; 이제 철학은 무엇보다 유물론적 조건하에서 미래 인류의 교육을 다시 한번 담당할 것이다. 이런 점에서 인류의 입장은 여전히 초월적 입장과 유사하며, 적어도 현재를 뛰어넘는 입장이다; 피안에 대한 옛 희망의 자리에 차안에 대한 미래 희망이 자리잡고 있다. 지상은 결국 인간의 참된 고향이 되어야 하고, 인간은 인간의 참된 절대자가 되어야 한다——무엇보다도 신학의 파괴를 통해, "천상의 비판"을 통해 인간의 참된 절대자가 되어야 한다. 포이어바흐는 낡은 신의 자리에 새로운 인간이 자리잡아야 할 이러한 철학을 저서 《철학의 개혁을 위한 우선적 주제들》(1842)에서 "인간유신론(Anthropotheismus)"(IX, 256)이라 부른다. 그러나 이 철학은 소위 말해 참된 인간의 규범을 지향하고 있기 때문에 본의와는 달리 여전히 형이상학적이고 관념론적이다. 사실 포이어바흐는 새로운 인류의 준비보다 오히려 오랜 기독교적 신학의 가면을 폭로하는 데 집중한다.

c) 마르크스: 철학적 실천으로서의 혁명

카를 마르크스(1818-1883)는 프로테스탄티즘으로 이적한 유대인인 트리어의 변호사 아들로 태어나 본과 베를린에서 법학·역사학 그리고 철학을 공부하였다. 베를린에서 그는 청년 헤겔 또는 헤겔 좌파의 모임에 참석하였고, 본에서 대학 교수의 희망이 좌절된 후 파리·브뤼셀 그리고 런던으로 망명 생활을 해야 할 때까지 쾰른에서 우선 신문기자로 재직하였다. 그곳에서 그는 뒤늦게 경제에 관한 저작들을 저술하였다. 철학의 초기 저술에서 그는 여전히 청년 헤겔파의 영향하에 있었고, 그리고 점차 공산주의자로 발전하였다. 그러나 헤겔에 대한 그의 비판은 일찍이 정치적이었다. 그의 비판은 체계의 이상에 대항하기 위해 현실의 비참함을 제시했다. 이로써——(규범적) 이성과 (비이성적) 현실과의 확고한 차이를 근거로——철학은 처음부터 계획되었다. 황혼이 되어서야 비로소 날아가는 미네르바의 올빼미인 헤겔철학의 은유 대신에 청년 헤겔파들에게는 아침노을, 즉 혁명을 알리는 (갈리아의) 수탉이 등장한다.

마르크스에게 이 '새로운' 시각은 학위 논문의 초고와 주석의 첫 소절에서 발견된다(1837-41). 다른 수많은 헤겔 추종자들과 마찬가지로 그는 다음과 같은 사실을 받아들인다: "헤겔의 총체철학"은 단 한번만 있을 뿐인 정신적 노력으로 역사적으로 주어진 모든 원리들을 세계사의 종합으로 총괄했고, 이제 이것은 완성된 보편 이론으로서 미완의 세계를 향해 걸을 수 있으며 또한 걸어야만 하고, 그리고 실천적 통찰이 될 수 있고 또한 되어야만 한다. 철학은 실천적이어야 한다. "그렇지만 철학의 **실천**은 그 자체가 **이론적**이다."(71; 비교. 103) 따라서 철학은 우선 전투적 비판으로 나타난다. 그러나 철학이 현실 속에서 구체적으로 행동함으로써 철학은 동시에 지금까지의 추상적 형식에서 스스로 해방한다. "그리하여 세계의 철학적 생성은 동시에 철학의 세계적 생성이며, 철학의 실현은 철학의 상실이라는 결과가 생긴다."(71) 그리하여 공산주의로 선회하기 전에 마르크스에게 철학의 지양 이념, 즉 세계 혁명에 있어 세계 철학의 지양 이념이 발생한다; 또한 그는 다른 철학자와는 다르지만 철학의 종말을 희망한다. 이때 그가 철학과 역사의 종말을 예견할 수 있음을 믿고 있다는 점에서, 그는 비록 헤겔과는 다르지만 여전히 절대적 입장을 수용하고 있다.

그후 포이어바흐의 헤겔 비판이 마르크스의 철학 구상을 계속적으로 발전시키는 데 결정적인 역할을 했다. 마르크스는 포이어바흐의 반-관념론에 열광했지만, 상당히 비정치적이었던 포이어바흐의 반-관념론적 입장을 재빨리 넘어섰다. 저서 《헤겔 법철학의 비판을 위한 서론》(1843/44)에서 그의 철학은 철학에 속한 개념과 함께 이미 완전하게 정치적이었다. "인간적 자기 소외의 **성스러운 모습**이 폭로된 후, 역사에 헌신하고 있는 **철학의 과제**는 우선 **세속적인 모습**에서 자기 소외를 폭로할 수 있어야 한다. 이로써 천상에 대한 비판은 지상의 비판으로, **종교의 비판**은 **법의 비판**으로, 그리고 **신학의 비판**은 **정치의 비판**으로 변화한다."(489) 이제 마르크스는 헤겔철학에서 독일 상황의 반영된 모습을 바라보며, 이것을 그에게 규범적 본보기인 프랑스 혁명에 비교한다. 그는 자신을 루터와 비교하면서——적어도 독일에서, 그러나 최종적으로 전 세계를 위해——사회분석을 통해 사회 혁명을 위한 정신적 기반을 마련할 수 있다고 믿는다. "그 당시 수도승이 있었던 것처럼, 이제 혁명의 가슴이 뛰고 있는 철학자가 있다."(497) 그러나 사유가 현실을 재촉할 뿐만 아니라 현실이 사유를 재촉함으로써 폭넓은 기반 위에서 역사적으로 활발한 정치적-철학적 활동이 시작되기 위해 급진적인 쇠사슬을 가진 계급의 형성이, 즉 "시민 사회 계급이 아닌 시민 사회 계급의 형성이, 모든 신분들을 해체하는 신분의 형성이 필요하다."(503) 특히(par excellence) 이러한 미래의 보편적인, 소위 말해 절대적인, 그리고 그럼 점에서 규범적인 신분은 무산 계급(Proletariat)이다. 무산 계급은 철학자가 원하는 동반자이다. "철학이 무산 계급 속에서 물질적 무기를 발견하는 것처럼 무산 계급이 철학 속에서 자신의 정신적 무기를 찾는다. 그리고 이러한 사유의 섬광이 소박한 민중의 대지 속에 심원하게 번뜩이는 순간, 인간에로의 독일인의 해방은 성취될 것이다."(504) 철학은 현실에 대하여 이제 최초로 새로운 정치적 계몽이 된다. 그리고 철학자는 새로운 인간의 창조를 위한, 즉 독일로부터, 사실은 마르크스로부터 출발하는 최종적 해방을 위한 수단으로서 새로운 정치의 전령관과 즉위관이 된다. **독일인의 해방은 인간의 해방**이다. 이 해방의 **머리**는 **철학**이며, **가슴**은 **무산 계급**이다. 무산 계급의 고양 없이 철학은 현실화될 수 없으며, 철학의 현실화 없이 무산 계급은 고양될 수 없다."(505) 그리고 마르크스가 그 저서 《유대인의 물음을 위해》(1843)에서 서술한 바와 같이, 인간으로서의 인간의 이러한 해방 속에서 인간에로의 유대인의 해방은 당연하게 성취된다.

마르크스에게 무산 계급의 입장이야말로 인류 발전에 있어 유일하고 절대적인 입장이다. 왜냐하면 철학자가 예견할 수 있는 바와 같이 이 입장은 원칙상 역사의 종국에 서 있기 때문이다. 그리고 마르크스는 자신이 무산 계급자는 아니었지만, 위기의 시대에 무산 계급의 입장을 정립한 몇 되지 않은 인물 중에 첫번째로 꼽히는 철학자이다. 이로써 철학자는 원칙적이고 궁극적인, 그리고 전체적인 혁명의 선각자와 준비자가 되었다; 철학자는 무엇이 존재하는가를 말할 뿐만 아니라 무엇이 존재해야 하는가를 말한다. 더욱이 최종적으로 가능한 세계 개선의 첫번째 창립자로서. 마르크스가 1845년 그 저서 《11. 포이어바흐의 테제》에서 서술한 바와 같이 "철학자들은 세계를 다양하게 해석한다; 세계를 변화시키는 것이 중요하다."(4) 실천이성으로서의 철학은 비이성적인 현실과 대립한다. 바로 그런 까닭에 철학은 세계 혁명을 통한 계획적인 변화의 이론을 전개할 수 있고, 그후 세계 혁명을 통해 철학은 철학적 실천으로 이행하고 그리고 스스로 지양된다. 결국 혁명을 주도한 후, 정치적으로 실현된 철학은 사라진다. 이제 단지 긍정적인 학만이 존재할 것이다. 중요한 것은 바르멘의 실업가 아들인 그의 친구 프리드리히 엥겔스(1820-1895)의 영향하에 후기 마르크스는 과학을 넘어선 철학의 가능성을 완전히 포기한 것처럼 보인다.

덧붙이는 글

키에르케고르: 희망으로서의 절망

덴마크 출신인 쇠렌 키에르케고르(1813-1855)는 본질적으로 독일철학사에 속한다. 왜냐하면 그가 베를린에서 공부할 때——그는 헤겔철학을 현실과 동떨어진 사유 속으로 도피한 철학으로 보고 그것에 대항하면서——주체적 실존의 철학에 나타나고 있는 최초의 특징들을 발전시켰고, 그후 실존철학의 주요 창시자가 되었기 때문이다. 키에르케고르는 엄격한 종교적 집안에서 태어났고, 그리고 아버지의 소망에 따라 신학을 공부했다. 그러나 그는 곧 자유 정신의 낭만주의에 경도되었고, "개종(改宗)" 후 시민적 허구 내지 사이비의 기독교와 투쟁한 사회 참여의 종교 작가가 되었다. 그는 자기 사상을 간접적으로 호소하기 위해 익명을 사용하였고, 오랫동안 은닉 생활을 한 후 드디어 공개적으로 교회와 대항했다. 그리고 길에서 졸도한 후 매우 빈곤한 생활을 하면서 일찍이 생을 마감했다.

키에르케고르의 그리스도는 무엇보다 죄의식으로 특징된다. 그에게 있어 신은 철학적 사변의 대상이 아니고, 철학의 절대자도 아니며, 사유될 수 있는 최초의 원리도 아니다. 신은 "절대적 역설"(XVI, 209)이며, 오히려 파악할 수 없는 어떤 다른 것이다. 유한성과 절대자를 매개하는 헤겔의 변증법은 철학적 자기 기만이다. 신은 명령하고 벌하며 그러나 또한 은총을 베푸는, 성경에서 말하는 인격신이다. 따라서 그리스도는 파악할 수 없는 신으로 존재한다. 그리하여 키에르케고르는 철학자로서가 아니라 종교 작가로서 간주될 수 있다.

키에르케고르가 그의 철학 이해를 명확하게 설명했던 한에서, 그의 철학 이해는 오로지 헤겔-비판의 형식에서 나타난다. 그에게 헤겔은 현실을 이념과 본질에서 해소하려고 한 과시적 관념론자이다; 그는 "세계사적으로 울부짖고 체계적으로 소리치려는"(XVI, 174) 그리고 "그것을 통해 신을 장난감으로 취급하려는"(XVI, 172) "다양한 환상적 사유에 몰두한 작가 노예들"(XVI, 188)의 대표자이다. 우리는 총체성에 기만당하려 한다. 그 어떤 누구도 실존하는 개별적 인간이려고 하지 않는다. 관념론자는 근원적으로 주체적인 철학자로서의 자신을 철학적 사변을 통해 사유의 객관성 속에서 포기하고, 잃어버리고, 그리고 자신으로부터 사라지게 한다.(비교. XVI, 53) 철학적 사변은 과학·사회·교회를 통한 보편적 자기 소외보다도——허구의 삶과 도피보다도 좋지 않다. 절대자의 관점에서 자신을 포함하여 모든 것을 절대적 체계로 통일하려는 헤겔은 그의 관점에서 볼 때 키에르케고르를 폭넓게 생각할 수 없고, 생각하려고도 하지 않는 "불행한 의식"으로 간주했을 것이다. 이에 반하여 키에르케고르는 헤겔을 거대한 궁전을 건설했던 사람이 자신은 궁전 옆 자그마한 오두막에서 살았던 사람으로 간주했을 것이다.(비교. XXIV/XXV, 41)

키에르케고르에게 소위 말하는 학적 객관성은 "무한하게 무관심적"이고, 오로지 고유한 자아만이 주체성으로서 "무한한 관심"의 대상이다; 실존하는 주체는 영원히 자기 자신을 걱정하고, 자기 자신을 염려한다.(비교. XVI, 51-53, 119, 192) "모든 본질적 인식은 실존에 해당하거나, 또는 본질적으로 실존에 관계하는 인식이야말로 본질적인 인식이다."(XVI, 188) 참된 것은 주체적인 것이고, 주체적인 것은 참된 것이다.(비교. XVI, 194, 198) 이로써 최초의 현대 철학자로서 키에르케고르는 결과적으로 철학의 모든 학적 주장을 포기하고, "실존하는 주체"로서의 자기 자신에 집중한다.(비교. **XVI**, 187-189) 철학은 자연과학의 스타일과 같은 그런 정신적 작업이 아니다; 철학은 주체적 작업이다. 이 주체적 작업에서는 모든 체계를 거부하는 본래적 실존만이 중시된다. 물론 처음부터 끝까지 자기 자신을 반성이라고 특징지었던 키에르케고르는, 비록 피할 수 없는 역설이지만 관념론적 반성철학의 기반 위에서 자아를 우선 정신으로 규정한다. 즉 자기는 "자기 자신과 관계하는 관계이거나, 또는 관계의 자기이다. 그리하여 관계는 자기 자신과 관계한다."(**XXVI/XXV**, 8) 그러나 자아는 결코 자유로이 떠돌아다니는 사유가 아니고 실재하는 "순간적" 실존이다. 즉 자아는 여기, 그리고 지금 자기에게 부과된 개별자이다. 자아는 이론적 자기 반성일 뿐만 아니라 가능성에 직면하여 불안 속에서 실존한다. 왜냐하면 자아는 끊임없이 자기를 결정해야 하기 때문이다. 자아는 객관적 이성을 인식하고, 그 속에서 절대적 이성으로 고양하는 주체적 이성이 아니다; 자아는 의심하고 생각하는 자아가 아니라, 비록 절망적인 자아는 아니지만 절망하는 자아이다. 결국 자아는 자신을 스스로 파악할 수 없는 하나의 실존, 즉 유한성과 무한성의 살아 있는 역설이다. 자아는 신 앞에서 고독한 삶을 살아간다.

키에르케고르는 주체적이고 실존적인 사상가(비교. **XVI**, 65, 72)로서 삶을 사유하고, 그리고 사유함을 살아가려고 한다. 그리하여 그의 철학은 (그의 관점에서 매우 정당하게) 상당 부분 개인적인 위기들의 이해, 특히 아버지와의 심각한 관계에서 비롯된 종교적 위기와 실패한 결혼에서 비롯된 애정적 위기의 이해가 그 핵심을 이룬다. 저서 《인생행로의 단계들》(1845)에서 그는 본질적으로 세 단계를 구별한다. 탐미적(탐욕적) 단계는 감성적 향락의 단계이며, 단순한 현존재의 무반성적이고 무양심적인 직접성의 단계이다. 그 대표적인 예는 모차르트의 《돈 조반니》이다. 윤리적(철학적) 단계는 진지함 또는 스스로 책임을 지는 사유의 단계, 반성과 양심의 단계이다. 그 대표적인 예는 소크라테스이다. 종교적(기독교적) 단계는 신앙의 단계이며, 신 앞의 절망과 은총의 단계이다. 대표적인 예는 그리스도 자신이다. 그러나 철학자로서의 자아는 우선 윤리적 단계에 있다. 즉 자아는 구원되지 않은 실존으로서 스스로 책임을 떠맡고 있다. 그런 점에서 자아는 절망의 단계, "죽음에 이르는 병"의 단계에 살고 있다. 그러나 참된 불행은 절망하는 데에 있는 것이 아니라 외관상 절망하지 않거나, 또는 진정으로 절망하지 않는 데에 있다. 왜냐하면 절망은 실존의 진리이기 때문이다. 그런 점에서 주체적으로 진실하게 실존하는, 또는 진정으로 절망한 철학자야말로 적어도 신앙으로의 "도약"이 가능하다. 그는 절대자로서의 신에 대한 최초의 개념을 가진다. 그에게 "표면상의 반성"은 "신을 두려워하는 반성"으로 이행될 수 있다. 그리하여 철학은——신의 은총의 도움으로——역설 속에서 자기 포기를 위한, 또는 신앙을 위한 단계 또는 뜀틀이 된다.

물론 철학의 이러한 규정은 직접적이라기보다는 간접적으로 표현된다. 키에르케고르에게 철학은 한편으로 감성적 실존으로부터 초감성적 안식처로 가는 단순한 교량이다(엄격하게 말하면, 단계들 사이에 어떤 교차점이 있음에도 불구하고 이를 이어 주는 매개는 없고 오로지 도약들만이 있다). 다른 한편으로 윤리적-철학적 단계는 삶과 사유의 매우 폭넓은 영역을 포함한다. 이 단계에 직면해서 다른 두 단계의 가능성들은 한계 개념들로 하강한다; 왜냐하면 키에르케고르에게 무반성적 소박성의 단계는 이미 상실되었고, 반면 반성적 안식처의 단계는 여전히 달성되지 못하고 단지 사유와 희망으로 예견되기 때문이다. 철학은 본래 과도기 상태이다. 근본적으로 철학은 오로지 종교를 위하여 자기 지양을 준비할 수 있을 뿐이다. 그리하여 철학은 종교를 위한 예비학이며, 종교를 예지할 수 있을 따름이다. 따라서 철학은 머지않은 자신의 종말을 알린다. 철학은 자기 부정을 통한 신앙의 준비이다. 이러한 철학은 여전히 구원되지 않은 채 남아 있다. 왜냐하면 신앙의 확실성은 철학 외부에 있으며, "불합리하기 때문에 나는 믿는다"의 도약은 철학에서 불가능하기 때문이다. 따라서 비록 키에르케고르의 모든 철학은 기독교의 관점에서 파악되지만, 철학과 종교는 결국 일치될 수 없다. 헤겔이 철학과 종교를 화해시키려고 했다면, 키에르케고르는 사유의 도움으로 도달하고 싶었던 것; 확실한 기독교 신자로 언제나 존재하는 것, 그것을 비록 정확히 이루지는 못했지만, 그에게 철학은 종교 앞에서 원칙상 쓸데없는 것으로 용해된다. 그는 절망하면서 도약한다. 그러나 참된 절망은 그에게 적어도 확고한 구원의 희망을 함축하고 있다.

3. 니체: 놀이와 헌증

프리드리히 니체(1844-1900)는 19세기 철학의 국외자 중에서 최후의 위대한 반-관념론자였다. 프로테스탄트의 목사 아들로서 뤼첸(작센) 근처 뢰켄에서 태어나 본과 라이프치히에서 고전문학을 전공하였다. 그는 박사학위를 취득하기 전, 25세에 이미 바젤대학의 교수로 초빙되었다. 그러나 그는 10년 후 건강 때문에, 특히 끊임없는 우울증 때문에 교수직을 포기했다. 그후 추측컨대 그가 성병의 후유증에 시달리다 1889년 토리노에서 졸도하기까지 10년간 "정신병자(fugitivus errans)"로서 여행으로 삶을 영위했다. 여생을 그는 정신착란으로 보냈다. 그러나 그는 철학적 창조력에 온 힘을 쏟았던 15년 동안——최고의 수준에서——서구 전통철학의 토대인 플라톤-기독교적 형이상학과 투철하게 투쟁하였다. 그는 형이상학을 전도시킴으로써 마지막 형이상학자인 동시에 현대 철학의 창시자가 되었다.

니체는 격렬하게, 그러나 세부적으로는 결코 명백하지 않게, 또는 일관성 없이 그의 사상을 전개하였다. 그 당시의 문화, 소위 말해 "역사적 형성물"에 대한 포괄적인 비판으로부터 그는 일련의 근본 사상을 전개한다. 그의 근본 사상은 긴장이 맴돌고 있고, 지금까지의 서구 철학 전체를 명백하게 부정하는 것이다. 그의 첫번째 중심 주제는——널리 유포되고 있는 아폴로적 문화에 대립한 디오니소스적 원초 문화의 주술에 의한——"신의 죽음"이다: 모든 전통적 가치의 상실에서 사실적 "허무주의의 지배"가 도래한다. 이로부터 그에게 모든 가치의 가치 전도가 필연적으로 발생한다. 즉 새로운 가치의 의식적인 비-초월적 창조가 요구된다; 이때 그 중에서 진리는 일종의 오류가 된다. 단지 진리는 무기력에 제약되거나, 혹은 권력에 의식되거나 충동에 의해 규정된 원근법적 세계 해석이다. 모든 가치와 진리에 대한 이러한 상대화의 지평에서 니체는 (쇼펜하우어의 영향을 받았지만, 그러나 그와는 반대로) "선악의 피안"에 있는 힘으로서 "권력에의 의지"를 찬미한다. "초인"은 이러한 비도덕적인 활동력의 인격화된 총체 개념이다——물론 더 높은 (매우 총명한) 인간 존재는 체계적으로 양육되어야 한다. 단지 새로운 인간은 "운명애(amor fati)" 속에서 어떠한 "배후세계"도 없이 "동일한 것의 영원 회귀"를 견뎌낼 것이다.

니체에게 헤겔은 더 이상 언급할 가치조차 없는 적이다. 그의 비판은 지금과 최근을 넘어서서 유럽 관념철학의 기원, 특히 "천민"인 소크라테스와 감성 적대자인 플라톤, 다시 말해 그들의 도덕주의와 형이상학적 이데아론에 초점을 맞춘다. 여기에서 그가 정신적 영웅으로서 찬미한 소크라테스 이전 철학자들의 낭만적인 해석을 통해 그는 모든 사회를 동일하게 만든 기원과 모든 감성을 탈-가치화시킨 기원을 발견하고, 그리고 이와 더불어──기독교를 통하여 강화된──현대의 노예 지배와 천민 지배, 즉 민주주의와 사회주의로 이끌었던 경향들의 근원을 발견한다. 출발점에 독일철학 교수에 대한 니체의 멸시는 이와 연관되어 있다──그야말로 독일철학 교수는 참된 철학자의 타락이다. 쇼펜하우어의 영향하에 니체는 이미 그의 두번째 《시대에 맞지 않는 생각, 삶을 위한 역사의 유용성과 손실에 관하여》(1873/74)에서 당시의 철학을 참된 삶에 이바지하지 못하고 국가나 교회에 봉사하는 사이비학 내지 단순한 학식이라고 비판한다. 철학은 그 자체 모든 학들 중에서 가장 참된 학이다; 참된 철학은 철학자가 "꾸밈없는 남자의 신의"로서 받들어 섬기는 "벌거벗은 정직한 여신"(240)이다. 여기에서 이미 어떤 철학적 낭만과 시대에 제약된 남성문학이 드러나고 있지만, 니체는 여전히 학으로서의 철학을 확실하게 고집하고 있다.

그 세번째 《시대에 맞지 않는 생각, 교육자로서의 쇼펜하우어》(1874)에서 참된 철학은 다시금 단순한 역사적 학식과 강단철학의 정치적 복종과 대조를 이룬다──참된 철학은 삶의 학이다. 참된 철학자, 즉 어쩔 수 없이 학자일 수밖에 없는 철학적 "천재"(305)는 "무한한 자유의 심안"(325)을 지니고 있다; "자유, 그리고 영원한 자유"(351, 비교. 325)는 참된 철학자의 것이다. 또한 여기에서 니체는 철학 자체보다는 예술가와 비교되는 철학자의 인물에 특히 관심을 보인다. 그리고 그는 공교롭게도 쇼펜하우어에서 "철학자가 필요로 하는 최우선의 것; 불굴의 그리고 격렬한 남성다움"(349)을 발견한다. 동시에 니체는 자기 문체를 뚜렷하게 드러내고, 철학자 그리고 슈퍼맨으로서의 초인을 영웅화하고 낭만적으로 조명하기 시작한다.

　같은 시기에 니체는 삶과 자연의 전체 연관 속에서 철학자를 배치시킨다. 그리고 우주 속에서 철학자의 형이상학적 위치에 관심을 보임으로써 그는 철학자를 (예술가처럼) 실험하는 자연의 산물로서 이해한다. "자연은 철학자를 화살처럼 인간 내부에 쏜다. 자연은 목표를 두지는 않지만, 화살이 어디엔가 맞기를 희망한다."(345) 철학자는 더 이상 과거의 철학자에게 종종 있었던 것과 같은 신의 선택자도 아니고, 신의 사자도 아니다. 철학자는 목적론적이기보다는 실험적인, 그러나 근본적으로 설명될 수 없는, 스스로 고통스러워하는 자연의 나약한 도구일 뿐이다. 그러나 철학자는 예외 현상으로 남는다. 이는 근대의 천재 숭배 때문에 더욱더 그러하다. 철학자는 이제 자신을 정열적이고 비극적인 영웅으로 이해한다. 반면에 철학은 엄밀한 의미에서 학의 성격을 상실하기 시작하고, 그리고 "즐거운" 학이 된다.

　철학과 과학의 새로운 형식을 공포하려 했던 《즐거운 학문》(1882/1886)에서 니체는 원칙상 철학의 본성에 대한 그의 반성을 명시하려고 한다. 《왜 우리는 관념론자가 아닌가》라는 제목하에 그는 수많은 철학자들의 감성 적대성을 회상한다. 이 철학자들은 "삶의 음악"이 뱃사람을 유혹하는 "사이렌-음악"이라고 치부하면서 이 음악을 듣지 않기 위해 밀랍으로 귀를 틀어막는다. "이제 우리는 역으로 판단하고 싶다. (그 자체 역시 잘못일 수 있어도): 즉 냉혹하고 빈혈증적인 모습을 한 이념들은 감각보다 더 잔인한 유혹자이다. 그리고 이러한 모습에도 불구하고──**이념**은 항상 철학자의 피를 빨아먹고 산다. (…) 철학적 사유는 언제나 흡혈귀의 일종이다."(247) 철학자는 지금까지는 말할 것도 없고, 어쩌면 영원히 자신의 피를 빨아먹고 사는 흡혈귀이다. 왜냐하면 여기에서 피학대 음란증이라는 관념론의 고발이 니체의 마지막 말이 아니기 때문이다. **총체적으로 말하면**: 지금까지 모든 관념론은 질병과 같은 것이다. 이 질병 속에서 관념론은 플라톤의 경우처럼 과도한 그리고 위태로운 건강을 주의하지 않았고, **강력한** 감각을 두려워하지 않았으며, 영리한 소크라테스학파의 영리함도 지니지 못했다."(248) 그리하여 철학자의 동기에 대한 심리학적 분석의 시도는 분명 이중적이다.

1886년으로 기록된 《즐거운 학문》의 머리말에서도 철학의 평가는 여전히 이와 비슷한 문제점을 지니고 있다. 여기에서도 니체에게 철학은 인격의 표현이며, 더욱이 건강과 질병의 징후이다——우리는 결핍 혹은 과다로부터 철학적 사유를 할 수 있다. 따라서 우리는 감각에 적대적이거나 친화적이다. "그리고 나는, 일반적으로 생각해 볼 때 철학이 지금까지 도대체 왜 몸에 관하여 설명하지도 않았고, 그리고 **몸을 오해**했는지 자주 자문해 보았다."(11, 비교. 10, 12) 니체의 몸철학은 결과적으로 철학 자체를 몸의 표현으로 (그러나 추측컨대 자기 자신을 상대적으로 연관시키지 않고) 이해한다. 따라서 철학은 사치로서 뿐만 아니라 치료로서 감성의 승화 또는 "변용(Transfiguration)"이 되며, 지금까지 그리고 특히 미래에도 고통으로부터 발생하는 심리적-생리적인 이데올로기가 된다. 철학자는 플라톤처럼 더 이상 위대한 애자(愛者)가 아니라, 단지 위대한 고뇌자(苦惱者)이다. "거대한 고통이야말로 정신의 마지막 해방자이며, 거대한 **의혹**의 스승이다. (…) 거대한 고통이야말로 시간을 갖고 오랫동안 천천히 스며드는——우리가 흡사 푸른 나무와 함께 불타고 있는 것처럼——저 거대한 고통이야말로 철학자를 우리의 마지막 심연에까지 침전케 하고, 아마도 이전에 우리의 인간성을 정립시켰던 모든 신뢰와 모든 선량함, 은폐, 온화함, 그리고 부를 우리로부터 실행하게 한다. 나는 그러한 고통이 어떤 것을 개선시킬지는 의문이지만; 그러나 고통이 우리를 **심화시킨다**는 것을 알고 있다.”(13) 그리하여 철학자의 건강은 결국 질병을 견딜 수 있고, 그리고 질병 속에서 “새로운 행복”(13)을 찾는 데 있다. 그러나 자기 희생으로서의 철학에 대한 이러한 평가는 여전히 이중적이다. 왜냐하면 자기 희생은 불가피한 것으로 나타날 수 있기 때문이다. 그러나 니체 역시 “민중과 시대, 종족, 그리고 인류에 대한 전체−건강의 문제를 치료해야 하는 (…) 철학적 **의사**”(12)가 나타날 것을 기대한다. 플라톤과 계몽주의처럼 다시 한번 국가의 의사, 또는 더 나아가 전 인류의 의사로 이해된 철학자는 더 이상 진리를 추구하지 않는다. 철학자는 단지 건강과 삶, 그리고 권력을 가능하게 하는 것이다.

이러한 사상으로부터 한걸음 진전시켜 니체는 철학자를 입법자로 규정한다. 이 입법자는 그의 마음에 드는 진리를 만들고, 그리고 지배자로서 법규라는 권력을 가지고 이 진리를 천민에게 명령한다. 그의 저서 《선악의 피안》(1885/86)에서 소제목 〈미래 철학의 서막〉에 의하면 철학자는 세계 양심으로서 인류의 재판관이 된다. 이제——미라와 같은 메마른 개념들을 취급하고 있는 강단철학에 대항하여——“지배자의 과제와 철학의 통치권”(665)을 다시금 전면에 내세우는 것이 중요하다. 그러나 새로운 철학자의 왕은 플라톤처럼 더 이상 최고의 이론적 인식의 소유자가 아니며, 따라서 실천적 이성의 화신도 역시 아니다. 그는 오로지 **자기 권위에서**(ex auctotritate sua) 나온 설립자이다; 비철학자들의 입법자는 결국 독재와 같은 명령자이며 권력자이다. 달리 말하면 철학은 오로지 권력에의 의지의 형식이며, 철학자는 결코 **왕**

의 철학자(le roi philosophe)가 아니고 단지 **천민의 철학자**(la bête philosophe)일 뿐이다. 철학자는 새로운 인간의 사육자이다. 그리고 니체에게 이것은 순수한 남자들의 책무이며, 타고난 귀족과 홀로 살고 있는 성직자, 지상의 주인으로서 직무를 수행하고 있는 지배자의 책무이다.

그러나 같은 시기에 니체는 철학에 대한 완전히 다른 구상을 전개시킨다. 이미 《즐거운 학문》에서 철학자를 무용가와 비교하고 춤을 "제식(祭式)"으로 암시한 후(257), 그는 《선악의 피안》에서 철학을 "놀이"로 정의하고, 그리고 동시에 놀이를 추구와 추구함으로 정의한다. 자신의 고유한 입법자인 철학자는 사유 가능성들의 영역에서 자유로이 움직인다. 그리고 가능성들과 함께 그는 멈춤 없이, 또한 구속 없이 흡사 놀이하면서 실험한다. 그는 놀이를 하고, 그리고 놀이는 단지 놀이일 뿐이라는 것을 안다. 또한 도래할 자유로운 정신의 이러한 자유는 자유로운 정신에게 무엇보다 위험스러운 자유이다——철학자는 끊임없이 스스로 위험을 무릅써야 하고, 그리고 오류 속으로 뛰어들 수 있다. 그는 자신이 위험스러운 놀이를 하고 있음을 안다. 그는 자신의 삶과 놀이하며, 소위 **목숨을 건 도박**을 한다. "그는 사악한 놀이를 한다."(666) 따라서 이제 철학은 학문도 작업도 아닌 춤과 놀이일 뿐이다. 이로써 사유의 자유는 확실히 강조되어야 한다. 그러나 철학은 또한 사악한 놀이이며, 또는 오히려 오로지 사악한 놀이——위험하고 섬뜩한 놀이, 게다가 무엇보다 중요한 것은 철학자 자신을 위한 놀이, 그리고 혹시 전부(全部)냐 아니면 전무(全無)냐가 문제시되는 놀이이다.

그리하여 철학이란 주어진 진리를 추구한다는 전통적 철학 개념은 니체에게 있어서 이중적, 그러나 보충적 방식으로 해체된다: 즉 비교적(秘敎的)인 미학화와 현교적(顯敎的)인 정치화를 통해. 한편으로 철학적 사유는 예외 인간의 사이비–신, 또는 악마의 놀이로서 나타난다. 그렇지 않다면 무책임한, 또는 경멸적인 놀이로서 나타난다. 다른 한편으로 철학자는 절대적 지배자로서 민중을 위한 법의 공포자 또는 제정자이다. 그렇지 않다면 은총을 지닌 권력자이다. 적어도 지상의 새로운 지배자가 지닌 소위 말하는 위대한 이성은 지금까지 내려온 모든 보편 인간의 척도를 거부한다. 비철학적 노예들을 구속하는 것은 철학적 지배자에게 하나의 놀이일 뿐이다; 그의 놀이는 다른 모든 것을 지배하는 헌증이다. 그리고 그 자신은 자유로운, 무엇보다도 고귀한 천재로 머문다. 이로써 철학은 지금까지 지배해 온 학적 작업으로서의 근대 철학 개념과 극단적으로 대립하고 있는 일종의 음울한 낭만주의로 전개된다. 철학적 사유는 자유로운, 그리고 즐거운 사유이다. 그러나 또한 허무주의에 직면한, 그리고 나락 앞에 서 있는 사유이다. 절대자 속에서 고양되고 있음을 알았던 사유의 기억은 더 이상 존재하지 않는다; **지적 신에 대한 사랑**의 자리에 **운명애**가 등장하고, 신과의 화해 자리에 소외의 인내로서 필연성의 긍정이 등장한다.

4. 관념론과 반관념론

헤겔에 있어서 모든 철학은 "근본적으로 관념론"이다: 관념론의 대상은 현상에 포함된 사실의 본질, 즉 존재의 이념적 구조이다. 철학적 인식의 과제는 현실의 이성과 그와 더불어 이성의 현실을 인식하는 것이었다. 그리하여 인간의 정신은 신적 정신의 인식으로 고양되어야 한다——철학의 최고 대상은 절대적 이념이었다. 이런 점에서 헤겔의 철학이 "관념론"으로 불리는 것은 정당하며, 동시에 절대적 관념론으로서 비판적 관념론과 주관적 관념론 그리고 객관적 관념론(따라서 칸트·피히테·셸링)과 구별된다. 우리가 형이상학적 관념론, 인식론적 관념론, 그리고 실천적 관념론으로 구분하려 한다면, 특히 헤겔의 철학은 무엇보다도 형이상학적 관념론이다. 왜냐하면 그의 철학은 현실과 이성 내지 존재와 사유의 동일성을 철저하게 관철하고 있기 때문이다.

헤겔의 절대적 관념론은 자기 절대화를 주장하는 그의 적대자들에 의해, 더욱이 완전히 다른 관점에서 투쟁되었다. 짧게 그리고 제목처럼 말한다면 쇼펜하우어는 각성된 오성의 시점에, 키에르케고르는 역설적인 기독교의 시점에, 포이어바흐는 이상적인 인류의 시점에, 그리고 마르크스는 미래 사회의 시점에 서 있다. 그들 모두는 (관념론적 철학처럼) 지체된 철학의 종말을 일종의 구원을 통해 아직도 기다린다: 쇼펜하우어와 키에르케고르는 개별적으로 체념적 무의지 내지 기독교적 신앙을 통해, 포이어바흐와 마르크스는 보편적으로 유토피아적-건강한 사회를 통해 철학의 종말을 기다린다. 소외의 종말에 대한 희망(열반이나 신을 통해서, 또는 인류나 사회 내지 역사를 통해서) 속에서 그들은 여전히 어떤 형이상학을 고집하고 있다. 우리가 굳이 표현하고자 한다면, 그들은 일정한 **종교(religio)**를 가지고 있다. 어느 경우든 쇼펜하우어와 키에르케고르, 포이어바흐와 마르크스는 비록 그들이 헤겔의 관념론을 비판하면서 동시에 전통적으로 내려온 형이상학과 투쟁했음에도 불구하고 그들 모두는 소위 말해 외부로부터, 즉 영원한 무 내지 의지의 관점에서, 초역사적인 영원한 신의 관점에서, 완전한

인류의 관점에서, 또는 불변하는 세계사의 관점에서 그들 각자의 실존
과 상황을 바라본다. 그러나 쇼펜하우어가 체념을 통해 현실을 도피하
고자 한 반면, 키에르케고르 · 포이어바흐 · 마르크스는 현재와 맞서
려고 한다: 키에르케고르는 순간의 실존적 의식을 통해, 포이어바흐
는 감성에로의 지향을 통해, 그리고 마르크스는 정치적 참여를 통해.
이때 관념론의 파괴 경향은 명백하게 신학으로부터 인간학으로 진행
한다. 이미 쇼펜하우어의 형이상학은 알려진 바와 같이 반신학적 내지
반유신론적이다. 키에르케고르도 근본적으로 (알려지지 않은 신과의 연
관 속에서) 인간 실존에만 제한한다. 왜냐하면 그는 신에 대한 모든 사
변을 금지하기 때문이다. 포이어바흐에게 신학은 비판의 주요 대상이
며, 그후 마르크스에게 신은 더 이상의 주제가 아니며 단지 인류의 정
치적 구원만이 관심사이다. 후기 관념철학의 이러한 '인간 중심적' 그
리고 부분적으로 '자아 중심적' 경향은 계속 진행된다. 이로써 헤겔
이후 젊은 세대의 혁신적인 두뇌들 속에서 몇 년도 안 되어 급진적인
정신적 변화가 일어났다. 철학 · 종교 · 과학의 오랜 통일은 저절로 해
체된다. 사실 쇼펜하우어와 키에르케고르, 포이어바흐와 마르크스는
무엇보다 국외자이다. 그러나 그들의 사유 양식은 일부 19세기말 전
에 이미 그 의미가 드러나지만, 그후 느린 발화처럼 20세기에 거대한
영향을 끼친다. 물론 헤겔은 19세기말에 거의 잊혀졌고, 독일관념론
은 허수아비처럼 쇠퇴되었다.

그럼에도 불구하고——형이상학의 적대성과 반-관념론에도 불구
하고——도처에 관념론과 형이상학의 흔적들이, 비록 대부분 추방되
고 은폐되고 그리고 근본까지 변화했지만 존재하고 있었다. 헤겔에
대한 투쟁은 관념론적 형이상학의 해체를 목표로 한다. 그러나 쇼펜
하우어는 여전히 형이상학자이고, 또한 관념론적 인식론자이며, 도덕

철학자이다; 하지만 그에게 있어서 모든 사물의 궁극적인 근원은 더 이상 신적 인격체가 스스로 생각하는 그런 사유(이성·정신)가 아니며, 비록 이념들을 수용하지만 오로지 비이성적이고 맹목적인 의지이며 비합리적인 절대자이다. 이에 반해 키에르케고르는 그가 정신과 인격 체로서 간청한, 그리고 위협과 약속으로서 경험한 신의 실존을 확신 했다; 그러나 그는 절대자에 대한 모든 형이상학적 사변을 거부하고, 무엇보다도 헤겔이 현실을 이념 내지 절대적 이념으로 환원시킨 것과 투쟁한다. 그에 반해 포이어바흐는 보편적·사회적 인간 본성의 이념 을 지향하고, 인간의 규범적 본질, 즉 감각 본질과 이상으로서의 인간 을 동시에 정립한다. 그러나 그의 주요 관심은 신체적 개체이다. 그는 이것을 철학의 중심으로 만들고 싶어한다. 유물론과 무신론적 인간학 의 입장에 서 있는 마르크스에 있어서 정신적인 모든 것은 단지 수반 현상(Epiphänomen)일 뿐이다; 그러나 그 의지에도 불구하고(malgré lui) 관념론적 형이상학의 흔적이 그에게 여전히 남아 있다. 예를 들면 변 증법의 그의 구상 속에 모든 현실, 또는 역사적으로 소외된 (규범적) 인간 본성의 최고 법칙으로서의 흔적뿐만 아니라 사회 정의를 위한 참여 속에서 무매개적인 실천적 관념론으로서의 흔적이 남아 있다. 형 이상학 그리고 관념론과 함께 도덕뿐만 아니라 철학의 목적인 진리까 지도 거부했던 니체 자신도, 그가 존재를 권력에의 의지로, 동일성의 영원 회귀를 최고의 존재 법칙으로 생각한다면, 관념론적 형이상학 또는 어떤 형이상학적 관념론으로부터 결코 자유스러울 수 없다. 그 리하여 청년 마르크스와 후기 니체의 급진주의를 철학의 주요 사상으 로 간주하지 않았던 20세기 철학에서 항상 여러 관념론의 변종들이, 그러나 또한 반–관념론의 변종이 발견된다는 것은 결코 놀랄 일이 아 니다.

II

학문과 세계관

되새김과 새로운 방향

독일관념론의 붕괴는 관념론적 형이상학의 거부뿐만 아니라 철학의 일반적 멸시를 초래하였다. 그러나 이러한 멸시로부터 철학은 점차 회복되었다. 계몽주의 시대에 보편적인 최고 학문으로 도약했고, 그런 점에서 신학으로부터 분리되었던 철학은 강단철학으로서 점점 변방으로 떨어져 나갔다; 철학은 수많은 분야 가운데 하나의 전공 분야가 되어 버렸고, 더욱이 학적으로 문제시되는, 사회뿐만 아니라 대학에서도 존경받지 못하는, 그리고 근본적으로 방기된 전공 분야로 전락했다. 이제 일반적인 관심은 우선 검증된 엄밀성과 유용성을 제공하는 자연과학에 쏠렸고, 마찬가지로 번성한 역사과학과 그리고 이와 결합된 역사주의의 문제들, 즉 모든 비수학적 진리의 역사적 상대화에 쏠렸다. 그렇다고 강단철학이 사라진 것은 아니었다——그리하여 한 시대를 풍미한 사변적 관념론 이외에도 1800년도 다른 전공철학, 여전히 칸트와 연결된 다양한 전공철학들이 존재하였고, 이것은 헤겔의 사후에 다양한 방향으로 계속 전개되었다. 더욱이 일부는 헤겔의 영향하에 소위 말하는 후기관념론으로 전개되었다. 그밖에 유물론적 내지 자연주의적 이론들의 흐름 또한 폭넓게 존재했다. 이 이론들은 자신들을 자연과학의 연장으로 이해했고, 또는 해석적으로 자연과학의 성

과와 연결하려고 노력했으며, 그리고 예를 들어 심리학을 새로운 근본
학으로 형성하려고 노력했다. 그에 반해 비판철학은 계속해서 강단철
학 이외에서는 등한시되었다. 모든 전통철학과 전통문화에 대항한 니
체의 맹렬한 공격이 철학의 새로운 해석을 위한 길을 열어 주었을 때,
쇼펜하우어·포이어바흐·마르크스·키에르케고르와 같은 국외자들
의 이론은 19세기 말엽 세상에 널리 알려지게 되었다.

그러나 전공철학은 과학들로부터, 즉 수학과 자연과학뿐만 아니라
새로운 정신과학에서 나타났던 원리 문제로부터 최초의 “새로운” 철
학적으로 혁신적인 사유 충동들을 맞게 되었다. 무엇보다도 이것은 깊
이 생각하는 철학자에게 언제나 의문시되어야 했고, 또한 과학들 내에
서 철학적 사유를 일으키게 했던 과학 자체의 본질이었다. 그리하여
과학들로부터 타당성, 지식의 토대와 형식에 대한 물음이 제기되었다.
이러한 물음은 그후 다시금 철학의 과학성에 대한 문제를 야기시켰
다; 왜냐하면 철학은 항상——현대 과학의 성과 결과로부터——과학
이론뿐만 아니라 가능한 스스로 과학이 되려고 하였기 때문이다. 특
히 절대적 관념론의 영향으로 체계로서의 과학이 되려고 하였기 때문
이다. 이런 점에서 19세기말과 20세기초의 강단철학은 여전히——이
철학 스스로 예측했던 것보다 더 많이——독일관념론 내지 근대 관념
론적 형이상학의 영향하에 있었다. 강단철학은 당연하게 여전히 최종
적 근거를 탐구했고, 초월학으로서의 철학을 추구했다; 특히 이 철학
은 언제나 인식 주체로부터 출발하여 의식철학을 구성하려는 경향을
보였다.

철학에 대한 이러한 노력으로부터 세계 의미의 학적 위치에 대한 물
음이 제기되었다. 물론 이 물음은 개별과학들의 인식과 전체 현실에
대한 생활 세계적 해석 사이에 놓인 인식적 차이에서 비롯된 것이다.

과연 철학은 다시금 (모든 지식의 체계로서) 절대지를 주장해서는 안
되는가? 또는 현실의 전체 해석은 개체적이고 역사적인 인식 이행으
로서 단지 주체적 확신과, 오늘날 널리 언급되고 있듯이 '세계관' 으로
남아 있는가? 과학을 지향했던, 그리고 과학화를 추구했던 철학은 필
시 인간 정신의 역사성에 대한 성장된 인식으로 인하여 그 어느 때 보
다 자신의 가능한 혹은 현실적인 역사성의 문제를 제기하여야만 했
다. 그리하여 과학과 세계관과의 관계가 철학의 시급한 문제로 대두
되었다. 그것을 넘어서서 과학에서 제외되었던 것, 소위 삶과 삶의 문
제들("삶의 수수께끼")에 대한 보편적 물음이 빠르게 제기되었다. 그
리하여 학이고자 했던 강단철학은 소위 다른 기슭으로부터, 국외자인
니체의 마음을 움직였던 물음, 즉 과학과 삶과의 관계에 대한 물음을
제기했다. 여기에서부터 그후 중요한 경로들이 전공철학의 테두리 안
에서 20세기를 직접 주도한다.

1. 신칸트주의: 인식 문제와 존재 물음

신칸트주의의 초기와 중심에는 (과학적) 인식의 문제가 자리잡고 있
다. 신칸트주의는 소위 말하는 과학의 사실로부터 출발점을 삼았고,
따라서 역사적으로 볼 때 19세기에 있었던 자연과학의 번영과 그리고
자연과학의 유물론적 혹은 자연주의적 자기 이해로부터 그 출발점을
삼았다. 그리고 지하에서 활동한 일부의 유물론 또는 자연주의도 철
학에 있어 이러한 자기 이해에 해당된다. 큰 성과를 거두었지만 거의

반성하지 않는 객관주의(실증주의)에 대한 불만족은, 일부 자연과학자들에게서조차 일어났던 불만족은 과학의 본질에 대한 물음 내지 인식 일반의 타당성과 기원에 대한 물음을 19세기 중엽에 새롭게 제기했다. 그리고 이 물음은 칸트에로 소급되었다. (주체 안에서) 인식 가능성의 조건에 대한 물음이 새롭게 제기되었을 때 칸트의 선천성(Apriori)은 우선 생리학적 인식 기구로 오해되고 있으며, 그런 점에서 물화(物化) 되었다. 그러나 그후 이 선천성은 선험적 철학으로 철저하게 심화되고, 그뿐만 아니라 일부는 철저한 선험적 관념론의 의미로 절대화되었다. 그리하여 칸트에로의 회귀 요구는 곧바로 칸트를 넘어서는 요구로 변화되었다.

그러나 과학의 사실 이외에, 예를 들어 도덕 법칙의 사실에 주목했던 칸트에로의 지향은 무엇보다 인식론에만 머물 수가 없었다; 이것은 비록 선택적이지만, 칸트에 의해 논의된 다른 문제 영역들, 예를 들면 윤리학과 미학, 그리고 일부 종교철학과 국가철학에 관심을 가졌고, 더 나아가 그 시대의 정치, 특히 복지와 연대에 관심을 가졌던 사회주의와의 논쟁을 종종 이끌었다. 그러나 본질적으로 신칸트주의는 칸트의 세 비판에 (목적론적 판단력의 비판을 도외시하고) 관심을 집중시켰고, 이러한 관점에서 철학을 이론의 체계, 즉 인식론과 윤리학·미학의 체계로 이해했다. 그밖에 신칸트주의는 (도덕뿐만 아니라 법·예술·종교와 같은) 다른 영역 이외에 학을 정신의 객관화(Objektiva-tion)로서 파악하려 했고, 이와 더불어 "문화 산물(Kulturprodukt)"로서 파악하려 했다. 이로써 인식의 철학은 (과학적) 인식의 발생 이론으로부터 정신의 모든 생산 이론, 또는 그 당시 용어로 표현한다면 문화 이론으로 전개되었다. 이 문화 이론은 근본적으로 관념론적 정신 이론이었다. 결국 신칸트주의의 정점은 새로운 관념론적 토대에서——이에 상응하는 체계 이론의 철학 개념과 더불어——다시 한번 체계로서의 철학을 제시하려는 시도에 있다.

사실 철학은 이런 방법으로 19세기에 강조된 문화 개념과 결합한다. 이 문화 개념은 정신 생활의 보편적 역사화와 민족화에 기초하여, 그러나 무엇보다도 자연과학적으로 새롭게 규정된 기술적 '문명'을 위한 보완으로서 전개되었다. 문화 개념은 모든 정신적 실천의 총체 개념이 되었다——생산적 사유는 문화였고, 그리고 철학은 모든 문화, 즉 모든 정신적 생산의 반성적 중심으로 간주될 수 있었다. 그러나 비록 철학이 문화를 통일시키고 문화의 중심으로 간주된다 할지라도 과학으로서의 철학은 결코 현실성의 모든 것이 아니기 때문에, 과학에 기초를 둔 철학은 불가피하게 그것과는 다른 것, 즉 소위 말하는 삶과 삶에 동반된 인생관 및 세계관을 반성하여야만 했다. 이를 통해 진보를 열광했던 19세기에 과학화에서 도외시되었던 것, 즉 비합리적인 요소, 또는 규정될 수 없는 모든 근거에 대한 물음이 널리 확산되었다. 그리하여 그 이전 니체의 삶의 철학처럼 신칸트주의 역시 삶과 생활 세계의 문제, 따라서 인생관과 세계관의 문제와 부딪쳤다.

신칸트주의는 1900년 거의 모든 독일 대학을 지배한 거대한 학파를 형성했다. 이것은 다시금 여러 방향으로 나누어졌다. 그 중 마르부르크학파와 바덴학파 혹은 서남학파가 가장 우세한 학파였다. 마르부르크학파는 일종의 논리적, 즉 최초의 과학 이론적 관념론을 대표했다. 다시 말해 이 학파는 모든 인식을 인식 판단에서 나온 정신적 산물로 이해하려고 했다——그리하여 물자체와 직관의 역할은 계속해서 축소되었다. 바덴학파 혹은 서남학파는 일종의 가치론적, 즉 최초의 가치 이론적 관념론을 대표했다. 다시 말해 이 학파는 판단들을 평가 판단들로, 따라서 가치들로 보았다——이를 통해 이 학파의 관심은 인식의 생성으로부터 인식의 타당성으로 옮겨졌다. 서로 다른 강조의 차이로부터 일반적으로 과학과 과학 이론으로 이해된 철학을 위한 성과들도 있었다. 이와 때를 같이하여 인식 문제로부터 존재 물음에로의 이행은 바덴학파 내지 서남학파에서(예를 들면 빈델반트와 리케르트에게서) 수행되었으나, 마르부르크학파에서는(예를 들어 코헨이나 나토르프에게서는) 오히려 점점 지리멸렬하게 되었다.

마르부르크학파의 주요 설립자인 헤르만 코헨(1842-1918)은 후기에, 말하자면 도약을 통해 선험철학으로부터 자신의 역사성으로 되돌아갔다. 유대교구의 선생 아들로서 (작센안할트 주에 있는) 코스비히에 태어난 코헨은 과학의 사실로부터 연구의 시발점을 삼고, 방법론적 관념론의 의미에서 과학의 산물을——무(無)로부터——주체에서 구명하고자 했다. 그에게 수용적 지각 대상으로서의 물자체는 존재하지 않는다. "별들은 하늘에 있지 않고, 천문학의 교과서들에 있다."——이는 교과서들은 어디에 존재하는가라는 물음을 물론 유발하는 강조된 역설적 형식이다. 코헨은 그의 인식 이론을 완성한 후 윤리학과 미학으로 이행한다——우선 그는 모든 것을 칸트의 서술 형식에서, 그후 자신의 고유한 체계(순수인식의 논리학, 순수의지의 윤리학, 순수감정의 미학)로 이행한다. 그에게 있어서 과학과 도덕 그리고 미학은 유일한 구성적 의식의 문화 산물이다. 이에 따라 코헨은 그의 철학 체계의 첫번째 부문인 《순수인식의 논리학》(1902)에서 철학을 과학의 과학일 뿐만 아니라 근원적 학문으로 이해한다——"근원적 논리학"(601)의 도움으로 철학은 체계로서 철학적 개념에 다가가야 한다. 더 나아가 철학은 모든 정신적 객관화의 중심에 서 있기 때문에 코헨이 논문 《정신과학들과 철학》(1913)에서 표현하였듯이, 이런 의미에서 철학은 또한 정신과학(비교. 520ff)이며, 더욱이 "정신과학들의 통일 근거"(521)

이다. 물론 코헨에게 있어서 철학은 이론철학뿐만 아니라 무엇보다 실천철학이다. 이러한 의미에서 그는 칸트의 윤리학으로부터 신의 이념에 기초한 윤리적 사회주의를 전개시키려 한다. 1911년 저술된《유대교의 기원에서 본 이성의 종교》에서 밝힌 바와 같이, 철학은 이성의 학이기 때문에 "종교가 개념에 본질을 두고, 그리고 개념에 기인하고 있는 한"(6) 종교는 이성 자신에서 나온다. "바로 이러한 길이 유대교의 역사적 개념으로부터 우리를 종교철학으로 이끈다."(6) 코헨에게 있어서 이러한 방식으로 철학은 구약성서적인 종교를 거쳐 매개 없이 이성 종교로 이행하고, 이로써 또한 종교적·윤리적–정치적 실천으로 이행한다.

마르부르크학파의 두번째 대표자인 파울 나토르프(1854–1924)는 완전히 다른, 그러나 놀랄 만한 방식으로 인식 이론으로부터 역사적·형이상학적 존재 물음을 발견한다. 나토르프는 뒤셀도르프의 목사 집안 출신으로 일찍이 사회의 도덕적 개혁을 희망했다; 이 목적을 위해 그는 "사회교육학"과 "사회관념론" 즉 칸트의 윤리학에 기초한 사회주의를 전개하였다. 그러나 그는 우선 인식 가능성의 조건들과 특히 인식 타당성의 조건들을 묻는 인식 이론가로서 등장한다. 비록 그가 코헨과는 달리 인식 대상의 의식 초월적 존재를 전제하고 있지만, 탐구의 주안점은 사실 합법칙적인 인식 산출의 방법 문제에 있다; 그는 객체의 인식 가능성을 묻는 것이 아니라 오히려 (초기의 피히테와 유사하게) 주체의 산출 구조, 즉 의식의 근원적 통일을 묻는다. 그리고 그는 이것을 자기 체험의 직접성에서 찾는다. 따라서 나토르프에게 있어서 철학은 한편으로 인식론적 관념론("범방법주의(Panmethodismus)")이고, 다른 한편으로 그가 심리주의, 즉 개별 학문으로서의 심리학에서 철학을 정초시키는 것을 거부하지만 "보편적 심리학"이다. 그러나 그는 곧 이러한 입장을 벗어나 "일반논리학"에서 존재 자체의 범주를 구명하려 하고, 주체와 객체를 포괄하는 존재와 이것의 구조, 궁극적으로 "존재의 근원적 의미"에 대한 물음을 제기하려고 한다. 그는 사유와 존재의 이러한 공동적 근원, "존재 자체의 의미"를 특히 "낱말" 또는 "근원적 빛"이라고 부른다. 그리고 그는 (후기의 피히테와 유사하게) 결국 신비주의에 접근한다. 이로써 과학의 사실에로의 엄격한 방향은 그후 상실되고, 결국 그의 철학 이해도 변화한다.

나토르프는 저서 《철학적 교육학》(1903)에서 잠정적으로 철학의 개념을 규정한다. 여기에서 그는 철학을 역사적으로 확실한 것으로 간주한다. "철학은 철학의 역사적 개념에 따라 근본학, 즉 인간 인식들의 통일을 보증해야 하는 학이다. 이것은 모든 인간 인식들이 근거하고 있는 공동적인 최종 기초를 증명함으로써 가능하다."(1) 따라서 철학은 근본학으로서의 인식론이다. 그러나 철학에 대한 이 개념은 여전히 수많은 "특수 해석들"을 허용하기 때문에 나토르프는 자신에 의하여 제시된 규범을 통하여 그것을 보완한다. 즉 "한편으로 결코 공격될 수 없는 사상들을 자랑할 수 있는 그러한 철학이 참된 철학이 되고, 다른 한편으로 인간 인식의 영역에 놓여 있는 대상들의 전체에 기저로서 충분하기 위해 그것의 관점을 높게 충분히 수용하는 그러한 철학이 참된 철학이 된다."(1) 나토르프의 견해에 의하면 궁극적으로 "비판적" 철학이야말로 이러한 이념에 상응한다. 이 철학에서 인식의 고유한 합법칙성 속에, 즉 의식 속에 있는 인식의 통일은 "인식의 고유한 최종 법칙에 대한 자기 자신과의 인식 이해"(9)를 통해 주어진다. 이 철학의 근본 이론들은 좁은 의미에서의 인식론이며, 또는 논리학이고, 더 나아가 윤리학과 미학이다. 그리고 이것들로부터 종교철학과 심리학이 분류된다.

따라서 나토르프에게 있어서 철학은 본질적으로 인식론이다. 인식론은 과학들의 철학이고, 그리고 그 속에서 스스로 과학적 철학이며, 더욱이 근본학으로서의 철학이다. 이 관점으로부터 나토르프는 그 저서 《철학》(1911)에서 밝혔듯이 소위 말하는 모든 세계관의 철학을 거부한다. 그러나 그는 세계관의 철학이——철학처럼——지식에 대한 절대적 욕구로부터 발생한다는 사실을 인정한다; 사실 오늘날에 과학과 삶 내지 문화의 하나됨이 중요시되고 있다. 그러나 이는 근본학으로서의 철학을 통해서만이 가능하다. "왜냐하면 철학은 물론 과학이려고 하지만, 특수한 대상의 특수과학이려고 하지 않기 때문이다; 오히려 수많은 과학들의 모든 특수성들에 대해 과학의 통일을 형성하고 기초짓는 것이 철학의 본래적인 물음이며 과제이다. 여기에서부터 이제 철학과 과학의 매우 밀접한 통일성이, 다양성을 지양하지 않고 오히려 이러한 다양성을 전제한 상호 연관을 통한 통일성이 요구된다." (3) 나토르프에 의해 과학에 대한 이러한 집중은 결코 철학의 협소화를 의미하지 않는다. 왜냐하면 철학은 과학들을 통하여 전체의 삶과 연관하고 있기 때문이다(이때 개별과학들이 삶의 모든 전망들을 밝히고 있다는 것이 명백하게 전제되어 있다). 따라서 철학은 과학으로 인하여 그의 영역 권한이 제한되거나 빼앗기지 않는다; "철학이 과학이면 과학일수록 철학이 더 줄어드는 것이 아니라 더 확장된다."(7) 그리하여 철학은 근본학으로서 본래 직접적인 인식이어야 하지만 철학은 이제 단순하게 간접적인 지식이 된다.

모든 세계관의 철학을 거부한 후 몇 년 지나지 않아서 나토르프는, 무엇보다 중요한 것은 정치적 사건들과 소위 "1914년의 이념들"을 통해 자극받음으로써 스스로 인생관과 세계관의 철학 흐름에 빠지게 되었다. 1918년 《독일인의 세계적 사명, 역사철학의 방침》이라는 놀랄 만한 제목을 지닌 저서의 제2권인 그의 논문 〈독일인의 영혼〉이 발간되었다. 여기에서 문화와 세계관으로서의 철학은 민족적 특성을 나타낸다: "독일인은 전체적으로 종교적인 것처럼 본래 전체적으로 철학적 사유를 한다."(110) 따라서 지금의 전쟁은 근본적으로 악과 세계의 무지에 대항하는(예나 지금이나 마찬가지로 피히테와 서로 매우 밀접하게 연관되어 있는) 독일 정신과 자유의 전쟁이다: "독일인은 성스러운 위기에서 종교적 삶을 심화시켰고, 세계를 구하고 해방된 진리와 그 속에 확실하게 기초를 둔 구원의 통일에서 평화를 얻을 수 있는 힘을 얻을 때까지 계속적으로 종교적 심화를 요구했던 것처럼 지금 독일인은 동일한 이유에서 계속적으로 철학을 해야 하고, 그리고 철학을 할 것이다."(111) 왜냐하면 독일인은 "매우 깊은 사고력의 성향" "철학에의 소명"(111)을 지니고 있기 때문이다. 철학에 있어서 "독일 본질"에 대한 이러한 표상은 다음 세계대전 때까지 관철될 것이고, 그러나 항상 내적 승리로 평가되지 않을 것이다.

또한 죽기 몇 년 전에 저술하고 1958년 유작으로 발간된 나토르프의 《철학적 체계학》은 언어에서까지 그의 철학과 철학 이해의 변화를 보여준다. 여전히 철학은 "통일지와 근본지에 대한 노력"으로 이해되지만, 이제 그가 강조한 것은 노력이지 체계 자체는 아니다. 철학은 "체계"가 아니며 "체계에 대한 물음"이다. 따라서 철학은 오로지 "체계학" 내지 "비판의 체계"(비교. 1f)이다. 이제 나토르프에 있어서 "더 위대한 것을 위한, 삶을 위한 철학의 위치"가 관심의 전면에 등장한다. (2) 과학은 삶이 아니다. 특히 삶의 전부는 더더욱 아니다. 철학 역시 삶은 아니다. "철학은 뿌리까지, 도달될 수 있는 최후까지 되묻는 철저한 사려함이다. 따라서 마치 우리가 생명 없이 숙고하고, 숙고 없이 살아갈 수 없는 것처럼 철학은 삶으로부터 이탈되지 않으려고 한다; 철학은 오히려 삶의 총체성 속에서 삶을 목표로 한다. 삶의 전부이고자 한다: 진리 속에 있는, 그리고 진리로부터 나온 삶. 그리하여 철학적 숙고 자체가 삶이며, 진정한 삶의 본질적 특성이다."(2) 반성적 삶은 이제 진리의 원천이며 총체 개념이 되고, 그리고 이것으로부터 진리 의 지의 표출인 철학이 발원한다. 궁극적인 참된 현실은 "삶"이다. 그리 고 철학은 이제 이 삶의 자기 이해로 이해된다. "따라서 철학은 숙고이 며, 더욱이 삶 자체 이외에 아무것도 생각하지 않는 삶의 숙고이며, 삶 그 자체이다."(2f) 이로써 철학은 삶 자체인 의미 추구에 해당한다. "왜 냐하면 삶은 총체로서 결국 유일한 물음, 거대한 물음이기 때문이다." (4) 나토르프가 형식적으로 고집했던 선험철학은 근본적으로 형이상 학적 삶의 철학이다. 삶은 철학적 사유이고, 철학적 사유는 삶이다. 왜 냐하면 이 둘 모두는 물음과 숙고이기 때문이다. 과학철학은 구원철 학으로 일변한다.

　마르부르크학파가 비약을 통해 생활 세계와 형이상학을 되찾은 반 면, 서남학파에서는 처음부터 가치로서 이해된 인식으로부터 역사적 존재 자체로의 이행이 가능한 쉽게 나타난다. 그러나 이 바덴학파는 곧 가치학으로서 이해된 철학을 모든 인생관과 세계관의 문제로부터 확고하게 자유로이 유지하려고 한다. 이 방향의 설립자인 빌헬름 빈 델반트(1848-1915)는 포츠담의 공무원 아들로 태어나 프라이부르크 와 하이델베르크에서 활동하였다. 그동안 그는 아직도 어떠한 문제점 을 발견하지 못한다. 처음부터 칸트에로의 회귀를 비판철학의 발전으 로 이해한 빈델반트는 특히 철학사의 학자로 알려졌다. 체계적인 연 구를 통해 그는 존재와 당위(타당성과 가치)의 차이를 지적한다. 자연 과학으로서의 (법칙 정립적인(nomothetisch)) 학문이 합법칙성을 연구하 고, 문화과학 내지 정신과학으로서의 (개성 기술적(ideographisch)) 학문은 개체 또는 일회적 사건에 기반을 둔 반면, 철학은 논리적·윤리적·미적 가치 판단과 관계해야 한다. 이 가치 판단은 규범을 포괄하고, 그리고 소위 말하는 "규범 의식"을 생기게 한다. 예를 들어 논리학은 이 규범주의적 인식 이론에 따르면 본질적으로 "사유의 윤리학"이다. 따라서 철학은 사유, 의지, 그리고 감정의 규범학이다——철학은 비판적 가치학이다. 철학은 근본적으로 가치들의 평가이다.

논문 《철학은 무엇인가?》(1884)에서 빈델반트는 우선 철학 정의의 문제를 역사적으로 전개한다. 철학은 무엇보다도 과학이 아니다. 왜냐하면 철학은 언제나 개별과학 이상의 것이기 때문이다. 이로써 철학은 처음부터 과학의 상태를 통해 정의된다. "처음에 과학 자체와 과학의 전부가 철학이다. 그후 철학은 모든 개별과학의 결과이거나, 과학이 무엇을 위해 존재하는지에 대한 교설이거나, 또는 마지막으로 과학 이론 자체이다."(21) 칸트는 마지막 의미와 결합시켜 철학을 비판으로 끌어올렸다. 즉 칸트는 과학의 주장에 대한 타당성을 철학의 주제로 삼고, 이 문제 제기를 윤리적·미학적 문제로 확장시켰다. 그리하여 철학은 보편적 **권리 문제**(quaestio iuris), 또는 빈델반트가 지금 타당성의 문제로 해석한 것처럼 오로지 가치 문제, 즉 "보편 필연적인 가치 규정의 학"(26)이 된다. 철학은 "보편 타당한 가치에 대한 비판적 학"(29)이다. 이로써 빈델반트에게 있어서 철학은 대상과 방법에 따라서 정의된다. 물론 이러한 가치학은 세계관이 아니다.

이 신칸트주의의 마지막 대표자인 하인리히 리케르트(1863-1936)는 단치히 출신인 독일 제국의 민족자유당 국회의원 아들로서 철학과 세계관의 관계 문제를 매우 상세하게 연구하였다. 빈델반트로부터 그는 가치로서의 인식의 해석뿐만 아니라 자연과학과 정신과학의 구별을 받아들인다. 그의 견해에 따르면 정신과학은 틀림없이 본래적인 현실과학이다. 왜냐하면 자연과학은 순수한 합법칙성을 위해 개체적·경험적 대상을 도외시하기 때문이다. 이로써 자연과학은 신칸트주의의 중심에서 자신의 권위 있는 원래 특성을 상실한다. 그러나 리케르트에 있어서 현실은 어떤 방식으로든 주어진 의식 초월적인 객체가 아니다. 그에게 있어서 소위 말하는 인식 객체는 전제된 초개체적 의식 일반의 의식 내용일 따름이다. 이 의식 내용은 개체적 의식 전에 주어진다. 따라서 개체적 인식 주체의 판단은 리케르트가 당위로서 인정한 어떤 필연성에 종속된다——이런 점에서 자아로부터 독립된 진리 가치가 존재한다.

이러한 관점에서 리케르트는 주저서인 《철학의 체계》 제1권 《철학의 일반적 토대》(1921)에서 설명한 것처럼 인생관과 세계관의 모든 철학에 명백히 대항하는 "개념들의 체계"(6)를 추구했다. "우리는 여기에서 의식된 일면성과 함께 이론적 사색을 통해 도달할 수 있는 **진리**에 몰두한다. (…) 진리에 몰두하고, 삶을 멀리하라(Fiat veritas, pereat vita)!" (2f) 더구나 철학은 "**현실의 총체성**(Wirklichkeitstotalität)의 완결된 인식"(5)을 제공할 수 없다. 그러나 체계로의 의지는 상관없이 여전히 남아 있다; 사실 우리는 체계를 포기할 수 없다. 그렇지 않으면 우주는 우리에게 혼돈으로 남아 있다. "**보편적** 세계를 고찰하려는"(10) 철학은 "개념과 판단에 의해 정돈된 어떤 총체성이, 따라서 체계가 세계 전체에 적용된다는 사실로부터, 또한 우리가 이 총체성의 내용을 점점 더 많이 파악하고, 그리고 의미 있는 명제로 만들 수 있다는 사실로부터 출발해야 한다."(14) 이러한 전제가 없다면 과학적 철학은 결코 존재할 수 없다. "철학은 사유할 수 있는 가장 포괄적인 인식 과제를 제시해야 하는 학이다. 이것을 수행하는 학은 존재해야 하고, 이 학이야말로 철학이라고 부를 수 있다."(15) 그리하여 철학의 대상은 현실의 총체, 세계 또는 일체이다. "따라서 세계 일체 속에 철학은 자신의 본래적인, 그리고 자신에게만 속하는 유일한 대상을 소유한다."(17) 물론 이 대상은 개별과학들의 대상들과 같은 동일한 의미에서 규정되지 않는다. 따라서 개별과학들의 관점에서 철학은 대상을 갖지 않는다. 철학의 대상은 동시에 철학의 문제이다. 왜냐하면 철학은 부분들의 총체 개념, "세계 통일성" 또는 "세계 총체성"에 물음을 제기하기 때문이다. 그리하여 철학은 오로지 "과학의 대관식이며, 또는 스스로 왕관을 머리에 쓰고 있는 여왕으로 남아 있다."(18) 이러한 "과학적" 철학은 철학의 고유한 자기 이해에 의하여 세계관과 결코 함께해서는 안 된다.

그 저서 《철학의 근본 문제들》(1934)에서 리케르트는 학으로서의 철학과 세계관의 대립으로부터 출발한다. "우리가 철학을, 즉 세계 총체성의 이론을 학으로——이 **학**의 명제는 논리적 또는 이론적으로 증명되어야 한다——간주할 때, 생각하는 모든 사람에게 적용되는 철학적 **문제들**이 확립될 수 있다."(1) 반면에 세계관은 결코 보편 타당성을 지닐 수 없다. 왜냐하면 그것은 실천 동기적인 견해들의 총괄 개념이기 때문이다. "이 견해들은 세계 총체성 속에서 모든 인간 현존재의 **의미** 또는 **가치**와 관계하며, 동시에 이것들을 믿는 인간들의 '실천적' 태도에 권위적이고, 더 나아가 권위적이어야 한다."(2) 따라서 학과 세계관의 철저한 구별이, 결국 두 영역으로부터 철학과 세계관의 구별이 요구되어야 한다. 뿐만 아니라 리케르트에 의하면 철학자는 "전체의 삶을 숙고"(6)해야 한다. 그러나 철학자는 지성인으로서 이론적으로 삶을 극복하기 때문에 모든 생활 관심으로부터 자유롭고, 그리고 개인적 생활 세계로부터 세계 전체로 넘어간다. "자신의 고유한 실존을 도외시하고 이와 동시에 사유하면서 전체 속에 존재를 극복할 수 있을 때, 철학자는 비로소 보편적 과제를 착수할 수 있다."(7) 이 이론은 앞으로 곧 나타날 실존철학과 명백하게 대립하고 있다.

"우리가 그것을 계속해서 수행하지 않고도 명백하다: 인간이 일면 이론적으로 세계와 관계할 때, 인간은 세계 관찰의 모든 면에 도달할 수 있다."(8) 물론 이론적 학으로서의 철학은 결국 세계관 혹은 세계관의 이론이 될 것이다. 즉 학으로서의 철학 규정은 우선 형식적인 규정이다. 이 규정은 철학 대상의 지시를 통해 보충되어야 한다; 내용적으로 보면 철학은 "총체과학(Ganzheitswissenschaft)" 또는 "세계총체과학(Weltallswissenschaft)"이다. 이런 점에서 철학은 인간과 구분하여 세계에 물음을 제기하고, 이로써 주체와 객체의 관계에 물음을 제기해야 한다. 이러한 관점으로부터 철학은 그후 무엇보다 인간 세계와 함께 인간 세계에 속하는 세계관을 파악할 것이며, 그리고 "포괄적인 **세계관의 이론**을 추구할 것이고, 또는 (…) 과학적 세계관의 **이론**을 제시하려고 할 것이다."(15) 철학은 결코 세계관이 아니다. 세계관은 단지 철학의 한 주제일 뿐이다. 그러나 리케르트는 한걸음 더 나아간다. 철학이 인간의 위치를 세계 속에서, 그리고 세계와의 관계에서 인식한다면, 세계관의 이론은 인간의 (실천적) 삶을 위해 어떠한 의미를 지니고 있는가? 과학자로서 철학자는 자신의 고유한 개성을 도외시해야 하고, 순수하게 이론적으로 개성과 관계해야 한다——그러나 이것은 다만 첫째 단계이다. "맨 먼저 전체의 삶과 인간 '실존'의 분리는 필연적이지만, 그러나 모든 관점에서 그럴 필요는 없다."(17) 즉 철학은 또한 삶을——물론 인간에게 속한 삶을 연구한다. 이러한 삶으로부터 나온 철학은 "**문화의 삶**(Kulturleben)"(17)도 연구한다. 이 표현과 더불어 리케르트는 모든 정신적 행위의 원천을 의미하는 선험철학의 문화와 삶의 철학에서 더 원천적인 과정, 또는 더 원천적 행위를 의미하는 삶과 결합한다. 그러나 여기에서 명백하게 선험철학의 견고성과 전문어의 자기 차단으로부터 분리되기 어려운 철학 이해의 퇴각 싸움이 문제된다.

2. 딜타이: 정신과학과 세계관

18세기에 세속적 역사철학은 기독교적 역사신학을——계몽주의와 함께, 그리고 계몽주의에 반대하면서——토대로 전개되었다. 이 세속적 역사철학은 철학의 기원에 따라서 일부는 발전에 낙관적이었고, 일부는 발전에 비판적 혹은 염세적이었다. 칸트는 이미 이러한 역사철학의 원리적인 함축 의미를 밝히려고 노력했다; 헤겔은 이것을 철학의 체계학 속에서 통일화시키고, 동시에 이성과 역사를 화해시키려고 했다. 그러나 이 시도의 실패는 이미 현존했던 역사적 상대주의의 승리를 이끌었다. 동시에 자연과학의 발전과 대응하여 역사학이 꽃을 피우기 시작했다; 핵심적 문화 현상의 역사적 관찰 방식은——예를 들어 역사주의 우파에 있어 권리의 역사적 관찰 방식——보편화되었고, 그리고 이것은 물질 세계의 자연과학적 관찰 방식 이외에 자립화된 정신과학에서도 직접적으로 나타났다. 이러한 문제 사태를 벗어나서 철학을 독자적 방식의 과학으로, 즉 정신과학으로 부활시키려는 시도가 일어났다.

빌헬름 딜타이(1833-1911)는 신교의 목사 아들로 라인 강변에 있는 비브리히에서 태어나, 하이델베르크대학교에서 신학과 역사학·철학을 연구한 후 베를린에서 김나지움 교사로 재직하였다; "형이상학적 강단철학"을 그는 동시대의 모든 사람들과 마찬가지로 경시하였다. 우연히 그는 프리드리히 슐라이어마허(1768-1834)의 서신교환집의 편집장이 되었고, 교수자격증을 취득하고 바젤과 베를린에서 교수가 되었으며, 칸트전집의 간행을 착수한 프로이센 학술의 회원이기도 했다. 원래 그는 철학의 역사가였으나 또한 독문학의 역사가이기도 했다. 그는 자신의 작업을 이론적으로 파악하고자 노력했고, 그런 까닭에——관념론적 역사철학(발전 이론)에 복귀함이 없이——인간의 현실적 역사성을 이해하려고 노력했다. 물론 그의 숙고는 종종 단편적이고 날카롭지 못했다. 그가 죽고 난 후 비로소 그의 이념이 커다란 영향력을 미치기 시작했다. 그의 이념은 해석학으로 정의된 철학의 시발점이 되었고, 또한 해석학적 철학 및 해석학의 철학이라고 불린다. 이 철학은 무엇보다도 문학이나 교육학에 널리 확산되었다.

딜타이의 근원적인 관심사는 지금——더구나 중요한 것은 그를 통해서——정신과학이라고 불리는 역사과학을 자연과학과의 유추하에 안전한 방법론적 기초를 정립하는 것이다; 그는 칸트와의 연관하에 인식론적인 "역사이성의 비판"을 추구한다. 그러나 신칸트주의와 달리 그는 자아 내지 인간을 단순한 사유 주체로 간주하지 않는다. 그는 삶의 총체성 내지 정신의 총체성의 단절되지 않은, 즉 역사적 경험에 대한 물음을 제기한다. 역사적 총체성으로서의 인간은 자신을 역사의 총체 속에서 이해해야 한다. 이때 딜타이는 우선 새로운 심리학의 도움으로 정신과학을 정밀과학으로 확립할 수 있기를 희망했다. 그러나 그는 이러한 생각을 점점 철회한다; 기술적(記述的)인 혹은 분석적인 심리학은 보편 타당한 결과들을 도출하지 못한다. 그후 딜타이는 계속된 연구에서 두 가지 원칙적으로 서로 다른 인식 종류와 그 결과 방법적으로 서로 다른 과학들을 구분한다. 자연과학은 주체와 객체의 대립에 근거한다. 이때 객체는 원칙상 주체에 낯설며, 또는 주체의 외부에 있다. 자연과학자는 단지 (가설과 이론의 도움으로) 객체를 합법칙적으로 설명할 수 있다. 이에 반하여 정신과학에서는 이와 같은 종류의 살아 있는 본질을 역사적 표현 형식을 통해서, 소위 말해 내재적으로 이해하는 것이 중요하다――이런 점에서 인간 정신 자체, 즉 인간은 다른 인간을 그러나 또한 그때그때의 자기 자신을 정신의 객관화를 통해 세계 속에서 이해한다. 따라서 인간은 자기 성찰을 통해 이해하지 못한다. 인간은 자신 속에서, 그리고 자신의 역사성을 통해 인식한다. 이해는 정신적·역사적 의미에 대한 이해이다. 그리고 이 의미는 예측할 수 없이 복잡한 의미 연관체이다. 이 의미 연관 속에서 개인은 전체를 통하여 의미를 유지하고, 전체는 개인을 통해 의미를 유지한다. 이러한 이해 내지 정신 또는 삶의 자기 이해는 계속 진행되며, 뿐만 아니라 일정한 방식으로 순환한다. 왜냐하면 역사 정신의 어떤 객관화를 이해하려는 모든 시도는 그 자체 무한한 역사 속에 있으며, 따라서 그 자체 피할 수 없이 역사적이다; 이해의 진행에서 출발점은 불확실하다. 이로 인하여 시작에로의 역행――이때 시작은 소급되면서 언제나 새롭게 이해된다――과 방법의 변화된 반복은 필수적이다. 그리하여 (서로 다른 형식 속에서) 소위 말하는 해석학적 순환이 도처에 나타난다. 또한 "세계관과 인생관을 개념적으로 명시"하는 철학, 즉 궁극적으로 비합리적 세계관을 합리화시키는 철학은 완전히 역사적이다; 또한 철학을 위한 아르키메데스적인 입각점은 외부에 없다. 철학은 '오로지' 보편적 해석학이다. 물론 딜타이는 모든 역사적 세계관을 관통하여, 예를 들면 세계관의 유형학(Typologie)과 함께 모든 이해의 불변적인 인간학적 토대로 환원할 수 있기를 마지막까지 명백하게 희망했다.

딜타이에게 있어서 삶의 철학은 정신철학과 매우 밀접하게 결합된다. 왜냐하면 그에게 있어서 삶은 본래 영혼적인 또는 정신적인 삶, 즉 체험하는 삶이기 때문이다. 삶은 더 이상 소급될 수 없는, 소위 말해서 원현상들(Urphänomen)이다; 이것은 자기 자신으로부터 스스로 이해되어야 한다. 즉 기독교적인 의미에서 어떤 초월성에로의 역행 없이 이해되어야 한다. 이로써 그 당시 신학자인 딜타이의 삶의 철학은 형이상학적 범신론에 접근한다. 왜냐하면 삶은 개체의 삶이 아니며, 자아는 단지 일체를 포괄하는 삶의 연관 속에서 아주 미세한 요소이기 때문이다. 이 삶의 연관은 동시에 정신적 의미 연관이다. 이 삶은 우리에 의하여 해석되고, 그리하여 스스로 해석한다. 삶은——일상의 모든 이해 속에서, 그리고 특히 정신과학들 속에서——삶을 파악한다. 또한 철학은 근본적으로 오로지 삶의 자각이다.

그 논문 《철학의 본질》(1907)에서 딜타이는——짐작컨대 시대를 초월한 철학의 개념을 전개할 수 있다는 희망에 고무되어——철학의 보편적 본질에 대한 물음을 제기한다. "어느 한도까지 철학의 본질을 말할 수 있을지를 결정하기 위해 우리는 각 철학자의 개념 규정들로부터 철학의 역사적 사태 자체에 눈을 돌려야 한다: 이것은 철학이 무엇인가를 인식하기 위한 재료이다; 이러한 귀납적 방법의 성과는 그것의 합법칙성에서 더욱 깊게 이해될 수 있다."(340) 딜타이는 확실히 자연과학과의 유추에서 일종의 역사적 또는 정신과학적 귀납법을 끊임없이 생각한다. 그러나 정신과학적으로 (역사적 체험과 해석에서) 개별적인 철학들로, 그리고 최종적인 삶의 통일체로서의 개체들로 소급하려는 시도는 합법칙성과 필연적 본질 구조의 모든 발견에도 불구하고 방금 우리가 명백히 보았던 바와 같이 "순환" 속에 빠진다. "예술과 종교 및 법의 개념과 마찬가지로 철학의 개념은 철학을 형성하는 사태들로부터 개념을 구성하는 징표들의 관계들이 연역됨으로써 발견될 수 있

다. 여기에 이미 어떤 심리적 사태들이 철학으로 간주될 수 있는지의
결정이 전제되고 있다. 그러나 만일 사유가 사태들에게 철학의 특성을
확정하기 위해 충분한 징표들을 이미 소유하고 있다면 이러한 결정은
사유에 의해서만 완성된다. 그리하여 만일 우리가 사실로부터 이 개
념을 형성하기 시작한다면 철학이 무엇인지를 우리는 이미 알고 있어
야 하는 것처럼 보인다."(343) 이 순환은 불가피하다. 딜타이는 여기에
서 "심리적 사태들" 자체로서의 철학의 정의가 어떻게 이미 선결되는
지, 그리고 우리가 도대체 어느 한도까지 이론과 무관하게 파악될 수
밖에 없는 사태들로부터 벗어날 수 있는지에 대해 반성하지 않는다.
그러나 역사적 방식은 "경험적 방법"에 따라 이미 전제를 만들어야
하고, "현존하는 명칭 표기 이면에는 하나의 통일적 사태가 숨어 있다
는 것"(344)을 그는 보았다. 물론 그는 더 나은 지식보다 오히려 철학
이 무엇으로 불려야 하는지의 한계 규정 속에서 "불확실성"이 극복될
수 있기를 희망하는 것처럼 보인다: "비록 철학 규정이 불충분하더라
도 우리가 우선 확실한 규정을 확립하고, 그리고 이로부터 새로운 절
차 방식을 통해 점점 더 철학 개념의 내용을 완전하게 파악할 수 있는
계속적인 확립들에 도달한다면."(344) 딜타이는 비록 철학의 개념 규
정에서 인식된 해석학적 순환에도 불구하고 이 개념을 점점 정확하게
규정할 수 있고, 그렇게 얻어진 철학 본질의 특성들을 개체와 사회의
구조 연관 속에서 탐구할 수 있으며, 그리하여 "철학을 개체와 사회
속에 살아 있는 기능"(345)으로서 이해할 수 있다고 믿는다.

철학의 본질에 대한 딜타이 자신의 표상이 얼마나 역사적인가를 이
미 철학 본질에 대한 그의 특유한 선개념들이 드러내 주고 있다. 그에
게 있어서 철학은 "심리적 사태"일 뿐만 아니라 형식상 보편성의 특
성을 갖고, 그리고 보편 타당한 지식의 요구를 내포하고 있는 (근대 철

학의 의미에서의) 체계이다; 특히 그에게 있어서 철학은 (19세기 후기의 관점에서) 내용적으로 보아 무엇보다도 "삶과 세계의 수수께끼와의 싸움"(346)이다. 그밖에 딜타이는 비록 헤겔만큼 엄격하지는 않지만 다양한 철학들 사이에 명백한 역사적 관련이 있음을, 그의 입장으로 나아가는 일종의 전개 발전이 있음을 전제하고 있다. 그리하여 그에게 있어서 철학은 소크라테스 이전 철학자에게 제기된 세계와 삶의 수수께끼로부터 플라톤의 개념적 사유 형식과 아리스토텔레스의 보편학에서 정신의 자각을 거쳐, 소위 후기 고대의 삶의 철학과 그후 근대의 형이상학적인 그리고 인식 비판적인 철학 구상들의 길을 걷는다. 그리고 이 철학 구상은 내적 변증법을 근거하여 최종적으로 철학을 "정신과학 내지 내적 경험의 과학"(362)으로 파악하게 한다. 또한 딜타이 자신이 바로 이 과학과 관계를 맺고 싶어한다.(비교. 362, 345ff)

따라서 철학은 보편적 정신과학이며, 더욱이 경험적—심리학적으로 지향된 정신과학이다. 딜타이는 이 '역사적' 관찰을 통해 지금까지의 체계적 철학의 "환상"을 극복했고, 더 높은 단계의 역사적 혹은 초역사적 입각점에 도달했다고 믿는다. "그리고 개별적인 체계들이 자기 확실성을 갖고 자신의 특성을 나타내고 철학을 말한다. 이 자기 확실성은 이러한 역사적 입각점에서 필연적으로 이해된다. 바로 이러한 사실을 통하여 역사적 입각점의 탁월성이 증명된다."(364, 비교. 363) 그리하여 (지금까지의) 철학사에 대한 개괄은 딜타이에게 시대를 초월한 철학 본질의 첫번째 결론을 감행할 용기를 부여한다. 철학은 완전히 역사적이다. "우리는 항상 철학 속에서 이와 동일한 경향이 보편성을 위해, 근거짓기 위해 작용하고 있음을 보았고, 이와 동일한 정신 방향이 주어진 세계의 총체성에 작용하고 있음을 보았다. 그리고 형이상학적 대열은 철학 전체의 핵심 속으로 밀쳐 들어가려고 지식의 보편 타당성에 대한 실증주의적 요구와 끊임없이 철학 속에서 투쟁한다. (…) 개별적 과학들과는 달리 철학은 세계와 삶의 수수께끼를 해결하려고 한다. 그리고 예술과 종교와는 달리 철학은 보편 타당한 방식으로 해결하려고 한다."(365) 특히 철학은 문화의 욕구로서, "사회 목적 연관 속에서의 역할"(365f)로서 이해되어야 한다. 철학은 목적에 따라 보편적이고 보편 타당한 과학이지만, 실존적이고 형이상학적인 동기에 의해 역사적으로 그리고 동시에 사회적으로 제한되어 있다.

 "모든 시대의 총괄"과 함께 딜타이는 "오늘날 철학이 조용히 겪고 있는 가장 본래적인 고뇌"(364) 즉 체계적 창조와 역사적 의식의 모순을 극복하기를 희망하고, 그리고 이제 그의 저서의 두번째 체계적 부분에서 삶의 철학을 토대로 철학의 체계적인 정의를 삶 자체에서 찾으려고 한다. 그러나 삶을 삶 그 자체에서 해석하려는 그의 삶철학은 다시금 "정신적 삶의 구조에서 출발하는 기술적(記述的)이고 분석적인 심리학의 기초 위에" 철학을 삶 자체의 "기능"으로 규정해야 하고, 따라서 "개체와 사회 속에 있는 삶의 연관성으로 소급해야 하며, 또한 삶의 연관성에서 철학을 정리해야 한다."(371) 여기에서 삶은 일체를 포괄하는 기초 개념이 된다——삶은 더 이상 "인격의 연관 속에 있는 심적 수행의 내적 관계"(408)만을 의미하지 않고, 비록 그 자체 생동적으로 이해하는 존재로서의 존재 일반을 의미하지는 않더라도 사회적 과정의 총체성과 같은 그 어떤 것을 의미한다. 그러나 이 삶 속에서 철학의 기능에 관계하는 것은 철학에 의하여 (내지 철학을 매개로 한 삶 자체에 의하여) 인식되어야 하는 기능이다. 그리하여 딜타이는 자각의 완성을 의미하는 보편 타당한 지식의 목적론적 노력을 영혼에서 발견한다: "인간적인 모든 수행은 철학적 의식에 도달하려고 한다."(375, 비교. 357, 363, 405) 그리고 개체적인 정신적 삶의 목적 연관성으로부터 사회 목적 연관성이 발생하고, 이것과 더불어 소위 말하는 문화의 체계가 발생하기 때문에 철학은 이제——문화와 종교처럼——"사회 가정 속에서의 문화 체계"(376)로 정의될 수 있다. 이 모든 문화 체계들은 공통적으로 그 자체 속에서 세계관에로 나아가는 의도의 표현이다. 이 세계관은 인간의 정신 속에 부여되어 있고, 현실의 해석을 추구한다. 이 세계관들 속에서 삶의 경험과 삶의 이상이 세계의 수수께끼와 삶의 수수께끼에 대응하는 어떤 입장과 결합한다. 그리하여 세계관의 이론 속에서 분류될 수 있는 세계관의 유형들이 존재한다——이를 위해 철학자는 대상들을 지배하는 "관찰하는 의식 자체를 역사적이고——비교적으로 파악해야 하고, 따라서 대상들에 대하여 자신의 모든 입각점을 수용해야 한다. 그러면 의식의 역사성이 이 입각점에서 완성된다."(380) 그런 점에서 철학은 궁극적으로 "철학적 세계관"이다. 그리고 철학은 "세계관을 보편 타당성으로 고양시키는 기도(企圖)이고"(399, 비교. 416) (역사적으로) 완성된 역사성을 통하여 어느 정도 역사 초월적이다.

딜타이에게 있어서 철학은 체계와 심리적 사태, 정신과학과 세계관, **이상적으로는**(De idealiter) 체계와 정신과학, **사실적으로는**(de facto) 심리적 사태와 역사적 세계관이다——철학은 다양한, 따라서 쉽게 파악될 수 없는 과거의 관점들과 현재의 관점들의 혼합이다. 이때 근본적으로 딜타이의 역사 의식과 시대를 초월한 과학의 추구 사이에 모순이 존재하고 있으며, 그리고 양 입장을 중재하려고 하지만 이것에 의해 항상 실패로 끝난 시도가 존재한다. 한편으로 딜타이는 수미일관 자신의 새로운 역사 의식을 근거로 모든 정신적 수행의 역사적 상관성을 철학의 영향하에 완성한다. 다른 한편으로는 자연과학의 성과에 직면하여 항상 보편 타당한 '과학적' 철학을 추구한다. 비록 그의 보편적 해석학이 최종적으로 자연과학들 대신에 정신과학을 통하여 보충하려 하지만, 단지 외적이고 개별적인 인식으로서의 자연과학을 보편적인 정신과학에 편입시키려고 하지만. 딜타이는 이 모순을 제거할 수 없었고, 오히려 계속 제시했을 뿐이다. 이때 정신 역사성의 작업과 정신을 해석하는 이해의 작업은 의심할 여지없이 정신과학으로서의 철학을 심리학적 혹은 유형학적으로 정초하려는 노력보다 훨씬 더 효과적이다.

3. 후설: 엄밀학과 인류의 자각

에드문트 후설(1859-1938)은 메렌에 있는 프로스니츠 출신으로 프로테스탄트로 개종한 유대인의 아들로 태어났다. 그는 수학과 물리학, 그리고 뒤늦게 철학을 공부했다. 외형적으로 오히려 눈에 띄지 않는 학자형인 그는 선교사적인 자기 의식으로 철학으로부터 엄밀학을 정립하려 했고, 그리고 오늘날의 현상학을 정초하는 대표자가 되었다. 완전히 금욕적인 생활 속에서 그는――때때로 쓰면서 생각하는 것이 마치 익숙한 것처럼――상세하게 다룬 수많은 연구들을 저술하였다. 그러나 근본적으로 현상학은 계속하여 진행되고 있는 철학이며, 항상 새로운 정초(定礎)의 시도 속에 기획되고 있다. 어찌하였든 후설은 20세기초 하나의 거대한 학파를 설립할 수 있었다. 반면 그의 후기 저술들은――일부는 철학의 발전으로 인해 낡은 것이 되었고――거의 동감을 얻지 못했다. 1933년 이후 그는 정치적으로 쫓기고 있었지만 그의 광범위한 유고는 적시에 구출될 수 있었다.

후설은 수학의 근거에 대한 물음을 제기함으로써 철학으로 다가갔
다. 이것은 그에 앞서 이미 수학자인 고틀로프 프레게(1848-1925)에
의하여 주제화되었다. 프레게는 소위 말하는 개념 저술(Begriffsschrift)
(1879)을 "순수사유의 형식 언어" 즉 논리학과 수학을 위한 기호 체계
로 발전시키려고 했다; 얼마 후 버트란트 러셀(1872-1970)이 영국에
서 유사하게 시도했던 것처럼, 독일에서 프레게는 수학논리학으로서
수학과 논리학을 밀접하게 결합한 현대 수리논리학을 위한 기초를 정
초하였다. 이를 넘어서서 프레게는 의미론의 문제에 전념하였다. 이때
그는 개념의 의미(Sinn)와 다른 개념들과의 의미 관계들(Sinnbeziehun-
gen)에 대한 문제와 대상 관계(Gegenstandsbezug) 또는 대상 의미(Bedeu-
tung)에 대한 문제를 예리하게 구별했다. 반면에 후설은 그 저서 《산술
의 철학》(1891)에서 우선 수학을 심리학적으로 정초하고자 했다. 그리
고 그는 《논리 연구》(1900/1901)에서 비로소 추측컨대 프레게에 대한
논평의 영향으로, 지향성의 이론으로 이행했다. 물론 그는 이 이론을
그 스승인 프란츠 브렌타노(1838-1917)와 관련하여 우선 기술적 심리
학이라고 불렀다. 이제 그는 두번째 단계로 《현상학의 이념》(1907)과
《순수현상학의 이념들》(1913)을 발전시켰다. 그는——무엇에 대한 의
식으로서의 의식으로부터 출발점을 삼고——의식 행위와 그 행위의
대상, 지향성과 의미 대상, 노에시스와 노에마를 구별하면서 모든 선
입견을 배제하고 상수적(常數的) 언어로 서술될 수 있는 현상으로서의
대상을 발견했다. 이 현상학적 환원이 보편적인 것 또는 사태의 본질
을 정립하고, 따라서 이념을 직관한다면 이것은 형상적 환원으로 계속
전개될 수 있다. 선입견 없는 사태 연구와 본질 인식을 요구했던("사태
자체로!") 제2차 세계대전 직전에 출간된 계획적인 저서로 그는 무엇

보다도 많은 추종자를 얻었다. 그러나 이들은 현상학이 단지 방법론인지, 또는 철학적 체계인지에 대한 의견은 서로 일치하지 않았다. 반면에 철학을 끊임없이 새롭게 변화시켰던 후설 자신은 모든 확실성의 궁극적인 근거를 계속 추구했고, 《이념들》에서 이미 암시했던 선험철학(Transzendentalphilosophie)을 완성하려 했다. 그러나 그의 후기 저서인 《형식논리학과 선험논리학》(1929), 그리고 데카르트의 《데카르트적 성찰》(프랑스어로는 1931, 독일어로는 1950)에서 비로소 항목의 형식으로 제시했다. 이제 그는 소위 말하는 모든 자연적 태도의 배제("중지(Epoché)")와 선험적 주체성의 자각을 요구했다. 이 선험적 주체성 속에서 의식은 절대적인 현상적 잔재(Residuum)로서 증명되어야 한다. 일종의 선험적 환원은 주체를 통해 구성된 것으로 생각된 현상으로부터 스스로 생각하는 의식에로 환원되어야 한다. 그러한 자기 의식으로서의 자아는 자아 자신의 순수한 증인이다. 그러나 당시(1936) 일부만 출간될 수 있었던 마지막 저술 《유럽 학문의 위기와 선험적 현상학》에서 후설은 이러한 의식철학과 관계를 끊고 역사철학과 생활철학에로 전향했다. 최종 근본학으로서 생활 실천을 학문화하는 데 이바지하여야 했던 학문은 이제 역사적 발전의 산물이 된다. 후설 자신이 지금까지 파악했던 학으로서의 철학에 대한 꿈은 꿈이었다. 따라서 전체적으로 볼 때, 그의 철학 구상은 명증적 인식의 주장과 이 주장의 역사적 자기 상관성, 이론적으로 엄밀하게 정립된 초기 철학 구상과 생활 세계에 정립된 후기 철학 구상 사이에서 움직이고 있다.

후설의 초기 논문 《엄밀학으로서의 철학》(1911)은 의식적으로——이론적 관점뿐만 아니라 실천적 관점에서——학으로서의 철학이라는 고대의 자기 이해와 결합시킨다. "처음부터 철학은 엄밀학이기를 주장했다. 더욱이 최고의 이론적 욕구을 만족시키며, 그리고 윤리적-종교적 관점에서 순수이성 규범에 의하여 규정된 삶을 가능케 하는 학을 주장했다.”(3) 후설 자신에게 무엇보다도 순수이론이 우선 중요시된다. 그리하여 그는 끊임없이 정밀한 이론철학이야말로 학적으로 정리된 실천, 즉 순수하고 절대적인 “가치와 의욕”(4)을 이끌어 낼 수 있음을 전제한다. 이러한 의미에서 그에게 있어 철학은 “인간성의 영원한 활동의 스승”(4)이다. 물론 후설이 철학에 헌정한 이 주장은 지금까지 실현되지 않은 채 있다. “엄밀학이라는 주장을 철학은 어떤 시대에도 만족시키지 못했다.”(3) “역사적 목적에 의하면 모든 학들 가운데 최고의, 그리고 가장 엄밀한 학”(4)인 철학은 결코 불완전한 혹은 생성되는 학이 아니다. 철학은 여전히 비과학적이다. 더욱이 후설은 “철학적 문제의 본래적 의미가 결코 한번도 학적으로 해명되지 못했다”(4)고 주장한다. 철학이 수학과 정밀한 과학들과는 달리 결코 학적 “이론 체계”를 갖추지 못하고, “객관적으로 정초된 이론적 학설 내용의 작은 부분에서조차도”(4) 이것을 갖추지 못하고 있다는 사실이 이에 대한 증명과 척도라고 후설은 보고 있다. 따라서 처음부터 그에게 문제가 된 것은 “의심으로부터 안전한 기초”(6)를 지닌 체계 내지 “철학적 이론을 위한 건축물의 새로운 구축”(6)이다. “우리가 주시하는, 우리에게 이상으로 비추어져야 할”(6) 체계를 위해 지금까지의 철학에서는 없는 것이나 다름이 없다.

근본적으로 후설은 자기 이전에 이 이름에 상응하는 철학이 도대체 없었다고 주장한다. 그러나 동시에 그는 드디어 미래의 학적 철학의 정초를 위한 시간이 다가오고 있다고 믿는다: 그는 철학의 새로운 반성 단계가 도달될 것이라 믿는다. 그리고 그는 철학의 “전향”(참조 6)에 대한 보편적 욕구가 이루어질 것이라고 느꼈다. 그것을 뛰어넘어 그는 엄밀학으로서의 철학의 필연성을 인류 최고의 충동, 또는 최고의 관심으로부터 정초하려고 한다. 최초에 철학은 소박하게도 단지 철학적 충동에 따라 수행되었지만, 근대에 이르러 드디어 철학이 어떻게 엄밀학으로서 구성될 수 있는가의 방법에 대한 비판적 논의가 시작되었다. 그러나 칸트와 헤겔 이후 "철학적 학의 충동이 약화"(7)되었다. 학으로서의 절대철학에 대한 믿음은 상실되어 갔다. 이 절대철학의 주제는 "진리의 기원"(6)이다. 그러나 이제 소박한, 또는 거의 무반성적 학의 충동에서 엄밀학에로 완전히 의식된 의지가——철학의 철저한 새로운 정초를 추구하는 것이 이에 해당된다——도래하고 있는 것처럼 보인다. 여기에서 특이하게 무반성적으로 항상 철학과 과학을 위한 최후의 동기로서 부착된 이러한 충동 내지 의지는 그러나 후설에 의해 주장된 인류의 참된 관심과 부합된다. "다음의 상술은 인류 문화의 최고 관심은 엄밀한 학적 철학의 형성을 요구한다는 사상을 통해 진행된다; 그리하여 만일 우리 시대에 철학적 전환이 권리를 가져야 한다면, 그것은 바로 엄밀학의 의미에서 철학의 새로운 정초 목적에 의해 고무되어야 한다."(7)

이러한 관점에서 후설은 그 당시 철학의 두 가지 주요 경향과 격렬하게 투쟁한다. 그 하나는 소위 말하는 자연주의, 즉 자연과학적 혹은 철학의 실증주의적 해석과, 다른 하나는 역사주의와 결합한 그리고 상대주의를 야기했던, 소위 말하는 단순한 세계관의 철학과 투쟁한다. 두 사상은 오로지 "사실의 미신"(56)이라는 공통점을 지니고 있다. 후설은 자연주의에 철학의 학적 개혁에 대한 목적을 틀림없이 인정한다. 그러나 자연주의는 학의 이념을 경험적 전환을 통해 변조시킨다; 자연주의는 오로지 도처에 자연만을 보기 때문에 무엇보다도 의식을 심리로, 그리고 영혼을 자연으로 오인한다. 그러나 후설에게 있어서 의식은 처음부터 메타경험적인 것, 또는 선험적인 것이다. 따라서 그에게 있어서 자연주의는 "한편으로 모든 지향적-내재적 의식의 소여성을 포함해서 **의식의 자연화**를; 다른 한편으로 **이념의 자연화**, 그리고 이와 더불어 모든 절대적 이상과 규범의 자연화를 의미한다."(9) 그의 시각에서 볼 때 니무나 소박한 이 관찰 방식에 반대하며 그는 순수의식이 의미하는 것, 또는 순수의식이 대상에 대해 의미하는 것을 포함하여 "의식의 학적 본질 인식"(15)을 정립한다. 의식이 대상에 관해 의미하고, 또는 의미할 수 있는 것을 관찰함으로써 새로운 철학은 다시금 사태 자체로 향한다; 철학은 소위 말해 전체 세계를 다시금 획득한다——물론 의식철학으로서 세계 존재에 대하여 어떤 판단을 내릴 수는 없다.(비교, 24f, 38f) 신칸트주의의 선험철학의 반성적 구조 자리에——존재의 주장을 포기하는 조건하에——총체적 현실성의, 또는 모든 가능한 사물들의 현상학적 기술이 자리한다. 이 전제하에서 현상학적 철학은 자기 이해에 의해 절대적인 확실한 성과를 이끈다. 이에 반하여 경험적 정신 생활의 사태 영역에서 움직이고, 세계관의 철학과 결합한 역사주의는——상대주의적인 경향성을 띤——"인식론적 오류"(46)이다. 왜냐하면 그러한 역사주의는, 후설의 주장에 의하면 "절대적인, 즉 학적인 형이상학과 그밖의 철학의 가능성에 대응하여 결코 그 어떤 유용성을 주장할 수 없기"(45) 때문이다. 세계관은 본래 자연적 욕구가 언제나 추구하는 실천적 생활 지혜일 뿐이다. 이러한 의미에서 모든 인간은 근본적으로 철학자, 즉 지혜를 사랑하는 사람이다. 따라서 모든 위대한 철학은 지혜 또는 세계관이다. "지혜 충동으로서의 역사주의 철학자가 지배했던 한 역사주의 철학들은 명백히 세계관의 철학이었다; 그러나 엄밀학의 목적이 그들 속에 살아 있었던 한 그것 역시 마찬가지로 학적인 철학이었다."(51f) 이제야 비로소 세계관의 철학과 학적 철학이 명백하게 분리되어 나타난다. 그러나 철학이 결국 학이 되려면 두 이념은 다시금 무한히 접근될 것이다.

따라서 철학은 수학과 자연과학처럼 학이 되어야 하고, 그리고 세계관과 지혜가 필요 이상의 것이라는 점에서 세계관의 자리에 "세계학(Weltwissenschaft)"(48)이 자리해야 한다──지혜는 이제 학으로부터 배워야 한다. "다른 한편 우리는 유감스럽게도 여기에서 기대할 수 없다. 세계관의 빈곤으로서의 철학적 빈곤이 우리를 강요한다. 철학적 빈곤이 강하면 강할수록 실증과학들의 영역이 더욱더 확대된다."(55) 그러나 결국 철학은 우리에게 "세계와 삶의 수수께끼를 밝혀 주어야 한다."(56) 여기에서 후설은 학의 이상과 역사적 생활 세계의 강요 사이에서 딜레마에 빠진다. 특히 그는 "우리 시대의 정신적 빈곤" 즉 "우리가 겪고 있는 가장 격심한 삶의 빈곤"(56)을 지금까지의 학을 통하여 삶의 의미 비움으로 환원시킨다. "모든 삶은 태도 결정(Stel-lungnehmen)이다. 모든 태도 결정은 절대적 타당성에 의해 요구된 규범에 따라 당위성 속에, 타당성 또는 부당성의 권리 주장 속에 있다."(56) 이 규범들은 상실되어 가고 있지만 아직도 새로운 규범은 제시되지 않고 있다. 그러나 우리는 기다릴 수 없다. 여기에서 세계관들은 도움을 제공한다. 그러면 이것은 자신에 기피할 수 있는 짧은 결론에 도달한다. "시간 때문에 우리는 영원성을 포기해서는 안 된다. (…) 빈곤은 학으로부터 유래한다. 그러나 이제 학은 학으로부터 유래한 빈곤을 최종적으로 극복할 수 있다."(57) 결국 모든 것을 위해 "치유 수단"(57) 즉 엄밀학으로서의 철학만이 존재한다. 엄밀학으로서의 철학은 모든 세계관을 불필요한 것으로 만든다. 왜냐하면 종국엔 이 철학이야말로 모든 삶의 문제들을 학적으로 해명하기 때문이다.

후기에 빈에서 강연한 《유럽 인류의 위기와 철학》에서 후설은 유럽을 정신적으로 이끌어 가야 할 철학의 당면 과제에 직면하여 철학의 거부 근거를 추적한다. 이러한 관점에서 그는 "유럽 인간성의 역사철학적 이념(또는 목적론적 의미)"(314)을 전개시키고, 이성의 자율성 또는 철학의 (유럽적) 이념에서 유럽의 정신적 과제를 발견한다. "정확하게 표현한다면 근원적인 의미에서 그것은 보편학, 세계 전체의 학, 모든 존재자의 전체 통일성의 학 이외에 아무것도 말하지 않는다."(321) 세계에 대한 이러한 태도는 근본적으로 실천적 삶으로부터 이론적 삶에로의 전환 내지 자연적 태도에서 이론적 태도에로의 전환이다. 자연적 삶의 의도적 중지(Epochè)는 이론을 위한 삶으로 이끌고, 그리고 이론 이외는 아무것도 이끌지 않는다──"인간은 세계의 중립적 구경꾼과 통찰자가 된다. 그는 철학자가 된다."(비교. 325ff, 331) 철학은 무관심적 이론이다.

보편학 또는 총체성의 학인 이 철학을 통하여 최고의 공동 이념들과, 따라서 무한한 과제들에 관해 새로운 종류의 공동체가 가능해진다──"유럽적 문화 양상"(321)으로서의 철학자와 더불어 순수한 이상적 관심의 공동체가 발생한다. 철학은 "무한한 과제에 직면하여 자유로운 비판과 규범화의 정신 속에서" 인간성의 기능, 즉 "전체 인간성의 집정관으로서의 기능"(336)을 인식한다; 철학은 모든 규범의 총체성을 인식하고, 이로써 참된 실천의 조건들을 인식한다. 이러한 의미에서 후설에게 철학자는 인류의 스승과 지도자가 된다. 우리가 철학의 개념을 이렇게 높이 평가한다면, 물론 철학의 이념과 현실은 날카롭게 구별되어야 한다. "역사상 그때그때의 현실철학은 영원성의 주된 이념과 진리의 전체성을 실현하는 데 어느 정도 성공한다."(338) 그러나 철학 그 자체는 존재와 당위의 보편적 인식이며, 그 점에 있어서 최고의 자각이다──더 이상 개체적인 자각이 아니라 보편적이고 인류적인 대표적 자각이며, 상대적이고 역사적이 아닌 학적으로 체계적인 자각이다.

후설에 의하면 이제 정신의 본질을 오해한 객관주의의 일면성의 인식도 특히 이러한 자각에 속한다; "자연과 정신을 동질적 의미의 실재성으로 간주한 딜타이의 이중적 세계 해석"(345)도 이러한 의미에서 후설에게는 객관주의이다. 정신은 결코 현실적으로 객체일 수 없기 때문에 "객관적인" 정신학은 존재할 수 없다. 후설은 "책임 있는 보편학의 형식 속에서 현실적으로 보편적인, 그리고 현실적으로 근원적인 정신의 자기 이해"(346)를 희망한다. 이 학은 모든 의문들을, 또한 규범과 역사적 생활 세계의 의문들을 해명할 것이다. "절대정신의 보편성은 정신체로서의 자연이 정리하는 절대적 역사 지평에서 모든 존재자를 둘러싸고 있다."(347) 여기에서 정신체가 의미할지도 모르는, 절대정신의 절대적 역사 지평은 비역사적 자연과 역사적 정신과의 대립을 포함하고 있고, 그런 점에서——독일관념론처럼——자연은 정신의 산물로 이해된다; 절대정신의 지(知)로서의 철학은 해석학적 철학의 의미에서 보편적 정신학 이상의 것이다. 철학은 절대정신학이다.

철학을 체계적이고, 그리고 역사적으로 정당화시키려 한 새로운 절대철학의 관점에서 후설은 그가 오랫동안 지켜본 유럽의 위기를 더 잘 이해할 수 있다고 믿는다. 유럽 역사의 목적론은 유럽 개념인 무한한 이성 목적의 목적론에 근거한다. 이 정신적 세계 권력의 위기는 근본적으로 소박하게 외부로 향한 합리론의 자기 오해에서 비롯된 위기이다. 이로써 후설의 현상학은 유럽과 인류의 구원자가 된다. "유럽의 위기는 단지 두 가지 출구만이 있다: 자신의 합리적 삶의 의미로부터 소외된 유럽의 몰락, 정신에 대한 적대성과 야만성에로의 퇴락, 또는 철학에서 자연주의를 극복하는 이성의 영웅적인 정신을 통한 유럽의 부활."(347f)

후설의 후기 작품인 《유럽 학문의 위기와 선험적 현상학》(1936)에서 말한 것처럼 철학자는 "인류의 담당자"이다. 물론 이 방대한 서술은 전쟁 후에 비로소 발간될 수 있었다. 후설이 자신의 철학을 통한 인류의 지도를 꿈꾸고 있었던 반면, 이미 정치지도자와 담당자는 그와는 다르게 독일과 유럽을 결정했다. 후설은 출간 금지를 당했고, 그후 유대인인 까닭에 철학 세미나를 더 이상 개설할 수 없다는 공문을 받았다. 후설은 미혹되지 않고 공문서를 거꾸로 돌려서 초안지로 사용했다. 정치적 현실에 대한 이러한 무관심이 얼마나 크게 나타났는지는 몰라도 이것은 후설이 얼마나 세계로부터 소외되었는지, 그리고 지도적인 역할을 주장한 현상학이 근본적으로 얼마나 배제되었는지를 보여준다. 유럽 국가들, 특히 독일이 전쟁을 준비하고 있을 동안 후설은 자신의 철학을 통하여 유럽과 인류의 지도를 꿈꾸었다. 현상학의 이러한 정치적 내지 정신적-도덕적 주장은 그러나 추상성에 머물렀다——무엇보다 중요한 것은 후설이 항상 이성에 근거한 규범의 전개만을 언급했고, 사실 실천철학을 전개시키지 않고 오히려 다소간의 선험적 주체철학만을 전개했기 때문이다. 이 선험적 주체철학은 언제부터인가 삶과 역사에 대립된 채 원리의 체계로서 간주되었다.

덧붙이는 글

셸러: 본질직관과 신의 사랑

사태 자체로의 회귀에 대한 후설의 요구는 여전히 실존 판단의 중지 조건하에 있었다. 그러나 주체 이외에 참된 현실에 대한 계속적인 물음은 피할 수가 없었다. 보편적 본질성에 기초한 형상적 현상학을 위한 기술적 현상학의 계속된 그의 형성은 방법론적으로 쉽게 전통적 사유 궤도, 따라서 이념직관의 고전적 이론에로 회귀할 수 있었다. 존재하는 본질로서 파악된 의식 대상들이 공유의 절대자 속에서 근원적으로 사유되어지고, 더욱이 자아에 대립하는 내지 자아를 포괄하는 절대자 속에서 사유되어진다면 철학은 결과적으로 다시금 신의 직관으로 이해되어야 한다. 그리하여 현상학은 종종 신플라톤주의와 신스콜라 철학의 전 단계일 수 있다. 특히 인식론이 실천적 전제들에, 따라서 현상학의 '학'이 도덕적 조건들에 의존되어 있다면, 그러면 철학적 사유는 모든 인간의 비약에 근거한, 게다가 이 비약 속에 본질을 둔 인격적인 행위로 이해된다.

짧은 기간 후설의 영향하에 있었던 막스 셸러(1874-1928)는 이러한 사상적 발전의 대표적인 예이다. 유대 출신의 어머니와 프로테스탄트인 아버지 사이에 태어난 셸러는 일찍이 가톨릭으로 개종했다. 그의 대학 경력은 스캔들로 인해, 특히 애정 사건으로 인해 두 번이나 대학 교수 임용의 탈락을 맛보았다. 그는 무엇보다도 인간학과 실천철학의 문제에 몰두했다. 현상학의 도움으로 그는 고전적 자비윤리학과 덕의 윤리학을 적용한 가치윤리학을 전개시키려 하였고, 그리하여 칸트와 반대하여 전통적인 윤리학을 재생시키려 하였다.(《윤리학에서의 형식주의와 물질적 가치 윤리》, 1913/16)

최종적으로 범신론으로 이끌었던 그 변화무쌍한 발전 과정에서 셸러는 무엇보다도 본질적으로 사랑을 통하여 규정된다고 보았던 인간의 인격적 구조를 해명했다. 이러한 관점에서 가치는 사랑의 가치(ama-bilia)의 형식이며, 올바른 사유는 올바른 사랑(caritas ordinata)에 의존하고, 그런 점에서 엄밀학으로서의 현상학은 철학자의 인격적 덕에 의존한다. 철학적 사유는 "사실 가능한 한 전제가 없는 인식"(63)을 목표한다. 그러나 셸러에게 있어서 철학적 사유는――"철학적 인식의 도덕적 조건"(62)을 논한 그의 저서 《인간의 영원성에 관하여》(1921)에서――전체 인간의 근본 태도, 특히 사물에 대한 정신적 **근본 태도**(65)에 기인한다. 철학적 사유는 "본질 세계로의 **비약**"(67) 또는 "**유한한 인간 인격의 핵이 모든 가능한 사물의 본질에 참가하는 사랑의 규정적 행위**"(68)이다. 짧게 말하면 철학적 사유는 사랑을 통해 규정된 "**형식적 주지주의**"(69)를, 궁극적으로 절대존재자의 선천적 인식을, 따라서 신의 직관을 의미한다.(참조 98f) 이로써 셸러는 에로스와 인식과의 관계에 대하여 고전적 표상으로, 기독교적 표상과 같은 고전적 표상으로 회귀한다. 그러나 또한 그는 스콜라적인 본질형이상학으로 회귀하고, 이와 마찬가지로――아마도 무반성적으로――독일 관념론에 나타난 절대지로서의 철학적 구상으로 회귀하며, 더욱이 이방식으로 계몽주의 철학자인 크리스티안 볼프(1679-1754)가 주장한 가능성의 근거에 관한 학 또는 모든 가능성의 학으로서의 철학으로 회귀한다. 철학적 사유는 인식을 통한 존재의 참여이다. 더욱이 이 인식은 존재에의 사랑을 통해, 따라서 겸손과 금욕을 통해 규정된다. 이

로써 마르크스주의가 이데올로기를 위해 철학의 몰락을 역사 이론적
으로, 그리고 사회 이론적으로 설명한 자리에 도덕적-인간학적 의미
가 대신하며, 동시에 적극적으로 참된 사유를 올바른 심정에 종속시키
는 (위험한) 가능성이 대신한다. 예를 들면 이러한 방법에 의하면 현대
사유는 (거룩한) 중세적 세계 질서의 몰락 형식으로 나타날 수 있다.
그럼에도 불구하고 철학은 셸러에게 있어서 동시에 '학'으로, 즉 일종
의 선천적 신학으로 남아 있다. "철학은 자신의 본질에 따라 귀납을 통
해 증대될 수도 없고, 그리고 감소될 수도 없는 모든 우연적 현존재를
위하여 '선천적으로' 타당한 명증적 인식이다. 이 명증적 인식은 우리
에게 예를 통해 가까이할 수 있는 본질과 본질 연관들 속에 놓여 있
고, 게다가 이것들은 절대존재자와 그의 본질과의 관계 속에 있는 질
서와 단계 영역 속에 놓여 있다."(98)

   셸러의 범신론적인 후기 단계에서 철학의 이러한 신학적 이행은 더
욱더 명백하다. 그의 논문인 《철학적 세계 직관》(1928)에서 현상학을
통해 가능해진 "본질지(本質知)"의 재발견은 "구원지(救援知)"로 가는
단순한 단계로 환원된다. 셸러는 지를 세 가지 종류 내지 단계로 구분
한다: 지배와 능력의 지, 본질 또는 도야의 지, 형이상학적 또는 구원
의 지.(비교. 77) 아리스토텔레스에 의하여 인식된, 그리고 후설에 의
해 재발견된 지의 두번째 단계는 이미 사랑의 태도를 전제하고 있다.
그러나 이것은 아직도 철학의 중심을 형성하지 못한다; 철학의 최고
단계는 절대자 자신의 사유와 더불어 비로소 도달된다. 헤겔과 더불
어 셸러가 말한 것처럼 본질형이상학은 단지 "절대자 속으로 창문"(80)
을 여는 것이다; 철학의 최상 목표는——물론 셸러에 있어서 형이상
학을 통해 규정된 세계 직관은——"자기 자신을 통한 절대존재자"를
생각하고 직관하는 것이다.(81, 비교. 77ff) 여기에서 존재지(存在知)는

구원지가 된다. "소우주(Mikrotheos)"인 인간에게 "비로소 신에로의 첫 번째 통로"가 열린다. 따라서 인간은 절대적인 세계 진행에서 "**공동** 창조자이자 **공동** 건립자이며, **공동** 수행자"(83)이다. 그리하여 독일관념론과 유사하게 현상학은 사랑의 윤리학과 본질형이상학을 넘어서서 인간 자신 속에서 알게 된 절대자에게서 사실상 끝을 맺는다.

셸러의 예처럼 현상학은 철학적 발전에 예기치 못한 자극을 줄 수 있었다. "사태 자체로"라는 구호는 그 당시 대학을 지배하고 있었던 칸트-스콜라철학으로부터의 해방으로 느껴질 수 있었고, 다시금 자신의 사유를 할 수 있는 용기를 부여했다. 물론 그 당시 철학의 주제뿐만 아니라 철학의 구상도 변화되어야만 했다.

4. 학문과 삶

신칸트주의, 해석학, 그리고 현상학이 유일한 철학은 아니지만 가장 잘 알려진 철학적 방향이었다. 이 철학들은 20세기 초기의 사유를 규정하고, 그리고 일부 오늘날까지 영향을 미치고 있다. 신칸트주의는 가장 큰 학파를 형성했지만 실존주의와 나치주의의 도래와 함께 30년대에 이미 그 의미를 급속히 상실했다(비록 개별적인 형식으로 남아 있지만). 이것은 오늘날 거의 역사적 연구의 대상일 뿐이다. 딜타이의 해석학은 점차적으로 알려졌고, 천천히 자신의 학파를 형성했다. 이 학파는 전쟁 후 일부 실존철학을 통해 자극되었으며, 다시 한번 거대한 동아리를 형성했다. 현상학은 세기초에 많은 사람에 의해 해방으로서

느껴졌고, 많은 추종자를 얻었다. 그러나 그후 정치적 사건으로 인해 독일에서 거의 사라져 갔다. 그리고 전쟁 후에 비로소 르네상스와 같은 체험을 한다. 그때 현상학은 일부 실존철학과의 결합 속에서 설명되었고, 그러나 일부는 이미 순수하게 역사적으로 연구되었다.

1900년대 철학은 무엇보다도 자신을 학의 사실(**Faktum der Wissen-schaft**)에, 더 정확히 말하면 자연과학의 사실에 위치하도록 노력했다. 이 자연과학의 성공은 인간의 사고를 움직였다. 특히 신칸트주의와 현상학에서 철학을 과학화하려는 노력은 부분적으로 매우 높은 지적 수준과 기술적 수준에 도달했다. 그러나 그러면 그럴수록 차후에 삶으로부터의 소외가 더욱더 두드러지게 나타났다. 이 두 방향은 전문 용어를 쏟아내며 그들의 학파를 형성하려는 경향을 드러냈고, 자신의 문제들을 마치 신비한 것처럼 논의하였다——새로운 과학적 철학의 노력은 보편 타당한 학으로 이끌지 못하고, 오히려 다시금 철학적 확신의 공동체로 이끌었다. 사실 철학을 과학화하려는 근원적인 계획은 그 당시 강단철학의 주류를 이루었던 이 세 사조에서 모두 좌초된다. 특히 이러한 계획은 가장 두드러지게, 그리고 가장 일찍 해석학에서 좌초되었다. 왜냐하면 철학을 학문적 체계로 발전시키지 못했을 뿐만 아니라, 무엇보다도 철학을 긴박한 문제들로부터 실제로 해방시키지 못했기 때문이다. 삶의 문제와 삶에 기초한 역사적 세계관의 문제는 일부 그들 자신의 철학 속에 독성으로 남아 있었고, 그리고 일부 삶의 철학과 세계관의 철학과의 투쟁을 통해 활성화되었다. 철학을 과학화하려는 노력은 피할 수 없이 자신의 세계관적 제한을 도외시하려는 경향을 나타냈다. 그러나 비록 사유의 막다른 길목이라 할지라도 학적 문제들보다 더 많은 문제가 있다는 인식이 어떻든 나타나게 되었다.

물론 신칸트주의와 해석학 그리고 현상학으로 관심을 돌린 것은 이 방향들의 내적 발전의 순서는 아니다. 그것은 본질적으로 내적인 철학 현상이 아니고 외적 사건의 순서일 뿐이다. 제1차 세계대전 이후 실존철학의 발생과 제2차 세계대전 이후 실존철학의 상황은 원칙상 새로운 정신적 태도를 위한 색인이다. 더욱이 **학문과 삶 내지 학문과 세계관**이라는 표제에서 논의된 문제들은 시대의 재앙으로 인해 결코 낡아빠진 문제로 전락되지 않았다. 반대로 이 문제들은 격렬해졌다. 그러나 철학의 방향은 원칙적으로 달라졌다. 이로써 철학적 문제들의 비중도 점점 변화되었다. 새로운 정신 태도는 이전 세기에서 유래한 사유를——비록 부정할 수 없는 자극임에도 불구하고——옛 유행으로 취급했음에 틀림없다; 이전 세기에 유래한 사유는 건강한 세계에서 나온 사유와 같은 사유였다. 철학적 문제의 해명은 여기에서——새로운 관점에서 볼 때——여전히 아케이드 양식으로 행해졌다. 이제 도래할 재앙의 철학은 19세기말과 20세기초에——비록 삶의 빈곤을 말하고 있지만——근본적으로 생소했다.

III

참된 현실성의 추구
실존과 초월 지향적 철학

전공철학 영역 내에서 20세기 초기는 계속해서 신칸트주의를 통하여, 그러나 또한 점점 현상학을 통하여 규정되었다; 반대로 해석학의 이념은 초기에 일시적으로 커다란 여운을 남겼다. 강단철학 바깥에서의 철학적 논쟁은 니체의 이념이 지배하였다. 니체는 충분한 근거에서 가장 현대적인 사상가로서 간주되었다. 왜냐하면 그가 최초로 숨김없이, 그리고 철저하게 공개적으로 그 시대의 절박한 물음을 제기했기 때문이다. 처음부터 소위 말하는 실존철학은 그를 진정한 창시자로 받아들였다. 실존철학의 공식적인 시작은 20년대로 소급된다. 실존철학은 20세기 첫번째의 진정한 철학, 즉 과거의 문제들을 현실의 조건하에 새롭게 설정하고 높은 수준에서 해명하려 했던 위기철학이다. 개별적이고 보편적인 사회적 원인과 동기 외에 실존철학은 키에르케고르와 니체에 의하여 자극을 받았다. 인식론적으로 실존철학은 일부 칸트 내지 신칸트주의로부터 출발했고, 일부 후설의 현상학과 딜타이의 해석학에 의해 각인되었다. 물론 실존철학은 정치적 사건으로, 나치의 계속된 "무력 침략"으로 인하여 곧 제지되었다. 그후 실존철학은 제2차 세계대전이 끝난 이후에 비로소 프랑스의 실존주의와 더불어 공식적인 학술적 승리를 구가할 수 있었다. 그러나 프랑스 실존주의의 대표자인 장 폴 사르트르(1905-1980)는 무엇보다도 강단철학 외부의 사유에 영향에 끼쳤다. 실존철학은 60년대까지 철학적 관심의 중심지에 서 있었다.

그밖에 매우 다양한 철학 영역에서 실존 개념의 역할과 관계된 **실존철학**이라는 표현은 아마도 셸링에까지 소급된다. 셸링은 그의 후기에 실존 개념으로 이념 또는 본질에 관심을 둔 헤겔철학을 이념철학이라고 비판하려 했다. 그러나 현대의 실존철학은 실존 개념을 키에르케고르에서 주장된 인간의 주체적 실존과 결합시킨다. 더욱이 **실존철학**이라는 집합 개념은——실존철학의 프랑스적 관점을 위해 논쟁적으로 각인된 후기의 **실존주의**처럼——새로운 사상의 대표자들에 의하여 그때그때 사용되었으나, 일부는 나중에 잘못된 표시로서 평가절하되었고 또는 처음부터 거부되었다. 사실 이 개념은 이러한 사유 방향의 첫번째 단계에만 잘 어울린다. 물론 이 첫번째 단계는 실존철학의 계속된 발전에 토대로 남아 있었다.

실존철학은 자유와 사실성(**Faktizität**)으로 이해된 주체성의 철학이다. 이것은 본질적으로 제1차 세계대전 이후의 위기 상황에 대한 대답이었다. 이 위기 상황은 패배한 그리고 정치적으로 분열된, 정신적으로 혼돈된 그리고 배고픈 독일에서 특히 생생하게 경험되었다. 지금까지 당연한 것처럼 간주되었던, 그리고 단지 철학의 국외자들에 의해 의문이 제기되었던 모든 전통들이 이제 파손된 것으로 입증되었다. 지금까지 이어져 온 교회 종교들의 몰락에서처럼 사회의 붕괴 속에서 개체는 한 순간에 의지할 것을 잃어버렸다——개체는 자기 자신에게 되던져졌고, 그리고 그때그때의 역사적 상황 속에서 자신의 유일한 실존에게 되던져졌다. 그리하여 처절한 유한성의 의식, 특히 뿌리째 뒤흔드는 죽음의 의식이 일어났다. 이 우연성과 재앙의 의식은 주어진 역사적 조건 속에서 의미 있고 참된, 또는 '본래적인' 실존 가능성에 대한 근본 물음이 제기될 수밖에 없었다. 그런 점에서 실존철학은——칸트 이전의 행복철학보다 더——구원철학이고 동시에 좌절의 철학이다. 영혼을 치유하기 위한 새로운 모색은 절망적인 세계의 비판을 이끌고, 반대로 현대 세계의 비판은 삶의 의미에 대한 물음을 이끈다. 비본래성의 비판, 따라서 대부분의 인간의 피상성과 비진리성의 비판은 본래성을 위한 간접적인 신호이다——실존철학은 인간을 자기 자신 앞에 다가가고, 그리고 자기 자신을 성취할 수 있도록 노력한다.

물론 독일 실존철학은 프랑스의 후기 무신론적 실존주의보다는 더 이념적이다. 뿐만 아니라 프랑스에서와 마찬가지로 독일에서도 실존은 근본적으로 절대적 자유로 사유된다. 여기에서 실존철학은 이런저런 형식으로 더 높은 형이상학적 단계로서의 초월성 또는 절대성과 관계를 맺는다. 이러한 초월성, 존재 또는 포괄자는 의식 초월적 의미에서 초월적이고 또는 절대보편적이다; 그뿐만 아니라 초월성은 절대적 힘이며, 실존은 이 힘에 의존되고 있다는 것을 안다. 왜냐하면 실존은 초월성을 통해 본래적인 실존으로 주어진다는 것을 알고, 어떻든 이러한 주장에 답해야만 하기 때문이다. 그런 점에서 비록 초월성에 대한 명백한 규명은 없지만, 특히 절대자의 파악 불가능성이 항상 강조되지만 실존철학은 초월철학이다. 종교적 전통과 작별을 고하고 있지만 남아 있는 종교심은 근본적으로 깊숙이 자리잡고 있는 의존성의 의식에로 환원된다. 초월성 자체는 **개념을 통하여**(per definitionem) 이해될 수 없다. 그런 점에서 실존철학은 화해를 통해 전통과 결합하고, 따라서 일부는 전통의 비판적 동화(同化)를 준비한다.

종교와의 관계보다는 실존철학과 과학, 그리고 지금까지의 과학철학과의 관계가 훨씬 더 확실하다. 실존철학은 어쨌든 우선 여러 형식에서 학문성의 주장을 견지하고, 기회가 있을 때마다 철학의 이념은 근본학으로서 그 역할을 했다. 그러나 결정적으로 실존성의 근본 문제가 지니고 있는 학문 외적 혹은 선학문적인 성향 때문에 과학들과는 비판적 관계가 된다. 단지 참된 출발점을 현실에 두어야 한다는 그들의 주장은 처음부터 거부된다; 과학적 인식은 전제 혹은 존재론적 선개념에 의존하는, 따라서 이차적인 현상 인식으로 파악된다. 이 현상 인식은 철학적 사유를 위한 기준일 수는 없다. 그리하여 실존의 물음에 전념하면서 학의 상대화, 특히 사실에 대한 독단화의 거부가 발생하고, 그리고 인식 가능성의 원칙적인 한계가 발생한다. 동시에 인간 존재를 위한 과학 내지 기술에 대한 부정적 시각이 지금까지보다 더 강하게 나타난다——과학과 기술의 진보는 결코 참된 인간 존재를 위한 보증인이 아니다. 더욱이 그것은 새로운 위험을 의미한다.

1. 야스퍼스: 실존 해명과 포괄자의 깨달음

카를 야스퍼스(1883-1969)는 올덴부르크의 부유하고 보수적인 집안에서 태어났다. 그의 아버지는 은행장과 관청의 수장이었다. 유년 시절 심장과 폐를 앓고 난 후 그는 일찍이 철학에 관심을 가졌고, 의학과 정신병리학·심리학을 거쳐 철학 교수가 되었다. 그의 첫 주저는 마지막까지 여러 번 수정을 가했던 《일반정신병리학》(1905)이었다; 그의 저서 《세계관의 심리학》(1919)은 이미 근본에 있어서 실존철학의 기획이었다. 30년과 40년대 그는 약간의 기초적인 철학 저서를, 특히 종교뿐만 아니라 역사와 정치에 몰두한 저서들을 발간했다. 야스퍼스는 하이델베르크에서 교수로 재직하였으나 유대인 여자와 결혼한 이유로 나치에 의해 직장과 출판이 금지되었다; 미국의 공격이 강제수용소로 수송되기 직전 내지 집단 자살 직전의 가족을 구출했다. 전쟁이 끝나고 야스퍼스는 정치적–도덕적 새 출발을 위해 사회에 참여한 후, 독일에 대한 실망으로 바젤대학의 교수 초빙을 받아들였다. 말년에 그는 특히 정치적 문제에 몰두했다.

야스퍼스의 사유는——매우 개인적인 경험(질병·사랑)에서 출발하여——무엇보다도 키에르케고르와 니체로부터 자극을 받았다. 그는 이들을 19세기의 위대한 예외 현상으로 간주하였다. 그의 철학적 사유는 그것을 넘어서서 무엇보다도 자신의 형식적 구조에 근본적으로 칸트의 비판주의 내지 신칸트주의의 영향을 받았고, 그러나 또한 절대자에 대한 근대 철학, 즉 스피노자와 셸링의 영향을 받았다. 이 ‘신학적’ 존재 사변의 초기 인상은 그의 후기 철학에서야 비로소 관철된다. 왜냐하면 이 인상이 우선 자기 비판적 인식 이론을 통해 억제되었기 때문이다. 그의 사유는 비교적 두 단계로 명확하게 구분되기 때문에 우리는 곧바로 입장 변화(주체성의 입장에서 절대자의 입장으로)를 말할 수 있다. 첫번째 단계는 실존철학의 단계이다. 이것은 인식론적 오성 비판에 의해 엄호된다. 두번째 단계는 포괄자의 철학의 단계이다. 이것은 근본적으로 이성의 사변철학에 의해 엄호된다. 그의 철학 이해는 이 두 단계 위에서 간접적으로 계속해서 밝혀진다. 왜냐하면 그의 철학 이해는 체계적으로 전개되지 않고, 그리고 형식들로 거의 표현되지 않기 때문이다.

1931년 야스퍼스가 저술한 《철학》은 방법상 학으로 지향된 인식 비판으로부터 출발하고 세계 상황 파악, 실존 해명, 그리고 형이상학의 세 단계로 전개된다. 이 세 단계는 세계, 영혼, 신의 존재 영역을 구분한 옛 분류와 이에 상응하는 칸트의 이념 분류를 따른 것이다. 물론 존재 영역으로부터 나온 사유 단계들은——이 사유 단계는 존재 경험을 심화시킨다——신에로 가는 현대적 방법이다. 전제는 인식될 수 있는 것과 인식될 수 없는 것 내지 객관적인 것과 비-객관적인 것, 그리고 이와 더불어 존재 자체와 현상의 결정적인 구별이다. 모든 현상의 총체 개념은 넓은 의미에서 현존재, 세계이다; (초월적) 존재 자체는 인식될 수 없지만 적어도 인식이 좌초될 때 경험된다. 이와 반대로 고유한 자아는 일부 인식될 수 있고, 그런 점에서 좁은 의미의 경험적 현존재, 즉 세계의 일부이다. 고유한 자아는 일부 인식될 수 없고, 그런 점에서 초경험적 실존이다. 그러나 이것은 결단을 통한 자기 선택의 내적 자유에서 경험될 수 있다. 따라서 (초월적) 존재 자체에로의 이행은 자신의 실존이다. 실존의 해명이야말로 《철학》의 가장 큰 부분을 형성한다. 그러나 좁은 의미에서의 초월(신 또는 절대자)은 직접적으로——실존의 해명을 넘어서서, 그러나 실존의 해명에 근거하여——상징(예를 들어 종교의 영역에서)의 도움으로 암시될 수 있다; 형이상학은 근본적으로 이러한 암호 풀이로 환원된다. 이러한 방식으로 철학적 사유는 방법상 세 단계로 전개된다.

　세계 상황 파악으로서의 철학은 학들의 매개를 통하여 일어나지만, 그 자체는 결코 학이 아니다. 왜냐하면 총체성으로서의 세계에 대한 학은 가능하지 않기 때문이다. 야스퍼스의 엄격한 학의 개념, 즉 자연과학을 지향하는 학의 개념에 의하면 모든 학은 개별학이다. 개별 학문은 특별한 객체와 특수한 방법을 가지고 있다; 특히 이것은 동일한 주체, 즉 보편적 인간이 지니고 있는 지각 구조들과 사유 구조들을 가진, 소위 말하는 의식 일반과 관계한 인식이다. 이를 통해 학은 정밀하고 보편 타당하다. 즉 학은 확실하게, 그리고 상호 주관적으로 재검될 수 있는 결과를 산출한다. 물론 이것은 현상과 부분적인 인식에 한정된다. 이것은 한편으로 현상의 무한성으로 인하여 결론지을 수 없는 탐구를 초래하고, 다른 한편으로는 학문 일반의 근본적인 한계를 초래한다. 따라서 무제한적인 지식 의지는, 즉 학문들 속에 있는 철학적 충동 자체는 학문들 속에서 좌초된다. 이로써 사유는 쇼크를 경험하고, 이러한 방식에서, 즉 자신의 한계성에서 최초의 철학적 통찰을 얻는다. 야스퍼스에게 있어서 학들의 본질에 대한 반성은 이 방식으로 비판적 과학 이론을 넘어서서 모든 지식 일반의 상대화를, 즉 학의 한계와 학의 피안에 대한 과학 초월적 물음을 야기한다. 이것은 과학의 배척(그러나 과학 신앙은 배척된다)을 의미하는 것이 아니라 과학과 철학의 순수한 분리 가능성을 의미한다. 왜냐하면 철학은 엄격한 의미에서 과학이 아니고, 다만 넓은 의미에서, 즉 합리적이고, 다시 말해 방법론적이고 체계적인 사유에서 학적이기 때문이다——그러나 방법에 고착될 수 없고, 또는 체계로 완성될 수는 없다. 과학이 존재한 이래 철학은 과학과 결합되어 있다. 그러나 철학은 예측할 수 없는 진행 속에서 과학과 구별된다. 이 진행 속에서 철학과 과학은 자신의 고유한 특성이 더욱더 명백하게 드러날 수 있다. 그런 점에서 과학은 언제나 철학을 위한 일종의 소극적 기준으로 작용한다. 철학은 오성과 이성의 구별을 통하여, 따라서 본질적으로 과학과의 분리를 통하여 자신의 합리성을 의식한다. 오늘날 과학과 결합해야 하는 철학은 메타과학이다. 그런 점에서 철학은 과학을 반성하고, 과학의 도움으로 자신의 방향을 정립한다; 철학은 고정적으로 과학에 선행하지 않고, 오히려 반성적으로 나란히 혹은 뒤를 따라간다(철학의 문제가 과학의 문제들과 관계하는 한에서).

세계 상황 파악의 결과는 어떻든 부정적이다: 나는 지식을 통해 세계에 어떤 버팀목도 발견하지 못한다. 알 수 있는 영역은 무한하다. 따라서 나는 물음을 제기하고 추구하는 자로서의 나 자신에게 되던져진다는 사실을 발견한다. 이러한 반동으로 실존 해명으로서의 철학은 시작된다. 또한 나는 실존 해명에 있어서 다음의 사실로부터 출발해야 한다. 즉 소위 인간에 관한 학은 단지 인간을 현상으로서만 인식하고, 더욱이 인간을 보편적으로 인식할 뿐 인간의 참된 존재에 대하여, 특히 내가 어떤 보편자가 아닌 한 나 자신에 대하여 아무것도 진술할 수 없다는 사실로부터 출발해야 한다. 나는 현상에서 드러나는 나 자신보다, 예를 들면 인간학에서 인식될 수 있는 나 자신보다 언제나 그 이상의 것이다. 특히 나 스스로 이해하는 자아이기 때문에 개념으로 나 자신을 파악할 수 없다. 물론 객관화될 수 없는 자아의 이러한 언급은 결국 나 자신을 통하여, 즉 지금까지의 나 자신을 파괴하고 새로운 의식으로 도약하는 내적 비약을 통하여 실질적인 의미를 얻을 수 있다. 즉 일회적인 실존으로서의 나 자신의 본래적 의식을 매개할 수 있다. 근본적으로 모든 인간은 그가 근원적으로 일회적이라는 것, 어느 곳이든 자기 자신에게 달려 있다는 것, 그리고 최종적으로 스스로 결단해야만 한다는 것을 알고 있다. 일회적인 실존으로서의 나는 결코 보편적이고 대표될 수 있는 주체가 아니라, 단지 내가 무엇이라는 것 내지 무엇이 될 수 있다는 것일 뿐이다; 왜냐하면 실존은 본질적으로 언제나 가능한 실존이기 때문이다. 자기 선택을 통하여 나 자신이 될 수 있는, 따라서 나 자신을 통한 나 자신의 자기화를 통하여, 더욱이 무제약적인 결단을 통하여 '본래적'일 수 있는, 일회적인 가능성으로서의 나는 본질적으로 초경험적인 자유이다. 이 자유는 한계 상황(죽음·전쟁·고통·책임)에서, 그리고 다른 사람과의 의사소통에서, 즉 모든 인식과 조작이 불가능한 상황에서, 그리고 모든 학적 정보와 모든 합리적 지식 교환을 초월한 "사랑의 투쟁"으로서의 의사소통에서 경험된다; 실존으로서의 나는 파멸과 맞서지만, 또한 다른 것과도 맞선다. 개별적 실존이 전하고자 하는 불가피한 보편적 개념들은 근본적으로 단지 말해질 수 없는 것을 위한 "암호(Signa)"이다; 이것들은 그 무엇을 위한 표시, 또는 초월적인 어떤 것의 지시이다. **실존**이라는 개념은 불가피한 보편적 개념으로서 그 자체 이미 부적합하다. 따라서 철학적 전달들은 궁극적으로 신호이다.

실존을 해명할 수 있는 최고의 경험은, 나는 내가 무엇이라는 것이나 자신에서만 나온 것이 아님을 인식하는 것이다――상투적인 의미에서 내가 나를 스스로 창조하지 않는다는 것을 인식할 뿐만 아니라, 무엇보다도 이전의 종교적 의미에서 내가 나 자신을 결단하는 힘이 나 자신에게서 나온 것이 아님을 인식하는 것이다. 내가 나를 파악하고, 나 자신에게 다가감으로써 동시에 나는 나에게 "증여된다(geschenkt)"――따라서 야스퍼스가 말한 것처럼 나는 나에게 "머물(ausbleiben)" 수가 있다. "은총"의 이러한 경험에서 초월성은 소위 말해 직접적으로 경험된다. 물론 처음은 "나의 초월성"으로서 경험된다; 실제로 경험된 초월성은 결코 보편자가 아니다. 초월성은 우선 일회적 실존과 만나는 초월성이다. 이러한 출발점으로부터 형이상학은 초월성과 같은 그 어떤 것을 이해하려고 노력한다. 야스퍼스는 칸트와 함께 부당하게 존재를 대상화한 지금까지의 모든 형이상학을 거부하기 때문에, 여기에서 그는 어떻든 인식될 수 없는 대상 때문에 어려운 문제에, 즉 초월적 존재 자체를 언급해야 하는 어려운 문제에 직면한다. 그런 까닭에 그는 가능한 (어떻든 자립적 초월자를 위해) **신**이라는 단어조차 피하고자 한다. 여기에서 철학은 근본적으로 종교와 비교될 수 있지만 거리를 두고 있다. 왜냐하면 철학은 비-독단적으로 머무르려고, 즉 가능한 형이상학적 사실 진술을 피하려고 하기 때문이다. 그리하여 야스퍼스는 부차적으로 과거 종교의 상징을 새롭게 해석하려고 한다. 그러나 소위 말하는 이 암호 풀이는 실존의 초월성에서 해명되는 실존과 다시 결합되어 있다. 따라서 그는 어떤 보편성도 주장하지 않는다. 형이상학은 오로지 초월성의 "선서"이며, 철학은 궁극적으로 "철학적 믿음"이다.

야스퍼스의 철학 이해는 무엇보다도 그의 저서인 《철학》의 건축물을 통해 간접적으로 드러난다. 철학적 사유는 세계 상황 파악(과학의 비판), 실존 해명(자기 인식), 그리고 형이상학(초월성의 추측)으로 전개된다. 중심부에는 비록 형식에 있어 중간 단계이지만, 사실상 존재와 인식 해석의 중심인 실존 해명이 자리잡고 있다. 이것은 세계 상황 파악의 좌초에서 가능해지고, 진정한 모든 초월성의 해석 조건이다. 그런 점에서 모든 철학은 본질적으로 실존철학이다. 철학자는 실존 해명 속에서 자신을 실존하는 사상가로서 발견한다. 특히 그는 내적 행위로서의 사유를 통하여 언제나 자신을 결단한다. 그런 점에서 철학적 사유는 유일한 실천이다——자기 해명은 최초의 자기 실현이다. 사유하는 이러한 행위는 비록 본질적으로 의사소통과 결합되어 있지만 최종적으로 전달될 수 없다. 왜냐하면 그것은 본질상 지성적 자아에서, 그리고 현상으로서가 아닌 순수존재에서 일어나기 때문이다. 따라서 **"자기 의사소통"**(328)을 통한 실존 해명으로서 자신에게 고지하는 철학적 사유는 신호, 즉 객관화될 수 없는 사유하는 행위의 완성을 위한 요구이다. 이것은 방법상 학의 좁은 개념을 거부함으로써 전개되고, 종교와 구별되면서 끝난다. 과학과 종교 사이에서 철학은 자신의 고유한 원천성을 주장한다. 철학은 **"다른 원천에서 나온 존재 의식"**(206)

이다. 철학은 "무제약성의 자기 해명" 또는 "현존재에 현상하는 실존 가능성의 자기 확실성"(224)이다. 그런 점에서 철학적 사유는 궁극적으로 초월적 사유, 특히 "결과로서가 아니라 단지 이행으로서"(34)의 초월적 사유이다. 철학적 사유는 본래적 존재의 사유하는 확실성이다. 그러나 존재 의식의 변화는 동시에 자기 의식의 변화이고, 반대로 자기 의식의 변화는 존재 의식의 변화이다. 이러한 실존 해명으로서의 철학적 사유 자체는 본질적으로 내적 행위이며, 내적 행위의 결과이다. 즉 근본적으로 철학적 사유는 오로지 본래적 사유로서 가능하다. "그런 까닭에 철학적 사유는 철학적 사유의 조건을 위한 실존의 **포착**이다."(229) 따라서 철학에 있어 우선 옳고 그름이 문제가 되는 것이 아니라 근원적인 것과 생각되어진 것, 즉 실존적 사유와 비순수한 사유의 차이가 문제이다.(203) 물론 철학적 사유는 자기 자신을 맴돌고 있는 실존의 자기 중심적 순환은 아니다. 왜냐하면 실존의 실현성은 절대자 속에서 다른 사람과의 만남에 의존하기 때문이다.

1931년 이후 야스퍼스는 이미 그의 근원적인 주체철학의 한계를 두번째 단계에서 '존재론적(periechontologische)' 보완을 통해 극복하고자 한다. 물론 그는 초기의 인식 비판적 그리고 실존철학적 관점을 포기하지 않으려 한다. 그의 근원적 주체철학에서 참된 존재는 인식 불가능한 것이며, 그런 점에서 초월적이고, 그리고 절대적 존재는 단지 나의 초월성으로 나타났다. 그 저서 《철학》의 서문에서 이미 그는 명시된 실존철학의 보완으로서 이성의 새로운 철학을 예고했다. 《철학》을 완성하면서 그는 명백하게 지금까지 전개한 자신의 사유에 한계를, 아마도 비합리주의의 위험 내지 비합리주의로서의 오해의 위험을 의식했다. 실제로 실행된 비합리주의적인 동시대의 정치 경험은 이러한 문제를 더욱 심화시켰는지도 모른다. 새로운 단계의 첫번째 서술은 이미

1935년초의 《이성과 실존》이라는 강의 시리즈에서 발견된다. 그 저서 《실존철학》(1938)에서 그는 자신의 실존철학을 과거 이성철학의 새로운 형식이라 해석하고, 그것을 포괄자의 새로운 철학으로, 그리고 "철학적 논리학"으로 분류한다. 철학은 단지 무엇에 대한 지식이 아니다. 소위 말하는 과학적 철학 대신에 우리는 삶을 근거짓는 사유가 필요하다. 그러나 비합리주의의 위험은 이성의 철학을 통해 추방되어야 한다. 이성의 철학은 오성과 이성의 '이념적(idealistische)'인 과거의 구별에, 소위 말하는 '합리성'의 단계에 근거한다; 철학을 주체성의 인간학으로 환원하려는 위험은 포괄하는 존재의 철학을 통해 극복되어야 한다. "이성적 초논리학(vernünftige Alogik)"으로서의 이 철학은 사변적으로 존재를 해명하는 초월적 사유일 것이다. 따라서 이성철학은 포괄자의 철학이며, 더욱이 이중적인 방식으로 전개된다: 한편으로 이성 작업인 철학적 근본 작업을 통하여, 다른 한편으로 "포괄자 방식의 끈"인 이성의 안내를 통하여 전개된다. 물론 야스퍼스는 이 철학적 논리학의 첫부분만을 완성할 수 있었다. 그리고 이 부분은 전쟁 후에 비로소 출간될 수 있었다.(《진리에 관하여》, 1947)

　야스퍼스는 철학적 근본 작업에서 포괄자를 생각할 수 있는 방법을 무엇보다도 두 가지의 숙고를 통해 제시한다. 첫번째의 숙고는 고전적 형이상학의 초월함과 상당히 결합하고 있고, 두번째의 숙고는 독일관념론의 주체-객체-사변성에 상당히 결합하고 있다. 근본 작업의 첫번째 형식은 한편으로 모든 대상적 존재는 우리에게 고립된 채 있치 않고, 즉 그 자체 대상이 되지 않는 포괄적 존재 속에서 나타난다는 것을 상기시킨다. 이것은 다른 한편으로 인식의 모든 지평은 더 넓은 지평에서 생각될 수 있어야 한다는 것을 상기시킨다. 물론 우리가 모든 것을 포괄하고 있는 지평을 인식할 수는 없다. 그런 점에서 포괄자는 모든 지평의 지평이고, 동시에 스스로는 현상하지 않고 단지 자신 속에서 모든 것을 우리 앞에 나타내는 존재의 총체이다. 야스퍼스가 아마도 더 중요한 형식으로 간주한 근본 작업의 두번째 형식은 소위 말하는 주체-객체-균열로부터 출발한다. 즉 비자아(非自我) 없는 자아는 생각될 수 없고, 자아 없는 비자아도 생각될 수 없다는 사실로부터 출발한다. 이것은 주체와 객체를 포괄하는, 따라서 주체도 객체도 아닌, 그러나 이 둘에서 현상하는 하나의 존재에 대해 묻는다. 그리하여 이런 방식에서 감각적 사물들로부터 소위 말하는 초감각적 사물들로 상승하는 일차원적인 고전적 모델의 자리에 일체를 포괄하는 존재의 범신론적인 은유가 대신한다. 이 존재 속에 나는 나를 발견한다. 이러한 포괄자 속에서 나타나는 일체는 포괄자의 방식으로서 생각되어야만 한다. 그리고 야스퍼스에 따르면 이러한 존재 방식은 상이한 관점에 따라, 특히 자아와 비자아 그리고 존재와 현상의 구별에 따라 차별된다. 자아와 비자아의 차이의 관점하에서 우리는 현존재, 의식, 정신, 그리고 실존이다. 그러나 우리는 세계와 초월성은 아니다; 이에 반하여 인식 비판적 관점은 상위 기준으로 고양된다. 그리하여 존재 자체는 실존과 초월 속에 주어지지만, 사실적으로는 현존재와 세계로서 현상된다. 이 둘의 구분은 모두 일종의 존재론적인 상호 교차를 생기게 한다. 그리고 이 교차에서 모든 존재는 분류되고 정돈되어 나타난다. 이성은 포괄자의 이러한 모든 방식을 함께 생각하고, 그런 점에서 공유함으로써 이성은 포괄자의 ('주체적') 끈이다. 이때 이성은 동시에 실존에 상응하는, 실존과 결합된 사유이다. 그리하여 포괄자의 방식들은 주체성과 인간적 사유의 한계성으로부터 전개된다. 그러나 포괄자의 관점에서 본다면 사실상 이미 포괄자의 방식인 기호를 통하여 전개된다. 그런 점에서 야스퍼스는, 비록 그가 파악될 수 없는 포괄자를 오로지 "한계 의식"을 통해 현재화하려 하지만——다른 사상가와 마찬가지로——부득이 절대자의 입각점에 놓여 있다.

포괄자는 **정의를 통해** '파악' 될 수 없다. 즉 포괄자는 실제로 인식될 수 없다; 따라서 이러한 본래적 존재로의 모든 실제적 접근은 사유의 좌절에서 일어난다. 철학적 사유는 본래 부정적 신학이다. 야스퍼스는 이 문제를 이미 《이성과 실존》의 강의에서 첨예한 형식들로 제시하였다. 철학은 "**이성적 초논리학**(Vernünftige Alogik)이며, 오성논리학의 파괴를 통해 목적에 도달하는 참된 이성"(109)이다. 철학은 단지 간접적인 존재지(存在知), 비대상적인 것의 간접적인 인식 또는 대상적인 것을 통한 초대상적인 것의 간접적 인식이다. 즉 철학은 주체와 객체 내지 사유와 존재의 사유될 수 없는 근원적인 통일성으로의 사유하는 회귀이다. 철학적 사유는 일차원적인 사유만이 아니다. 철학적 사유는 "현실성에서, 존재 자신에서 사유하면서 존재에로 앞서 회귀하는 것"(125)이다. 달리 표현하면 철학적 사유는 초월적 사유이고, 그리고 포괄자에서 포괄자에로의 초월적 사유는 "나의 초월성"보다 더 이상의 것인 초월성을 전제한다. 그리하여 야스퍼스의 철학적 사유는 마지막에 거의 신비적이고 종교적인 사유로서 입증된다. 그가 종종 말한 바와 같이 철학적 사유는 "포괄자의 깨달음"이다. 그 저서 《철학 입문》(1950)에서 밝힌 바와 같이 그는 "근원에서 현실을 보려고"(15) 한다. 그러나 그는 동시에 초월적 사유를 통한 자기 해명과 자기 발전의 목적을 고집한다. "철학은 인간이 현실과 관계맺음으로써 인간 자신이 되기 위해 집중하는 것이다."(15)

야스퍼스에게 있어서 철학은 정치에까지 작용하는 철학적 믿음이다. 사적으로 자주 표현했을지는 모르지만 그는 철학적 사유에 커다란 정치적 의미를 부여했다. 나치를 개인적으로 경험하기 전까지 거의 정치에 관심을 갖지 않았지만, 올바른 국가 이해와 사회에 있어서 철학의 가능한 기능과 같은 물음들은 일찍이 그의 사유에 확실한 역할을 한다. 여기서 그는 어떤 지식의 독단화와 이에 따른 전체주의에 반대할 뿐만 아니라, 정치 공동체의 모든 실존적 극단화와 이에 따른 국가의 신비화와 탈한계성을 반대한다. 그러나 그는 사회적 현존재를 위한 실존적 근본 결단의 의미를 강조하고, 그리하여 점차 정치적 의도에서 가능한 수많은 인간의 실존적 부활을 요구한다. 그에게 있어 참된 정치는 단지 두 가지 조건하에서 가능하다: 초경험적 자유 때문에 초정치적 조건의 인정하에서, 그리고 본래적 실존을 요구하는 절대적 초월성의 인정하에서. 야스퍼스는 그 저서 《시대의 정신적 상황》(1931)에서 이미 정치적 대중화와 과학적 절대화가 지니고 있는 위험을 구출할 유일한 방법을 본래적 실존의 도약에서 보고 있듯이, 전쟁이 끝난 후 독일과 모든 세계에 정신적 변화를 다시금 요구하고 이들의 정체(停滯)를 고발한다. 무엇보다도 냉전 시대의 원자핵에 대한 위협이 그로 하여금 인류의 유일한 구출 가능성을 보편적인 정신적-윤리적 전향에서 찾도록, 그리고 절규하는 호소로서의 견해를 표출하도록 했다(그러나 또한 전쟁 예방으로서의 나토 정책을 요구하도록 했다). 그러나 그의 실존철학적 "전향의 설교(Bekehrungspredigten)"는 효과가 없었다. 그후 야스퍼스 자신은 정치적 참여를 결국 시간 낭비로서 유감스럽게 생각했다. 무엇보다도 정치 참여는 그의 철학적 논리학의 완성, 특히 범주론의 완성을 방해했기 때문이다.

그러나 사유의 내용적 형식보다는 사유의 실존적 운동이 처음부터 야스퍼스에게 중요했고, 따라서 철학보다는 철학적 사유가 중요했다. 자주 언급한 것처럼 그는 "모든 내용의 증발(Verdampfen aller Inhalte)" 속에서 절대적 존재에 다가갈 것으로 희망했다; 그는 분절된 사유의 독단화와 실천을 위한 독단의 전횡을 두려워했다. 철학적 사유는 자유로운 사유로 머물러 있어야 한다. 이것은 물론 모든 명제의 끊임없는 상대화를, 더욱이 처음부터 명제의 모호성을 초래할 수 있다. 비록 야스퍼스가 초대상적인 것의 경험은 오로지 대상적인 것을 통해, 따라서 초객관적인 인식은 객관적인 것의 매개에서 가능하다고 강조하지만, 그는 철학적 사유의 열망적인 "방황" 때문에 처음부터 명확한 명제를 피하고, 그리고 (당연하게 교정될 수 있는) 명제 확립의 포기로 인해 열망적인 교류조차 방해하는 인상을 준다. 왜냐하면 그는 근본적으로 아무것도 말하지 않았기 때문이다. 더욱이 야스퍼스가 인간들뿐만 아니라 사태와의 강한 대립을 싫어하고, 매우 작은 범위 내에서 사랑의 교류를 통해 철학적 사유를 자기 실현에 환원시키고자 하는 인상을 줄 수도 있다.

2. 하이데거: 실존적 존재론과
내맡겨진 존재 사유

마르틴 하이데거(1889-1976)는 아버지가 술 창고지기와 미사의 조력자로 일하고 있었던 바덴의 메스키르히에서 태어났다. 우선 그는 가톨릭신학과 물리학을 공부하고, 그후 신칸트주의자인 리케르트에게 철학을 공부하였다; 일찍이 신부가 되기 위한 수업을 중단하였고, 군 복무를 짧게 마친 후 1919년 프라이부르크에서 후설의 조교가 되었으며, 이후 마르부르크와 프라이부르크에서 교수가 되었다. 그는 세상을 떠날 때까지 프라이부르크에서 머물렀다——뮌헨과 베를린대학의 초빙을 거절하기도 했다. 1933년 프라이부르크대학교의 총장이 되었고, 동시에 나치정당(NSDAP)에 가입하였으나 1934년 총장직을 사퇴하였다. 당원이었음에도 불구하고 짐작컨대 그는 1936년 이후 비밀경찰로부터 감시를 받아왔다. 1945년 이후 그는 1951년까지 나치와의 연루로 인하여 연합군에 의해 강의 금지 처분을 받았다. 그럼에도 불구하고 그 주요 작업을 계속 전개했다.

하이데거는 자신을 존재 사유자로서 이해했다. 그가 학생일 때 우연히 프란츠 브렌타노의 저서 《아리스토텔레스의 다양한 존재자의 의미들에 관하여》(1862)를 접하고, 이로써 존재 물음에 부딪쳤다. 그는 존재 물음의 사유 이행과 함께 철학사를 서술했으며, 신칸트주의의 영향은 이러한 이행에 어떤 변화도 줄 수 없었다; 후설의 현상학과 딜타이의 해석학의 후기 수용은 니체 작품과의 만남처럼 이러한 관점에서 정돈되었다. 존재 본질의 물음에 대한 답으로부터 그는 평생 동안——비교적 자세한 확증 없이——모든 가능한 문제들의 해결을, 인간의 자기 이해와 세계 이해의 변화를, 더 나아가 인간과 세계의 변화를 약속했다——그뿐만 아니라 그는 역으로 존재의 새로운 개현의 조건을 위해 다시금 인간 사유의 변화를 천명했다. 물론 이 범위 내에서 그의 철학적 사유의 주목할 만한 발전이 있다: 근원적으로 보편적인 현상학적 존재론에 기초했던 철학으로부터 자신의 사유를 위해 **철학**이라는 이름조차 거부했던 존재 귀의까지. 존재 물음뿐만 아니라 존재라는 낱말의 의미, 더 나아가 존재 서술 방식까지도 원칙적으로 여러 번 변화했다. 다양한 의미의 "전회"를 통해 구분되는 하이데거 사유의 두 단계 이외에도 우리는 특히 주요 강의 원고들의 출간 이후 점차적으로, 그러나 결코 명확하게 분류할 수 없는 변이들을 지금까지보다 더 명백하게 오늘날 인식할 수 있다. 심화하는 사유의 변환과 함께 철학 개념의 점차적인 변화도 명백하게 드러난다. 이 변화는 결국 모든 철학을 거부하는 것처럼 보인다.

첫번째 저서이자 근본이 된 대표작 《존재와 시간》(1927)에서 하이데거는 "존재 의미"의 물음, 따라서 존재라는 개념 또는 낱말의 물음을 인간 존재의 분석으로부터 전개시키려고 한다. 이 목적을 위해 그는 원칙적으로 처음부터 존재와 존재자(존재론적 차이)가, 따라서 존재론적 물음과 단순한 존재적 물음이 엄격하게 구별된다는 것을 안다. 예를 들어 인간은 존재적 본질(존재자)이다. 물론 그것의 존재론적 우위(존재 우위)는 존재론적으로, 즉 존재를 이해하는 데 있다. 인간은 자신의 존재 속에서 바로 이 존재와 관계맺고 있다. 왜냐하면 자신의 존재 속에 있는 인간에게 이 존재가 중요하기 때문이다. 인간은 이 존재와 함께 세계와 존재 일반과 관계맺고 있다. 인간은 다른 존재자처럼 단지 눈앞에 있는 존재 내지 도구적 존재가 아니다; 그는 그의 존재이다. 왜냐하면 존재는 그에게 부과되었기 때문이다. 즉 그는 자신에게 스스로 책임을 져야 하기 때문이다. 이 의미에서 인간은 현존재로, 또는 "거기에(Da)" 존재하기에 하이데거는 인간을 "현존재(Dasein)"라고 칭한다. 반면 현존재가 자신의 가능성으로서의 존재와 관계맺고 있는 이 존재를 하이데거는 "실존(Existenz)"이라고 부른다. 현존재는 자신의 가능성을 이해하고 파악해야만 한다. 인간은 현존재로 실존한다. 현사실적인 현존재의 존재분석, 소위 말해서 실존론적 분석으로 하이데거는 지금까지의 모든 존재론을 능가하는 기초존재론(Fundamen-talontologie)으로서의 존재론을 전개시키려고 한다. 인간의 (일반적으로 이해되고 있는) 자기 인식은 존재 인식의 열쇠가 된다——그 점에서 급진적인 주체철학이 여기에서 중요시된다. 따라서 비록 실존론적 분석이 실존철학이나 인간학을 위해 중요한 초석을 제공할지라도 이것이 실존철학, 또는 더 나아가 인간학으로 이해되어서는 안 된다; 실존적 물음들을, 예를 들어 윤리적 물음들을 실존론적 분석은 원칙적으로 고려하지 않는다.

단순한 초월적 의식 일반이 아닌 그때그때마다 자신의 것인 사실적 현존재는 하이데거에 의해 세계-내-존재(In-der-Welt-sein)로 규정된다. 세계는 공간적-시간적 세계가 아니라 우리에게 어떤 방식이든 이해될 수 있는 사용 사태의 전체 연관성이고, 더욱이 일차적으로 손 안에 있는 도구 연관성으로서의 전체 연관성, 그리고 이차적으로 단지 눈앞에 있는 인식 대상으로서의 전체 연관성(지시 연관성)이다. 또한 내-존재(In-sein)는 세계 속의 공간적-시간적 현존재일 뿐만 아니라, 존재자의 전체 연관성 곁에 있는 곁의 존재(Bei-sein), 즉 그의 현존성 속에서 자신을 열어 밝히고 이해하는 사실성과의 관계이다. 그렇게 이해된 현존재를 위해 원칙적으로 세계와의 관계, 자기 자신과의 관계와 타인과의 관계에 두 가지 가능성이 있다. 그 하나는, 나는 나의 자기 이해와 나의 존재 양식을 세계로의, 그리고 타인에로의 퇴락을 통해 내세우게 할 수 있다; 이때 나는 "세인(man)"이 이해하는 것처럼 나를 이해한다. 즉 나는 비본래적으로 실존한다. 또는 하이데거가 종종 말하고 있는 것처럼 "소외된 채" 그리고 "토대 없이(bodenlos)" 실존한다. 다른 하나는, 나는 세계에서 벗어나서, 그리고 나를 결단함으로써 나 자신을 떠맡으려고 한다. 즉 강조의 의미에서 나는 나 자신으로, 다시 말해 본래적으로, 또는 하이데거가 종종 말하고 있는 것처럼 "순수하게" 그리고 "토대 위에(bodenständig)"(비교. 222ff) 실존한다. 자기 자신을 통한——세계로부터 거리를 두고——자기 자신의 획득 가능성은 죽음의 불안 속에서 생긴다. 이 죽음의 불안은 자신의 유한성을 받아들이기 위한 일시적 결단성을 통한 불안이다. 따라서 자신의 회득 가능성은 나를 세계로부터, 그러나 또한 세계를 위해 자유롭게 하는 죽음에로의 자유 속에서 생긴다——이 결단성에 어떤 더 이상의 내용적인 목적은 결정되지 않는다. 논증의 핵심이 되는 죽음의 불안은 현존재를 그의 고유한 비존재(Nichtsein) 앞에 내세움으로써 전체성 속에서 현존재를 열어 밝히고, 그와 더불어 시간 존재의 구조 전체성인 "염려(Sorge)"를 열어 밝힌다. 그러나 여기에서 적어도 외관상 이 형식적 실존분석은 실존적 이상(einem existenziellen Ideal)이 아닌 "현사실적 이상(einem faktischen Ideal)"에 근거하고 있는지의 물음이 제기된다. 하이데거는 이것을 솔직하게 인정할 뿐만 아니라 이 사실을 필수적인 것으로 해명한다. 왜냐하면 "실존론적 분석의 존재론적 '진리'는 근원적인 실존적 진리의 토대에서 형성되기 때문이다."(147f) 이로써 하이데거는 자신의 고유한 인격을 인식의 척도로 삼는 것처럼 보이고, 이로써 주체성 내지 철학의 객체 가능성의 물음을 제시한다.

"철학은 현존재의 해석학에서 유래한 보편적인 현상학적 존재론이다. **실존분석으로서의 현존재의 해석학**은 거기에서 모든 철학적 물음의 실마리를 종결시킨다. 거기에서 물음은 **발현하고**, 그리고 그곳으로 **되돌아간다**."(51) 이러한 형식적인 규정에서 하이데거는 그의 관심사에 더 많은 것을 총괄하려고 한다. 대상에 따라 철학은 존재 인식, 즉 존재자의 존재 인식이며, 더 나아가 존재 내지 존재자의 제한된 영역과 관계된 지엽적인 존재론과 달리 보편적 존재론이다. 방법에 따라 철학은 현상학적이다. 즉 철학은 의도에 따른 선입견으로부터, 자유로운 현상의 기술로부터 출발하고, 그리고 이것을(따라서 존재 자체가 배후 근거로서 엄폐되고 있는 칸트와는 달리) 존재의 현상들로 파악한다. 철학은 존재자가 자신으로부터 자기를 나타내는, 즉 현상하는 것처럼 존재자를 보이게 한다. 이로써 하이데거는 후설과 결합한다. 그는 후설의 현상학을 단순한 방법론으로 이해한다. 그러나 현상학의 수용은 단지 방법론을 위한 첫번째의 언급이지 최후의 언급은 아니다. 왜냐하면 하이데거는 딜타이와 연결된 해석학을 통하여 현상학을 보충하려고, 더 정확히 표현하면 설립하려고 하기 때문이다. 현존재는 본질적으로 자신과의 관계에서 규정되기 때문에 현존재는 어떻게 해서든지 언제나 자신을 이해한다. 더욱이 (하이데거가 해석하듯이) 자신의 가능성에서, 즉 항상 스스로 기획 투사하는 자신의 존재 가능성에서 이해한다. 현존재는 자신의 가장 고유한 존재 가능성을 위한 자유 존재이며, 그 점에 있어서 근원적으로 이해이다. 그밖의 모든 이해와 인식은 이러한 근원적 이해(기투)에 기초하기 때문에 현상학은 이제 독자성과 이와 더불어 외견상의 객체성, 즉 사이비적인 절대적 입각점을 상실한다. 학적 구속력의 요구는 개체적인 세계 해석과 자기 해석의 의존으로 인하여 축소된다. 자칭 현상의 무선입관과 본질 직관은 "실존론적 이해"(196)에, 궁극적으로 실존적 선이해에 기초한다. 즉 "현상학적 해석"으로서의 철학에, 그리고 그때그때의 존재 이해의 이행으로서의 철학에 기초한다. 철학은 이제 역사적으로 의식되고, 소위 말해 실존적으로 재생된다.(비교. 196f) 그리하여 외견상 중립적인 현상학은 역사적 이해의 해석학적 순환 속에서 단순한 통과 단계일 뿐이다. 그리고 기초존재론은 스스로 역사적 실존의 실존론적 분석의 기투가 된다.

철학이 학의 관계에서 고찰된다면, 철학의 실존적 역사성은 철학의 마지막 날카로움을 얻는다. 야스퍼스와 다르게 하이데거에 있어서 학은——의식 일반의 산출로서——상호 주관적으로 타당한 인식의 의미에서 볼 때 결코 확고한, 그리고 보편 타당한 심급이 아니다. 현대 철학은 끊임없이 이러한 인식과 관계할 수 있고, 또 관계해야만 한다.

오히려 존재와 시간에서 학은 선행하는, 그리고 앞서 파악하는 인식의 결과이다. 이 인식은 존재론으로서의 철학에 기초한다. 따라서 학은 철학을 위한 참고인으로 봉사할 수 없다. 학은 근본적으로 그 자체 철학이다. 특히 현상학적 "탐구"로서의 철학(존재론)은 그 자체 학이며 (비교. 46, 221, 298), 더욱이 근본학이다. 모든 개별학들은 단지 존재자의 학들이다. 반면 철학은 "존재의 학"(50)이다. 철학은 비록 오래된, 그리고 넓은 의미이지만 근본적이고 선행하는 학이다. 철학이든 개별학이든 모든 이론 인식은 단지 이차적인 또는 종속적인 인식이다. 근원적 인식은 손안에 있음을 둘러보는-실천적 인식함(das umsichtig-praktische Erkennen des Zuhandenen)이다——특히 연역된 그리고 동시에 근원적인, 또한 실천을 근거짓는 존재 인식으로서의 철학 평가에 있어 긴장을 자아내는 그 어떤 것이다.

《존재와 시간》 이후 하이데거의 사유에 깊은 변화가 발생한다. 이 변화를 하이데거의 표현 방식과 연관해서 '전회(Kehre)'로 표현될 수 있다. 이 전회는 하이데거의 자기 의미를 통해서 쉽게 이해되지 않는 일련의 관점들을 포함하고 있다. 그러나 이것은 물론 《존재와 시간》의 미발간된 부분인 《시간과 존재》에서 이미 언뜻 보였던 물음 제기의 전도로 환원시키지는 않는다. 오히려 중요한 것은 매우 많이 진행된 사유의 변화이다. 하이데거 자신은 이러한 사유 변화를 물음 제기의 변화로서 또는 입각점의 변경으로서 이해하려 하지 않고, 오히려 근원적 시원의 심화로서 이해하려 한다. 결국——하이데거적인 표현은 아니지만——철저한 주체철학에서 절대자의 철학에로의 급전환이 문제로 떠오르는 것처럼 보인다. 이제 하이데거는 명백하게 존재의 관점으로부터 말하기 시작한다. 현존재로부터 존재 의미를 묻는 것이 아니라 존재로부터 현존재가 사유된다. 그리고 현존재는 더 이상 자신의 고유

한 거기에(Da)가 아니라 존재 일반의 거기에(Da), 존재의 빛(die Lich-
tung des Seins)이다. 그 속에서 존재는 언어로 다가온다. 즉 현존재는
진리와 비진리(비은폐와 은폐)의 장소이다. 그런 점에서 인간은 이제 어
느 정도 "존재의 건네진 말(Zuspruch des Seins)"에 "상응하는" 존재의
"수호자(Hüter)" 혹은 "목자(Hirte)"로서 드러난다. 언어는 "존재의 집"
이 된다. 그리하여 우선 존재자의 존재로서, **가능 존재**로서, 또는 모든
이해의 지평으로서 사유되었던 존재는 모든 존재자의 배후에 또는 오
히려 존재자에 앞서 독자적인 현실성이 된다. 이 현실성은 존재자 속
에 숨어 있거나 나타난다. 하이데거는 그외에 존재와 존재 해명을 생
성(Werden)으로 기술하고, 이 생성을 역사상 역운적 생기(schicksalha-
ftes Geschehen)로 해석함으로써 존재 역사의 표상이 발생한다. 존재
역사는 근본적으로 퇴락과 파멸의 역사이며, 그리고 이 역사 속에서
형이상학은 부당한 존재 인식으로서 플라톤으로부터 니체까지의 역
사적 현상으로 환원된다. 형이상학에, 그리고 형이상학으로부터 나온
과학과 기술에 포함된 존재 은폐와 존재 망각은 존재를 상실한다. 존
재 상실은 동시에 탓 있음과 역운이지만 지금의 "세계 위기(Weltnot)"
속에서 아마도 새로운 존재 개현을 통하여 다시금 전향될 수 있다. 하
이데거가 최후까지 구원처럼 기대했던, 그리고 구원의 전령자로 이해
했던 이러한 새로운 "존재의 도래"를 인간은 본질에 있어서 오로지 "내
맡김"을 통하여 준비할 수 있다. 이것은 존재의 선물이다. 이 선물을 인
간은 존재의 회상을 통해 준비해야 한다.

　30년대 중엽 이후 하이데거의 사유에서 명백히 이행된 깊은 변화에
는 짧은 기간의 정치 참여와 전쟁 경험이 큰 역할을 했을지도 모른다.
이미 일찍이 민족을 마음에 품고 있었지만 본래부터 그는 오히려 비정
치적 인간이었던 것처럼 보인다. 그러나 프라이부르크대학교의 총장이

되었던 1933년초에 그는 나치정당(**NSDAP**)에 가입한다. 이것은 그의 수많은 제자들을 당혹스럽게 했다. 총장 취임사(《독일 대학의 자기 주장》, 1933)에서 그는 민족의 "토속적이고 혈연적인 힘"(13)에서 뿐만 아니라 나치 "태동"의 "영광(…)과 위대성"(22)에서 대학생들에게 노동 봉사, 병역, 그리고 지식 봉사의 의무를 역설한다. 《독일 대학의 자기 주장》은 "오로지 우리가 역사적-정신적 민족으로서 우리 자신을 다시금 원할 것인가, 아니면 더 이상 원하지 않는가에 달려 있다."(22) 얼마 되지 않아 그는 《독일 학생들》(1933. 3. 11)에서 수많은 호소 가운데 다음과 같은 호소를 썼다: "나치의 혁명은 우리 독일의 현존재에 완전한 혁명을 가져다 준다. (…) 지도자 자신만이 오늘과 미래의 독일 현실과 법이다."(135f) 이러한 격정적인 찬성의 배경에서 볼 때, 개별적인 조치들과 공개적인 인종주의에 반대하여 하이데거를 거부하는 것은 정당하다고 볼 수 있다. 그의 정치 참여는——모든 개인적인 세세한 부분들을 도외시하고——근본적으로 매우 형식적인, 그리고 결단을 설법하는 실존철학의 단편적인 결과로 이해되어야 한다. 그러나 또한 나치의 정치적 부활 선전에로의 실존적 전환철학의 접근 결과로 이해되어야 한다(여기에는 또한 전승된 민족낭만주의의 문화 비판과 사회 비판에로의 공동적인 접근도 의심할 여지없이 역할을 한다). 물론 하이데거가 강조한 **본래적**과 **비본래적**(내지 **토대에 근거한**, 그리고 **뿌리째 뽑힌** 등등)의——이미 존재와 시간에 부차적인 방식으로 나타난 바와 같이——형식적인 대립이 갑작스레 사회적 · 정치적 내용과 결합할 수 있었다. "각자의 현존재"는 직접적으로 완전하게 "독일의 현존재"가 되었다. 동시에 하이데거의 고유한, 그러나 외관상 내용 없는 투쟁 사유는 공격적인 나치의 사유 속에서 명백한 평행선을 발견했다. 두 사유는 찬성과 반대를 통하여, 민주주의와 자유시민성에 의해 각인된 사회의 거부를 통하여 규정된다. 강조된 개별적 인간의 결단성에서 이제 독일 민족의 의지는 자신의 것이 되었고, 동시에 위대한 구원의 필연성으로서의 역운이 소환되었다――외견상 개인적인 실존론적 분석의 구원철학은 직접적으로 정치적 구원철학이 되었다. 무엇보다 중요한 것은 존재 역운이 이제 정치적 역운을 통치했다. 1년 후 하이데거의 환호가 갑작스레 중지되었지만, 그는 여전히 이러한 사이비-형이상학적 범주에서 정치적 현존을 생각했다. 그리하여 《형이상학 입문》(1935) 강의에서 나치로부터 독일과 유럽에 하나의 변화를 기대했다; 왜냐하면 미국과 러시아는 "형이상학적으로 볼 때, 기술에 사로잡힌 희망 없는 광기와 보통 인간의 기반 없는 조직체의 광기와 동일하기 때문이다."(40f) 따라서 존재 물음은 "유럽의 역운과 결합되고, 유럽의 역운에서 지구의 역운이 결정된다. 이때 우리의 역사적 현존재는 유럽을 위한 중심으로 입증된다."(46) 이미 피히테나 다른 사람과 마찬가지로 하이데거에 있어서 독일은 명백히 세계의 정신적 중심지이다. 그러나 그는 "운동의 내적 진리와 크기" "나치의 철학으로서 여기저기에 제시된 것"(208)을 구별하려고 한다. 짧은 기간 동안 그는 나치의 정신적 방향에 직접적인 영향을 줄 수 있을 것이라 희망했고, 정치적 개혁을 존재 사유 속에서 그에 의해 기대되었던 구원의 역사적 개혁과 결합할 수 있을 것이라 희망했다. 그런 점에서 그는 좌절된 위대한 이념가이다. 그러나 그는 정치적 오류에 책임을 졌지만, 마지막까지 근본적으로 자신이 아니라 할 수 있었던 것을 하지 못한 나치의 책임이라 믿고 싶었던 것 같았다; 그는 위대한 사상가도 큰 잘못을 범할 수 있다는 권리를 자신을 위해 항의했다. 이 실망으로부터 그의 사유는 뚜렷하게 음울해졌다――새로운 "세계 위기"는 적극적인 세계 개선을 위한 기회를 허용하지 않았다. 이제 그는 정치를 "진리(그리고 비진리)의 작업"으로, 그리고 이를 역사적 섭리로 해석했다.

일부 언어적으로 매우 접근하기 어려운 후기 하이데거 사유의 개별적 단계들과 특히 전회의 개별적 진행들은 대략 세 단계로 구별될 수 있다: 과도기, 새로운 사유의 전개, 그리고 후기 철학. 또한 이 세 단계 속에서 철학의 자기 이해와 사유의 자기 이해는 특히 변화한다.

α) 대략 1927년부터 1937년의 과도기는 무엇보다도 철학의 학적 특성과의 깊은 논쟁을 통해 특정지을 수 있다. 그리하여 그는 《현상학과 신학》(1927)의 강연에서 철학을 여전히 "존재의 학"으로 명확히 규정한다. 이 학은 존재론으로서 "원칙상 존재자를 향한 응시의 변환"(48)을 요구한다. 학문들을 고려할 때, 철학은 "순수하게 스스로 나타난 현존재의 자유로운 물음"(66)으로서 존재적 근본 개념의 교정 과제일 뿐만 아니라 "존재론적으로 기초지어진 방향의 과제"(65)를 가진다. 스스로 나타난 현존재는 모든 현존재의 자유로운 자기 수용에 기인하고, 그러한 점에서 역사적 "실존 가능성" 또는 "실존 형식"에 근거한다(66); 철학적 사유를 고려할 때, 철학은 "고유한 본질의 자기 해명"(67)에 기여한다. 따라서 하이데거에게 있어서 중요한 것은 개별 학문들에 앞서 이 존재학의 존재론적 우위뿐만 아니라 철학의 실존적 토대를 마련하는 것이다. 짐작컨대 이 두 가지는 "학문으로서"의 철학은 자유로운 활동이라는 사실에 기초한다.

또한 이 관점은 같은 해에 발간된 《현상학의 근본 문제들》의 강의에서 철학에 관한 상술들을 규정한다. 특히 이 상술들은 그 당시 많이 논의되었던 세계관들의 문제가 숙고 속에 연관되었던 것과는 매우 구별된다. 그리하여 철학은 "학문적 철학"이라는 표현이 본래 중복어인 만큼 근원적으로 학문 일반, 더욱이 절대학문이다. 이로부터 그는 다음과 같이 설명한다: 옛부터 철학이 학으로서의 철학 이외에(철학의 실존적 역할을 강조함에도 불구하고 하이데거가 거부했던) 오늘날 세계관이라 부르는, 그리고 철학적 세계관 또는 세계관철학의 요구로 만나는 철학으로 파악된다. 이에 대하여 하이데거는, 세계관은 각자의 역사적 현존재에 속하고 오직 존재자와 연관되며, 그러한 점에서 소위 말하는 실증과학들처럼 "적극적"이라고 주장한다: 이에 반해 그는 원칙적으로 철학은 존재자를 향하지 않고, 존재학이라고 주장한다. **"존재는 철학의 순수한, 그리고 유일한 주제이다.** (…) 철학은 존재, 존재의 구조, 그리고 존재 가능성의 이론적–개념적 해석이다."(15, 비교. 12ff, 17) 이러한 철학은 스스로를 근거지어야 한다. 철학은 "자유의 작품"(16)이다. 그리고 헤겔과 마찬가지로 하이데거가 말한 것처럼 철학은 물론 대중을 위한 것이 아니고 대중을 위해 준비할 수 없다. 철학은 《형이상학 입문》에서 말한 것처럼 "특수한 것"(15)에 대한 특수한 물음이다.

b) 하이데거가 그 투쟁적 시기에, 예컨대 《인간적 자유의 본질》(1930)의 강의에서 "철학의 공격 특성"(35)이라고 불렀던 것이 점점 상실된다. 《형이상학 입문》이 여전히 시대의 정치적 논쟁과 세계 변화를 위한 결단을 통해 각인된 반면, 철학은 이제 점점 "내맡겨진다(gelassen)." 그 사유의 원칙적인 전회 속에서 하이데거의 철학은 근원적인 자기 보호의 공격성을 상실하고 외견상 가장 겸손한 존재 경건성으로, 또는 존재 앞의 순응으로 변화한다. 이 전회는 시대 상황에 의해 제약되었고, 그리하여 우선 은닉된 채 수행되었지만 전쟁이 끝난 후 비로소 공개된다. 이로써——대략 1937년부터 1947년까지——철학의 역할에 대한 하이데거의 견해는 바뀐다. 철학은 이제 새로운 "본질적" 사유를 통해 최종 작용에서 대처되어야 한다.

《철학의 근본 물음》(1937/38)의 강의에서 철학은 니체의 영향하에 주인의 지식으로, 정확히 표현하면 "직접적으로 무용한, 그럼에도 불구하고 주인의 지식"(2)으로 특징지어진다. 그러나 동시에 철학은 최고 기분의 엄격한 극기로 일컬어지는 근본 기분과 관계한다. "철학의 이러한 근본 기분, 즉 **미래** 철학의 근본 기분을, 우리가 그것에 관하여 직접적으로 무엇인가 말해도 좋다면, 우리는 **자제성**(Verhaltenheit)이라고 부른다. 그 속에서 근원적으로 유일하고 공속적인 것은 놀라움과 두려움이다. **놀라움**은 존재자에 가장 가까이 있다는 것과 존재자로 강요된다는 데 대한 놀라움이고, **두려움**은 존재자 속에 존재가 있었다는 것과 존재자 이전에 존재했다는 어둠 앞에서의 두려움이다. 자제성은 놀라움과 두려움의 기분이다. 이 기분 속에서 놀람은 극복되고, 제거되지 못하고, 두려움을 통해 유지되고 보존된다."(2) 투쟁적인 사유는 이제 억제하는 사유가 된다. 이 사유는 물론 그의 특수 지위를 의식하고 있다. 마음대로 할 수 없는 것에 대한 경외심은 이제 일종의 거만한 겸손에로 봉헌되지 못한 것에 대항하는 권리 주장과 결합한다. 뚜렷한 겸손과 최고 사명 의식의 이러한 결합이 하이데거의 철학적 사유에 점점 각인된다; 왜냐하면 그의 새로운 사유의 전개와 더불어 그의 철학의 문체가 변화하기 때문이다. 치밀한 분석과 학술적인 서술 방식 대신에 부드럽게 규정된, 그리고 시적으로 장식된 표현 방식과 명상적인 사유가 점점 나타난다. 이때 학으로서의 철학에 대한 지금까지의 이해는 포기되고, 더욱이 철학은 역사적 길 잃음으로 간주된다. 역사적 길 잃음으로부터 참된 사유는 멀어진다. 철학은 학이나 탐구가 아니다. 새로운 사유는 어떤 전승된 의미에서 더 이상 철학일 수가 없다. 그러나 전쟁 이후 비로소 하이데거의 사유 속에 완전한 변화가 나타난다. 아마도——노령을 제외하고——재앙의 경험들이 또한 그의 근원적인 공격성을 억제했다.

인간의 고향 상실을 존재 망각과 존재 상실로서 고발했던 《인본주의에 대한 서한》(1947)에서, 그는 이제 철학 개념을 어울리지 않은 명칭으로서 자신의 사유를 위해 탈락시키려는 사실이 명백하게 나타난다. 철학 내지 형이상학이 발생하기 전인 소크라테스 이전의 근원적인 사유가 아테네에서 더 이상 철학이 아니었던 것처럼 새롭게 추구했던 새로운 사유도 더 이상 철학이 아니다. "본질적" "참된" 또는 "근원적"인 사유는 존재의 회상이 된다. 이 회상은 추가적으로 존재와의 연관 속에 나타나는 것이 아니라 오로지 인간과 존재의 관계를 완전히 이행하는, 따라서 존재 자신으로부터 생기한다. 이 존재는 존재가 무엇인지, 혹은 어떻게 존재하는지를 존재케 한다.(비교. 313, 335, 351) 하이데거는 비합리주의로 빠지지 않고, 사유의 기술적 해석으로부터 결정적으로 벗어나려고 한다.(비교. 314) "이제 우리가 철학을 과대평가하고, 그런 까닭에 철학을 과대하게 요구하는 관습으로부터 벗어나야 할 시간이다. 지금의 세계 위기에서 필요한 것: 더 적은 철학, 그러나 사유의 더 많은 주의 (…) 미래의 사유는 더 이상 철학이 아니다. 왜냐하면 미래의 사유는 어떤 이름이 동일한 것을 말하고 있는 형이상학보다 더 근원적으로 사유하기 때문이다. (…) 그러나 미래의 사유는 헤겔이 요구했던 것처럼 더 이상 '지혜로의 사랑'이란 이름을 부여할 수 없고, 그리고 절대지의 모습 속에 있는 지혜 자체일 수 없다. 사유는 일시적인 본질의 빈곤으로 내려온다."(364) 물론 우리는 최종적으로 단지 말바꿈("철학" 대신에 "사유")이 아닌가 묻지 않을 수 없다. 그러나 무엇보다도 하이데거에 의해 항상 요구된 사유의 근원성, 본질적인 사유가 본래적으로 어디에 있는지도 묻지 않을 수 없다.

c) 대략 1950년 이후 하이데거의 형이상학 비판과 이 비판으로부터 나온 과학과 기술의 비판은 명백하게 더욱더 확산된다. 그것은 근본적

으로 전체 유럽 발전의 비판, 특히 근대의 비판이다. 이로써 또한——
일종의 철학의 자기 극복 속에서——그러한 철학과의 차별과 동시에
새로운 사유의 희망이 싹튼다. 하이데거는 비록 존재 자체를 알지 못
하지만 언제나 다시금 새로운 사유를 준비할 수 있다고 믿는다. 그럼
에도 불구하고 그는 말년에 무엇보다도 존재의 도래 가능성을 적어도
예감한 선택된 자와 전수자의 태도로 종종 말한다——철학은 예언될
것이고, 그리고 이 속에서 종말신학이 될 것이다. 더욱이 하이데거는
예외적으로 이 "사유하는 사유"를 철학이라 부른다. 단 그러한 사유
가 결코 학적으로, 그리고 형이상학적으로 오해되지 않는다는 조건에
서. 왜냐하면 본래 숙고하는 것으로서의 존재는 우리에게 사유하도록
하는, 그리고 우리에게 그렇게 사유하도록 하는 그 무엇이기 때문에,
사유는 그에게 있어서 존재의 역사적 주장 또는 부름을 역사적으로
말하는 응답이 된다. 항상 존재의 부름에 몸을 돌리고(모든 사람이든
극소수의 사람이든 또는 선택된 사람이든), 그리고 항상 존재의 소리를
듣고 그 소리에 귀를 기울이는 자——존재에 귀를 기울이는 사유만이
최초로 강림하는 사유(Adventsdenken)의 양식일 수 있다. 하이데거의
확신에 의하면 이제 참된 사유는 스스로 건립하는 사유가 아니라 단지
준비하는 사유이다——더 많이 숙고하는 사유는 새로운 존재 개현의
은총의 가능성을 향한 숙고이다. 그리하여 철학은 결국 새롭게 부활하
는 모든 세계 전회의 무규정적인 희망이 된다. 세계 전회의 근거와 원
천, 작용 방식, 그리고 결과들은 당연히 어둠 속에 머물고 있다.

　하이데거는 《사유란 무엇인가?》(1952)의 강연에서 참된 존재 사유
에 대한 물음을 추적했다. 여기에서 사유는 거부된 것, 그러나 동시에
인간이 무의미한 표시로서 지시한 것의 회상이다. 따라서 이러한 의미
에서 하이데거는 다음과 같이 말할 수 있다: "학문은 사유하지 않는

다."(비교. 133) 그에 상응하여 《과학과 숙고》(1953)의 강연에서 과학은 숙고되지 않은 매복함(Nachstellen)으로, 그리고 기술은 폭력적인 산출함(Herstellen)으로 해석되었다. 과학과 기술은 진리를 단지 표상함과 확정함 속에서 발견하는 형이상학에 기초하고, 존재자의 매복함과 산출함에 봉사하며, "물음 가치에의 내맡김"이라는 의미에서 숙고로서 아무것도 하지 않는다. 더욱이 하이데거는 그의 고유한 사유를 단지 가능한 역운의 전회를 위한 준비의 예비로서 이해할 수 있다. 그러나 "숙고의 이러한 최고 단계"를 가정으로 제한한 것처럼, 이미 "특별한 은총"(70)으로 간주하고 있음에 틀림없다.

철학 용어뿐만 아니라 철학의 결정적인 포기는 하이데거에게 그렇듯 쉽게 당연히 받아들일 수는 없다. 《철학—이것은 무엇인가?》(1955)의 강의에서 그는 이 철학의 개념을 의미 변화, 또는 새로운 의미 부여를 통해 구제하려는 것처럼 보인다. 그리스 언어와 연관하여, 그리고 그리스의 정신적 원천과의 사유하는 대화를 주장함으로써 그는 철학의 원천적인 의미를 추적하려고 한다. 하이데거의 해석에 따르면 여기에서 철학자—존재는 다름 아닌 존재에 응답하는 것이다.(참조 20ff) 이런 의미에서 철학은 오늘도 여전히——"존재자의 존재 부름에 응답하는"(29) "말씀의 탁월한 방식"(30)으로서 미래를 지닐 수 있다. 이로써 철학은 다시금——예를 들어 후기 셸링처럼——(신적 영감을 얻은) 시작(詩作)에 가까워진다. 그후 《철학의 종말과 사유의 과제》(1964)라는 논문에서 하이데거는 형이상학으로서의 철학은 완성과 더불어 종말에 도달했다는 사실로부터 출발한다. 그 결과가 현대 과학이며 기술, 특히 사이버네틱스이다. 형이상학도 과학이 아닌 다른 사유의 가능성에 대한 물음이 제기될 수 있을 때, 이때 이들 속에서 철학의 극단적인 가능성들이 나타난다. 그리고 이것이 단지 추측될 수 있는 한에서 최고로 깊은 사유는 "단지 준비하는, 그러나 결코 건립하는 특성"(66)을 가질 수는 없다. 그밖에 존재 현상의 가능성은 철학에서 사유될 수 없는 채 있어야 할 물음이며, 따라서 더 이상 철학적 물음일 수 없다. 그리하여 하이데거의 이해에 의하면, 그의 예감하는 사유는 더 이상 아닌 것과 아직도 아닌 것(dem Nicht-mehr und dem Noch-nicht) 사이에서 구원의 역사처럼 모든 것을 결단하는 존재 역사의 단계 속에 있으며, 그 속에서 존재의 각별한 은총에 감사하고 있다.

하이데거의 사유는 확고하게 존재의 물음에 몰두했다. 그러나 《존재와 시간》에서 구체적인 실존의 존재론적 분석을 통해──존재자, 현존재로부터 출발하여──초월적 존재에 관한 해명을 여전히 희망했던 반면에 그는 "전회" 후에, 소위 말해 존재를 직접적으로 사유하고 동시에 역사적 존재 사유의 숙고를 통해 존재의 오랜 은폐성을 이해하려고 했다. 이것은 한편으로는 서구적 사유의 역사에 풍부한 통찰을 가져다 주었고, 다른 한편으로는 수많은 반복과 애매모호하고 규정하기 어려운, 더욱이 모순적인 뉘앙스와 함께 명상적인 윤회적 사유를 가져다 주었다. 존재에 대한 근원적인 싸움의 자리에 많든 적든 간에 존재의 도래에 대한 내맡겨진 기대가 나타났다는 것과 《존재와 시간》에서 인용된 "거인들의 싸움"의 자리에 죄의 참회가 나타났다는 것은 명백하다. 그러나 무엇보다도 존재 사유는 모든 존재자 자체의 증가하는 추상화를 통해 점점 입증될 수 있는 모든 내용으로부터 해방되기 시작했다; 일종의 명상의 공허한 진행이 발생했다. 이것은 근본적으로, 신학적으로 표현한다면 **영혼과 신**의 문제로, 그리고 그 속에서 은총의 문제로 환원되었다(협동 이론의 경향과 함께). 그러나 하이데거는 동시에──스스로 무지한 내지 어두움 속에 있음을 끊임없이 확신하고 있지만──모든 다른 사유를 완전한 존재 망각으로 비난했기 때문에 존재에 대한 그의 고유한 말은 점점 신성자의 예고와 같은 성격을 지니게 되었다. 그의 철학은 알려지지 않은 신의 이름으로 예언되었다. 이로써 자기 문체화는 황폐 속의 고지자(告知者)로서 그의 마지막 정점에 도달했다.

3. 본래성과 사회

두 실존철학자, 야스퍼스와 하이데거의 사유는 너무나 배치되어 있기에 두 사상가를 하나로 총괄시키는 것은 충분한 이유로 의문시될 수 있다. 방법론적이고 인식론적인 출발 위치(칸트적 인식 비판, 현상학적 현상 개념)뿐만 아니라 본질적 의도(자기 확실성, 존재 사유)도 될 수 있는 대로 서로 다르다. 야스퍼스는 점차 하이데거의 철학을 불성실하고 위험스러운 신비주의라고 느꼈다. 반면 하이데거는 마지막에 야스퍼스의 철학을 소박하게 도덕화시키려는 심리학이라고 경멸하였다. 그럼에도 불구하고 그들은 근원적으로 하나의 공통된 근본 관심사를 가지고 있었다: 참된, 즉 "본래적"인 실존 가능성에 대한 물음. 물론 그들은 서로 다른 답을 제시했다. 초기에 그들은 가끔 서로 친교를 맺었고, 그리고 일부 생산적인 토론을 이끌었다. 하이데거는 《존재와 시간》에서 야스퍼스의 한계 상황의 개념을 참조했고, 야스퍼스는 《철학》에서 하이데거와의 명백한 대조를 이루면서 현존재와 가능적 실존의 개념을 발전시켰다.

그후 우호적인 관계는 무엇보다도 정치에서 깨어졌다. 정치적 사건으로 인하여 갑자기 (민족적) 국가의 의미를 발견했던, 그리고 독일 민족의 정신적·정치적 부흥을 희망했던 하이데거는 나치를 위하여 단기간이지만 열정적으로 참가했고, 더욱이 유대인 배척주의를 받아들였다. 유대인과 결혼했고, 그것 때문에 나치로부터 배척된 야스퍼스는 우선 정치적 사건의 충격을 통해 정치철학의 사유를 발견했고, 자유 국가 공동체와 자유연합 공동체로의 복귀를 희망했다. 물론 이러한 기대를 그는 전쟁 후에야 비로소 명확히 제시할 수 있었다. 내용상 극단적으로 구별되는 나치를 위한 참여 내지 자유주의를 위한 참여, 공산주의를 위한 사르트르의 참여(비교를 위해 덧붙인 것)에 '참된' 공동체의 형식적 사유와 그 속에서 야기되는 내적 부활 내지 혁명의 형식적 사유는 공통적이다. 서로 다른 정치적 참여는 그때마다의 개성과 상황에서 이해될지 모르지만, 이것이 실존철학의 근본 개념으로부터, 더욱이 본래적인 (확실한) 실존의 이상으로부터 필연적으로 귀결되는 것은 아니다. 이와 반대로 우리는 그때마다의 역사적 조건하에 서로 다른 정치적 결과를 가져다 줄 수 있는 실존 개념의 공허함에 기인된다고 추측해도 좋다. 또한 실존철학은 정치적 배경에서 언제나 세계와 낯설게 나타난다. 그리고 실존철학은 (수많은 정치철학에서처럼) 근본적으로 도덕화하려고 한다. 비록 이것이 전통적인 윤리학을 혐오하고 있지만. 그러나 우리는 "사적인" 실존철학이 이로부터 제기될 수밖에 없는——참된 사적 공동체뿐만 아니라 참된 정치적 공동체에 대한 물음에 대답하기에는 처음부터 개념상 쉬운 입장을 가질 수 없다는 점을 결코 부정해서는 안 된다. 왜냐하면 이 철학은 처음부터 무엇보다도 자신의 영혼 치유를 염려하기 때문이다.

　물론 철학(또는 더 나아가 철학자의 정치적 참여)의 가능한 정치적 의미는 철학자의 판정을 위한 유일한 기준일 수 없다——이 기준의 가치는 결국 자신의 정치적 입장에, 특히 자신의 실존을 위한 국가 내지 정치의 의미 평가에 달려 있다. 하이데거와 야스퍼스의 본질적인 물음들과 통찰들은 좁은 의미에서 물론 정치적이지 않다. 이것들은 정치 이전, 정치 이외, 혹은 정치 이상이다. 이것들은 초경험적 치유와, 초경험적 심급의 의존성과 관계한다. 그들은 모든 정치적 조건들과 독립하여, 그리고 모든 역사적-사회적 상황들 속에서 적어도 근원적으로 참된 삶의 가능성을 묻는다. 물론 실존분석과 초월적 존재에 대한 물음은 단지 강조된 실존철학의 의미에서 실존과 초월성이 문제인 사람들만을 위해 해명될 수 있다.

실존철학은 본래적인 실존 가능성을 제시하려 했고, 이를 통해 인간을 스스로 자신에게 돌아오게 하려 했다. 따라서 모든 구원철학처럼 실존철학도 불가피하게 정치적 세계 개선을 희망함으로써 교화철학과 각성철학에 경도되었다. 그러나 실존철학의 사유는 그것을 넘어서서 인류 일반뿐만 아니라 개개인의 모든 개혁의 초월적 조건을 준비했다; 실존철학은 참된 인간 존재를 초경험적 구원 속에서 찾았기 때문에 자기 규정을 강조함에도 불구하고 초인간적인 심급의 물음을 제기해야만 했다. 물론 본래적 실존의 개념과 이것의 구체적 가능성, 그리고 존재 내지 포괄자의 개념은 거의 규정되지 않은 채 남아 있다. 실제로 실존철학은 직접적이든 간접적이든 모두에게 숙고하기를, 퇴락으로부터 세계로 되돌아오기를, 일상의 잡담에서 벗어나기를 호소함으로써 유행철학이 되었다. 이 유행철학은 널리 확산된 열광적인 환호가 있은 몇 년 후에 심한 경멸로 전락되었다. 그후 실존철학의 문제는 뒤덮어졌다.

IV

유토피아적 사유

사회 지향적 철학

제1차 세계대전 이후 실존철학과 때를 같이하여 매우 강하게 사회 문제에로 지향된 사유 방향이 전개되었다. 이 사유 방향은 그후 60년대를 풍미하기 시작했다. 참된 인간적 삶의 가능성이 이 철학적 사유 속에서 올바른 사회 질서의 실존 조건과 결합했다. 이 철학적 사유에 현대 사회는 참된 인간적 삶의 주된 방해 요소로 간주되었다. 왜냐하면 현대 사회는 본질적으로 소외를 양산하기 때문이다. 사회성에 마음을 품은 이 철학의 가장 중요한 대표자들은 유복하고 교양 있는 유대인의 시민 계급 출신이었다. 그들은 보편적 문화 비판 이외에 인류를 지향한 보편주의 또는 세계 역사에 기초한 국제주의의 경향을 나타냈고, (제한적이지만) 프롤레타리아의 정치적 경향을 나타냈다.

이로써 그들은 마르크스로, 그리고 1932년 출간된 마르크스의 초기 저서로의 역행은 거의 피할 수 없었다. 이로 인하여 두 문제가 곧 발생했다. 이 문제는 또한 처음부터 차이를 필수적으로 드러냈다: 첫째, 마르크스로 철학이 실현되었고, 이로써 철학의 종말이 시작되었다는 '마르크스주의적' 표상과의 논쟁. 둘째, 마르크스주의에서 스탈린주의에로의 전개와의 논쟁. 왜냐하면 극복되어야 할 파시즘과 스탈린주의와의 비교는 계속 간과될 수 없었기 때문이다. 이로부터 독일에 있어서의 나치 지배와 이로 인해 야기된 제2차 세계대전의 재앙을 통해 매우 날카롭게 전개되었던 논의와의 연관성이 나타났다. 동시에 1933년 이후 마르크스주의 철학자들을 이민케 했던 정치적 사건들은 그들의 삶에 있어서 하나의 커다란 단절뿐만 아니라 연구와 활동의 중지를 야기했다. 그들의 대표작들은 비록 일부분 전쟁중에 저술되었지만 전쟁 후에 비로소 독일에서 발간될 수 있었고, 특히 서독에서 한때 막강한 영향력을 행사할 수 있었다. 물론 오늘날 독일의 네오마르크스주의자들은 동유럽에서 정치적으로 창궐되었던 공산주의와 논쟁을 벌여야만 했다.

'보완' 또는 '발전'을 통한 마르크스 이론의 '심화' 노력은 두 개의 서로 다른 낯선 방향으로 분열되었다: 그 하나는 형이상학적인, 거의 메시아적–신학적인 방향으로, 다른 하나는 매우 비판적인, 적어도 근원에 있어서 사회학적인 방향으로 전개되었다. 그들 대표자들은 어떤 공통성을 지니고 있음에도 불구하고 명백하게 거리를 두었다. 그들은 동시에 철학에 대해서도 명백하게 두 가지 서로 다른 관점을 전개하였고 구체화시켰다.

1. 블로흐: 동경의 해석학

에른스트 블로흐(1885–1977)는 유대인이지만 독일에 동화된 철도 관리인의 아들로 루트비히스하펜에서 태어났으며, 철학·음악·물리학을 전공하였다. 박사학위 취득 이후 우선 자유기고가로서 생활하였

다. 그는 강단철학을 경멸하였으며, 비유적이고 표현주의적인 그리고
무아적이고 환상적인 문학 경향을 가졌다. 그리하여 일찍이 유토피아
를 마르크주의적인 철학보다는 메시아적인 철학에서 발견하였다.(《유
토피아의 정신》, 1918) 1933년 그는 스위스를 거쳐 미국으로 이민하였
지만, 1949년 귀국하여 라이프니츠로 갔다. 왜냐하면 동독을 "신세
계"로 여겼기 때문이다. 그는 레닌과 스탈린을 인권의 선구자로 환영
했고("이승에는 레닌, 저승에는 예루살렘"), 서독을 파시즘의 국가로 비
판했다. 이러한 확신들로 인해 그는 또한 동독에서 철학 검열에 참여
했다. 그럼에도 불구하고 그의 유토피아주의는 곧 공개적으로 비판받
았다. 블로흐는 퇴직했고, 우연히 마우어바우에 갔던 1961년부터 서
독에서 체류했다. 그곳에서 그는 튀빙겐대학의 객원교수로서 커다란
활동을(무엇보다 중요한 것은 신학에) 전개할 수 있었다.

　대표작 《희망의 원리》(1954/55)에서 블로흐는 존재를 유일한 생성
으로, 발전하는 총체성(das fortschreitendes Totum)으로 해석한다. 이 총
체성은 인식될 수 없는 목적, "아직도 멀리 떨어져 있는 총체성"에 근
거하고 있다. 모든 존재는 언제나 실현되려는 아직-아닌-존재(Noch-
nicht-sein), 가능성 혹은 잠재력이다. 그러나 그것의 현실화는 또한 의
문으로 남아 있다. 더 나아가 존재는 물질 내지 "세계 물질(Weltma-
terie)"로서, 따라서 물질적 세계 과정으로서 규정된다——그것은 생
성의 열려 있는 일종의 초월성으로 신적이 아닌, 또는 비초월적 절대
자이다. 그런 점에서 블로흐는 의식적으로 도덕적-정치적 유토피아
를 근거짓는 형이상학을 고집한다. 왜냐하면 아직도 알려지지 않는 전
체성이 동시에 원해야만 할 최고의 선이기 때문이다. 이 전체성은 단
지 희망될 수 있고, 예지될 수만 있다. 이러한 관점에서 역사의 목적
은 소외의 지양으로서, 즉 (마르크스의 표현처럼) 인간의 자연화와 자연

의 인간화로서 기술된다. 예를 들어 배고픔과 희망은 더 나은 미래를 위한 예고의 표지이다. 물론 이 미래는 필연적으로, 그리고 스스로 오지는 않는다. 그리하여 블로흐에 있어서——단지 애매모호하게 주장된 유물론을 토대로——탈초월성을 의미한 형이상학과 매우 신비적인 유토피아가 **"희망, 그리고 과정 지식의 통일성을 위해"**(727) 결합한다. 이러한 의미에서 블로흐는 유토피아적인 구원 사유를 마르크스주의에서 소위 말하는 분석적 사유의 보완으로, 또는 주체적 요인의 강조로, 그리고 그런 점에서 공식적 마르크스주의의 수정으로 이해한다; 그는 마르크스주의에서 차가운 강물과 뜨거운 강물을 구분하고, 그리고 완전한 마르크스주의적 철학을 요구한다.

블로흐는 "의도적으로" 자신을 마르크스주의의 철학자로 이해하기 때문에 마르크스가 어떻게 철학이 철학의 현존을 정당화할 수 있는가의 문제를 제기해야만 한다. 그에게 있어 이 물음은 계속해서 《11. 포이어바흐의 테제》의 올바른 해석의 문제로 귀결된다: 철학자는 세계를 단지 다양하게 **해석했다**; 세계를 **변화시키는 것**이 문제이다. 블로흐는 이 "암호"가 무엇을 의미하는지를 묻는다. 그 당시 그에게 있어 이론과 실천의 통일성이야말로 의심할 여지없는 전제이다. "개념"은 "실천을 위한 지침"(319)이어야 한다. 그러나 그는 동시에 이론과 실천의 구별을 강조했던 포이어바흐의 테제를 "모독"으로부터, 즉 "지성 혐오자들과 실천가들"(321)의 위조로부터 보호하고 싶었다. 그리하여 블로흐는 마르크스를 그가 철학적 사유 일반을 설명했던 것이 아니라 단지 명상적 인식의 종말을 설명했다고 이해한다. 블로흐가 해석한 것처럼 문제는 계급의 지양, 즉 계급 제한적인 잘못된 의식의 자율성의 지양이다; 현실성의 편견 없는 연구를 위한 철학의 거부는 단지 특정한 철학, 즉 헤겔주의 철학자의 "철학적 허풍"(324)에 맞추어져 있다.

이 의미에서 블로흐는 마르크스를 인용한다: 철학의 현실화를 통한 철학의 지양 요구는 오로지 **지금까지의**(!) **철학을 부정함**으로써, 철학으로서의 철학을 부정함으로써 가능하다; 헤겔 자신으로부터 유래된 철학의 부정 개념은 "모든 가능한, 그리고 미래의 부정 일반"을 의미하지 않는다. " '부정' 은 진리와 함께 부정 자체 때문에 철학과 관계하고, 따라서 자족적─명상적인 철학, 세계를 단지 낡은 것으로 해석하는 철학과 관계한다. 부정은 세계를 혁명적으로 변화시키는 철학과 관계하지 않는다."(325) 블로흐는 마르크스주의 자체가 더 이상 철학이 아니라는 주장을 불합리하다고 보는 것 같다; 왜냐하면 이것은 "구체적인 세계 변화에 유일하게 능력이 있는, 그리고 특정한 철학은 철학이 아니라──철학 이상의 것임을 의미할지도 모르기 때문이다."(326) 어찌하였든 철학의 종말은 아직도 시야에 드러나지 않았고, 소위 자족적─명상적 철학의 종말만이 나타나 있을 뿐이다.

이렇게 다양하게(마르크스주의자에 의해, 또는 비─마르크스주의자에 의해) 전개된 의구에 찬 "마르크스─해석"을 기반으로 블로흐는 그후 이론과 실천의 관계에 대한 그 자신의 '마르크스주의적' 이념을 명료화할 수 있다: "현실적인 실천은 이론에, 발전하는 이론에 경제적으로나 철학적으로 문의하지 않고서는 결코 한걸음도 발전할 수 없다."(322) 그 이후에 한번 언급한 것처럼 블로흐는 실천의 우위뿐만 아니라 동시에 이론의 최우선에서, 즉 (참된) 철학의 논리적 우위로부터 출발한다. "만일 마르크스주의가 변화 이전에, 그리고 변화에 **참된 철학**의 이론적─실천적 우위가 아니었다면 마르크스주의는 참된 의미에 있어서 변화가 아닐 것이다."(326) 마르크스주의는 그밖에 정치지도자를 통해 철학은 세계를 변화시킬 수 있음을 증명한다. 선행하는 세계의 철학적 인식은 블로흐에게 있어서 무엇보다도 변화에의 의지를 통해 규정된 상황분석이다. "철학적 변화는 연관성의 끊임없는 인식 변화이다. 왜냐하면 비록 철학이 다른 학문들을 넘어선 고유한 학문을 드러내지 못하지만 모든 학문들에 있어 총체성의 고유한 지식과 양심이기 때문이다. 철학은 발전하는 총체성의 발전하는 의식이다. 왜냐하면 총체성 자체는 현사실성으로 있는 것이 아니라 유일하게 아직도 생성되지 않는 것과 생성하는 것의 거대한 연관성 속에 순회하고 있기 때문이다."(326) 여기에서 블로흐 자신의 최종-관점이 나타난다. 이것은 마르크스의 관점으로부터 금지되지 않으면서 마르크스에 근접한다――또한 종말론은 이러한 것으로서 서로 주장해야 한다. 마르크스가 철학이 스스로를 지양하지 않고는 현실화될 수 없다고 말한다면, 이것은 단지 "이러한 종류의 완전한 지양이 공산주의의 최종적 행위와 일치함"(327)을 나타낼 뿐이다. 마르크스의 이러한 최종적 목표는, 인간의 성취된 자연화와 자연의 성취된 인간화는 철학의 즉시적 지양을 요구하는 것이 아니라 오히려 전혀 새로운 철학을 요구하는 것이다. 이 새로운 철학은 여전히 멀리 떨어져 있지만 "총체성이 반영되고 있는 모든 실천의 지식-양심으로서의"(327) 철학이다. 그 점에 있어서 블로흐는 마르크스에 의해 "추구된 최종의 원근법"(327)이 바로 자신의 철학에 비견된다고 믿는다. 중요한 것은 철학의 청산이 아니라 철학의 변형이다.

　블로흐는 과거의 관념론적 전통과 새롭게 정립된 유물론적 마르크스주의와 결합시키려고 했다. 《지혜 개념에 관하여》(1953)라는 논문에서 그는 마르크스주의를 철학의 고전적 지혜 전통을 정당하게 이어 온 유산으로 표현한다. "또한 지혜는 마르크스주의가 되었다. 지혜는 마르크스주의와 더불어 드디어 공식적-활동적인 기능을 획득한다."(381) 블로흐가 해석한 것처럼 지혜는 항상 실천적이었으며, 즉 구체적인 목적과 관계했으며, 더욱이 당파적이었다. 그러나 이제 마르크스주의의 이론과 실천, 지혜와 노동이 드디어 하나가 되었다. 그리고 이것은 고전철학에서 최고의 선으로 간주되었지만, 그러나 실현될 수 없는 목적으로 파악되었던 것을 공동으로 겨냥하게 되었다. "소외의 지양으로서, 인간의 자연화로서, 자연의 인간화로서의 최고의 선은 오히려 내용적으로나 사실적으로 지혜의 노동, 노동의 지혜를 통해 비로소 형성되는 목적이다."(385) 이러한 방식으로 블로흐는 계속해서 철학을, 지혜와 지식을 동일화시킨다. 물론 여기에서 그는 두 영역을 매우 넓은 의미에서 받아들인다. "마르크스주의의 철학은 참된 철학으로서 철학 연관 지식과 본질 지식을 지혜와 만나게 한다."(388) 따라서 블로흐는 철학에 대한 마르크스와 엥겔스의 서로 다른 명제들을 철학을 위한 보완적인 변호인으로서 해석하고, 이로써 다시 한번 철학의 가능성과 필연성을 증명하려 한다. 엥겔스는 소위 《안티-뒤링》에서 개별 학문들이 그들의 지위에 관해 일반적으로 확실하다면 전체 연관에 관한 모든 특수 학문은 필요없게 되며, 따라서 철학은 논리학과 변증법으로 환원된다고 본다. 이런 관점을 블로흐는 다음과 같이 해석한다: 개별 학문들은 철학의 작업을 적극적으로 계승해야 한다. "엥겔스는 중도에 이미 현존하는 것, 실증과학을 위해 환원하고, 마르크스는 성취될 수 있는 것, 프롤레타리아의 지양을 위해 지향한다. (…) 이와 같이 최후에는 엥겔스에게 철학이 관련 학문들의 기초로서 드러나고, 마르크스에게 철학이 혁명의 정신적 무기고와 빛, 프롤레타리아의 지양으로 드러난다. 그러나 관련 지식, 목적-양심의 지혜와 실천 속에서 그러한 철학은 결코 사라지지 않는다."(392f) 그런 점에서 마르크스와 엥겔스를 통한 새로운 철학은 **특수한 인간성에서** 가능하다. 블로흐에 있어서 새로운 철학은 형이상학에 기초한 실천철학이다. "철학은 과정 속에 처해 있는, 그러나 필연적인 하나의 학이다. 즉 수많은 세계 과정과 세계 연관 속에 처해 있는 것의 학이며, 하나의 학이다."(394)

블로흐는 논문《추구하고 시도하고자 하는 것으로서의 철학이란 무엇인가?》(1955)에서 이와 비슷한 결론에 도달한다. 여기에서 그는 우선 철학적 사유의 두 가지 서로 다른 원천을 제시한다: 궁핍과 경이. 플라톤에게 참된 존재로의 사랑과 결합된 경이는, 블로흐에게 (하이데거와 비슷하게) "정착되지 않은, 따라서 고향 상실의 경이"(395)이다; 그것은 철학의 고유한 원천이다. 왜냐하면 그것은 사유를 위한 사유를 자극하기 때문이다. "그런 까닭에 철학자들은 사유를 보통보다 더 어렵게 만드는 속성을 지닌다."(396) 개념에 사로잡혀 있는 소크라테스처럼 철학자들은 실제로 "개념에로의 위험한 욕구"(396)에 사로잡혀 있다. 더욱이 우리가 철학에 관한 서로 다른 구상들을 관찰한다면, 철학은 마치 단순한 "단어, 또는 윙윙거리는 신호"(398)인 것처럼 보일 수 있다. 실제로 **철학**이란 개념은 두 가지 종류로 나타난다: 그 하나는 철학이 개별 학문 이상이라는 소극적 의미를 갖고 있고, 다른 하나는 철학이 "**전체적**이고 **본래적**인 특성을"(399) 지닌 긍정적인 의미를 갖고 있다. "이 저서에서 계속 서술하고 있듯이, 마르크스철학이 세계를 변화시키기 위해 설명에 맞게 세계를 해석함으로써 이 철학은 세계를 결정적으로 새롭게 확장시키는 데 오히려 도움을 주고 있다."(399) 마르크스주의는 창조의 뛰어난 협력자가 되며, 더욱이 세계의 공동 저자가 된다.

물론 오늘날 철학은 더 이상 학문들의 여왕이 아니다. 특히 마르크스주의자에게는 본래 학문들의 공화국만이 존재한다. "학문들의 여왕 또는 학문들의 개관 대신에 철학은 오히려 자신의 고유한 통일 속에서 학문들의 살아 있는 연관체이다. 그리고 더 나아가 전체의 의식 속에서 철학은 **본질**, 짧게 표현하면 **본래적인 것**에서 현상에 관해 시도된 최고의 통찰이며, 무엇보다도 **전체의 과정**을 지향한 통찰이다. 그리하여 철학은 자신의 최고 유산을 가진 **보편적 · 질료적인 경향 학문**(Tendenzwissenschaft) 자체, 즉 세계 물질에 법칙적으로 계속되는 진행에서 어디로부터(Woher), 어디로(Wohin), 그리고 무엇을 위해(Wozu)의 연관을 해명하고 밝히는 학문이다."(399f) 따라서 마르크스주의는 혁명적인 변화 의지를 통해 모든 "지금까지의 단순한 거대 사유"(400)로부터 구분한다. "그리하여 철학은 비록 개별 학문을 넘어서지는 않지만, 무엇보다도 전체적인 개별 학문들 안에서 이러한 목적을 포괄하는 양심과 지식이다."(400) 철학은 경험적인 것을 필요로 할 뿐만 아니라 "보편적 통찰"을 필요로 한다; "철학은 총체적으로 세계의 흐름 속에서 세계를 정확히 알 수 있게끔, 즉——고향을 변화하게끔 지향한다."(400) 여기에서 고향을 상실한 블로흐가 항상 추구했던, 그러나 결코 발견하지 못했던 것이 표현된다: 아직도 알려지지 않은 고향, "유년기에 모두에게 나타났던, 그러나 어느 누구에게도 존재하지 않았던 그 무엇: 고향."(1628) 그리고 그가 당시에 정치적인 고향 소설뿐만 아니라 수많은 철학적 · 신학적인 고향 소설에 영감을 주었던 고향 추구를 그는 고전적 지혜의 행복과 마르크스주의의 정치적 의지가 결합된 것으로 보려고 했다. "만일 철학이 변증법적-유물론적이 아니라면 철학은 더 이상 아무것도 아니며, 만일 변증법적 유물론이 철학이 아니라면 마찬가지로 변증법적 유물론은 더 이상 아무것도 아니다. 따라서 철학은 궁극적으로 무엇인가?——철학은 논리학이고, 사적 변증법적 유물론이며, 인간의 자유와 행복을 위한 과정의 윤리학이고 미학이다."(401)

따라서 블로흐에게 있어서 철학은 우선 현상과 억견의 세계를 비판적으로 통찰하는 것이다. 그러나 그가 저서 《주체와 객체. 헤겔을 위한 설명》(1951)에서 서술하였듯이 만일 마르크스주의가 철학적이 아니라면, 즉 거대하게 열려 있는 지평선으로 진입하는 것이 아니라면 상황분석적 활동은 의미 없는 것으로 남아 있다. 이러한 진입은 소외에 대항하는 이론적-실천적 작업이다.(519) 희망과 과정의 사유가 서로 결합된 예언적 형이상학은 정치적 세계 변화에 거대한 원근법을 상기시키고, 그리고 이것을 이끌고 있음에 틀림없다; 또는 《철학에 있어서 튀빙겐인의 서론》(1970)에서 언급한 것처럼 "새로운 형이상학과 구체적 유토피아는, **초월성 없는 초월적 사유** 속에 하나됨과 같은 동의어이다."(356) 철학은 동화·유토피아·종교처럼 객체적 가능성들에 관한 주체적 예료의 다양한 형식들 가운데 하나일 뿐이다; 그러나 철학은 자신 속에서 인류의 희망을 자각시킴으로써 탁월하다. 그런 점에서 철학은 선취하는 의식일 뿐만 아니라 개념상 명확하게 분절된 미래를 희망하는 반성적 자각이다. 블로흐가 《희망의 원리》에서 공식화했던 바와 같이 철학은 "**Docta spes, 이해된 희망**"(5)이다. 철학은 존재했던 것의 지식이 아니라 "**내일의 양심, 미래를 위한 당파성, 희망의 지식**"(5)이다. 구원과 고향의 보편적인 요구를 반성하는 철학은 단지 보편적·선취적 의식의 개념적 형식이다. 이 의식은 생성하는 실재성의 과정과 상응한다. 철학은 앞서-나타남(Vor-schein)을 출현하도록 한다. 블로흐에게 있어서 철학은 동경을 자기-스스로-파악하는 것, "동경의 해석학"(비교. 5)이다. 이로써 철학은 구원 희망을 자신의 주요 동기로서 의식한다.

2. 프랑크푸르트학파:
이데올로기 비판으로서의 철학

소위 프랑크푸르트학파는 사회 연구를 위한 프랑크푸르트 연구소 (Frankfurter Institut für Sozialforschung)에서 유래한다. 이 연구소는 한 유대 곡물상인의 개인적 자선기금에서 출발하며(1924), 처음부터 마르크스주의의 경향을 지니고 있었다. 1933년 연구소는 문을 닫게 되었지만, 중요한 연구소의 재산은 이미 외국으로 옮겨졌다. 그곳에서 재정 투기로 인해 재산을 그후 계속적으로 잃게 되었다. 세계대전 이후 연구소는 새롭게 재건되었지만(1950), 사회 연구의 연구소로서 이전의 규모를 더 이상 회복할 수 없었다. 프랑크푸르트학파가 전쟁 후에 등장했던 것처럼, 좁은 의미에서의 프랑크푸르트학파는 근원적으로 아주 강한 사회철학적 방향을 지니고 있었다. 이 방향에서 철학은 본질적으로 이데올로기의 비판으로서, 그리고 이 이데올로기의 비판은 계몽의 현대적 형식으로 이해되었다. 사실 프랑크푸르트학파의 철학은——무엇보다도 제2차 세계대전 이후——넓게는 극단적인 염세적 문화 비판으로, 가장 넓은 의미에서는 정치적 문화 비판으로 나타난다. 이 학파에 함축되어 있는 세계 변화의 경향과 인류 구원의 유토피아적 희망은, 무엇보다도 이 대표자들에게 끼친 쇼펜하우어의 영향으로 인해, 그러나 또한 어떤 엘리트적인 유미주의로 인해 처음부터 한계를 지녔다.

α) 호르크하이머: 이성의 자기 개혁

막스 호르크하이머(1895-1973)는 슈투트가르트의 보수적이고 부유한 유대인의 가정에서 태어났다. 아버지는 직물 제조업자였다. 1914년 이후 호르크하이머는 기업의 2세 경영자였지만 쇼펜하우어의 영향을 받아 일찍이 공부를 결심했다. 우선 그는 프랑크푸르트에서 신칸트주의의 영향에 빠졌지만 그후 이와 거리를 두었다. 무엇보다도 그는 열정적으로 후설을 연구하였다. 박사학위와 칸트에 관한 논문으로 교수자격을 취득한 이후, 1930년 프랑크푸르트대학교에서 그를 위해 설립한 사회철학 교수직에 임용되었으며, 사회 연구를 위한 연구소의 소장이 되었다. 1933년 스위스를 거쳐 미국에 이민하였다가 1949년 프랑크푸르트로 돌아왔지만 미국의 시민권을 갖고 있었다. 소위 말하는 학생 운동이 일어나기 10년 전에 그는 이미 테신으로 돌아왔다.

시리즈의 논문인 《전통 이론과 비판 이론》(1937)에서 호르크하이머는 새로운 사회 지향적인 철학의 기초를 정립하려고 시도한다. 이 철학은 그후 비판 이론으로서 널리 알려지게 되었다. 이것은 사회학적으로 작업되었지만 (시민)사회학의 한계를 뛰어넘어야 한다; 새로운 사회철학은 좁은 의미이든 넓은 의미이든 간에 학으로서의 철학이어야 한다. 호르크하이머는 소위 말하는 전통 이론과 거리를 두고자 한다. 그러나 이 전통 이론은 궁극적으로 신적 관점이려고 했던 고대 철학의 이론(theoria)이 아니라, 명제들의 체계로 이루어진 보편학의 의미에서의 이론이다. 호르크하이머는 이 보편학을 현대 철학의 자기 이해로 규정하고, 더욱이 합리론적인 변수뿐만 아니라 경험론적 변수에서 자기 이해로 규정한다. 그러나 전통 이론은 시민 계급 학자들의 잘못된 자기 의식에 기인하고 있다. 그들은 "노동 과정에 대한 독자성의 가상"
(171)에 빠져 있고, 그리고 "학적 직업이 노동에 있어서, 인간의 역사
적 활동성에 있어서 의존적인 요소"(172)라는 사실을 보지 않으려 한
다; 그들은 이러한 방식으로 과학의 발전이 "과학 내적인 과정일 뿐만
아니라 사회적 과정"(170)일 뿐이라고 잘못 알고 있다. 그에 반하여 비
판 이론은 사회 자체를 대상으로 삼는다. 왜냐하면 사회는 이 사회의
이성적 상황들의 관심에 의하여 규정되고, 따라서 카를 마르크스의 정
치경제의 변증법적 비판을 지향하고 있기 때문이다. 특이하게 "태도
(Verhalten)" 또는 "사유 방식(Denkart)"(180f)이라고 일컬어지는 비판 이
론에서 오늘날의 사회 모순은 의식화되어야 한다――궁극적으로 오늘
날의 긴장을 실재로 벗어나기 위하여, 그리고 참된 동일성을 위해, 인
간 내지 사회에 도움을 주기 위해. 왜냐하면 인간은 역사의 과정에서
실존의 모순성을 인식할 수 있기 때문이다.

　물론 호르크하이머에 있어서――마르크스와 프롤레타리아의 역할
을 지향하고 있음에도 불구하고――"프롤레타리아의 상황이 (…) 올바
른 인식의 보증은 아니다."(187) 프롤레타리아의 의식이 자동적으로
역사의 가능성을 높이지 않기 때문에 "이론가와 그의 사유를 적용하
는 계급 사이에 긴장"(189)이 놓여 있다. 여기에서 "자유로운 인류의
공동체가 현존하는 기술적 수단에서 가능한 것과 같이 자유로운 인류
의 공동체로서 미래 사회의 이념"(191)을 명백하게 전개시키는 데 어
려움이 있다. 왜냐하면 비판적 사유는 선취적이지만 겉으로는 우선적
으로 "현재의 결핍"(190) 및 결핍의 "비밀"(191)과 연관하고 있기 때
문이다. 그리하여 비판 이론은 우선 오로지 부정적으로, 즉 오늘날 역
사적으로 생성된 화폐 경제의 비판으로 나타날 수 있다. 비판 이론은
――어떤 전공 학문처럼 엄격한 의미에서――본질적으로 "대립 이론

(oppositionelle Theorie)"(202)이다. 이 이론은 이론과 실천의 통일을 고집하고 자유로운 인류의 목적을 지향하고 있다. "그러나 현재의 사회 형태로부터 미래의 사회 형태로 이행함에 있어 인류는 최초로 자신을 의식된 주체로 정립해야 하고, 자신의 삶의 형태를 적극적으로 규정해야 한다."(207) 그런 점에서 비판 이론은 역사 속에 연루되었음을, 그와 동시에——역사를 초월함으로써——자신이 전체 역사의 진리임을 안다. 물론 비판 이론은 결코 증명될 수 있는 진리를 제시하지는 않는다. "모든 논리적 기준의 인장으로 본다면, 비판 이론은 시대의 마지막까지 승리를 통한 확증을 갖고 있지 않다."(215) 그리하여 비판 이론은 근본적으로 부정적이거나 비판적으로 머물고 있다. 그럼에도 불구하고 "오늘날에 있어 인류의 미래는 (…) 비판적 태도의 현존"(216)에 달려 있다. 이로써 참된 인간 존재는 비판 이론의 참된 비판에 의존된다; 인류의 미래는 증명될 수 없는 구원의 진리에 달려 있다. 그러나 이것은 승리를 통한 진리로서 역사의 종말에야 비로소 증명될 것이다.

1937년에 쓰인 부록에서 호르크하이머는 비판 이론의 철학적 성격을 강조한다. 비판 이론은 (총체성으로서의 사회로부터 출발하는) 총체성의 철학이다. 이것은 학이며, 더욱이 좁은 의미이든 넓은 의미이든 예시된 학이다. 그럼에도 불구하고 비판 이론은 "사실 숭배와 이와 결합된 사회 일치주의"(218)와 대항한다. 보수적 실증주의와는 달리 비판 이론은 인간을 세계의 생산자로 파악한다——그런 점에서 비판 이론은 "칸트 이후 (…) 독일관념론"(218)과 일치한다. 물론 비판 이론은 인간의 생산성을 사회적 실천으로, 정확히 말하면 물질적 · 사회적 노동으로 이해한다. 비판 이론은 "노예적 상태로부터 인간의 해방"(219)을 위해 작업하며, 무엇보다도 "개인의 자유로운 발전은 사회의 이성적 상태에 의존하고 있다"(219)는 사실을 인식하는 데 있다——비판 이론은 "올바른 철학"(224)이다. 그러나 호르크하이머에 있어서 비판 이론은 어떤 한계 속에 놓여 있는 것처럼 보인다. 이 이론의 목적은 모든 개인의 행복이다. 이 행복은 정치에, 즉 이성적이고 자유로운, 다시 말해 자기 스스로 규정하는 사회에 의존하고 있다. 그러나 "이것은 결코 만족스러운 긍정은 아니다. 가능성의 충족은 사회적 투쟁에 달려 있다. (…) 그리고 새로운 사회가 건립된 후에도 성원들의 행복이 결코 오늘날의 사회에서 침몰되고 있는 궁핍을 보상하지는 않는다. 이 이론은 지지자들에게 구원을 창조하지 않는다."(224f) 여기에서 이미 비판 이론의 수행 능력에 대한 의문이 드러나는 것처럼 보이며, 적어도 자신의 논증을 벗어나고자 하는 욕구가 드러나는 것처럼 보인다. 그런 까닭에 호르크하이머는 곧 전통 이론 내지 전통철학에 다시금 접근한다.

그 논문 《철학의 사회적 기능》(1940)에서 호르크하이머는 다시금 사회에 있어 철학의 역할을 설명하고자 한다. 즉 철학은 궁극적으로 사회적 욕구들에 의해 규정된다. "그러나 사회적 실천은 철학을 위한 척도를 제시하지 않는다: 철학은 어떠한 결과도 지시할 수 없다."(335) 특히 철학은 사회적 실재성을 단순하게 규범으로 삼을 수 없다. 왜냐하면 철학은——개별 학문과 달리——"실재성과 긴장의 관계"(336)를 지니고 있기 때문이다. "실재성에 대한 철학의 저항은 철학의 내재적 원리에 기인한다. 철학은 인간의 행위와 목적이 맹목적인 필연성의 산물일 수 없음을 주장한다."(336) 이로써 이제 호르크하이머는——모든 (사회학적인) 보편적 이데올로기의 의혹에 대립하여——학자 내지 지식인의 개별적 독립성, 즉 이데올로기의 비판을 위한 철학의 자유를 다시금 요구한다. 그에게 있어서 "철학과 현실성 사이의 긴장은

(…) 근본적이다”; 긴장은 “사상을 결코 중지시키지 못하게 하고, 그리고 일반적으로 견고하고 없애기 어려운 힘 또는 영원한 법칙으로 간주되는 삶의 모든 요인들을 특별한 통제하에 두려는 철학의 내재적 경향”(339f)에 기인한다. 달리 표현하면 철학은 다소간에 자율적인 개인들의 자유로운 사유의 결과를 통한 비판이다. 철학은 바로 사회적 이데올로기가 아니라 이데올로기 비판이며——또는 그래야만 한다. 그리하여 철학은 “항상 자기 자신으로, 자기의 고유한 이론적 활동성으로 되돌아가야 한다.”(340) 놀랍게도 이러한 전통적 관점으로부터 호르크하이머는 이제 철학을 단순히 사회적 이데올로기로 간주했던 모든 해석을 거부한다. 이 해석은 “어느 정도까지는 올바르지만” 그러나 표면적일 뿐이다. 왜냐하면 사회적 집단화 자체는 여전히 “역사적 과정에서”(342) 설명되어야 하기 때문이다. 짐작하건대 호르크하이머는 이것을 가능하다고 본다. 즉 이데올로기로부터 자유로운 참된 이론의 전제하에서 가능하다고 본다. 이 이론은 역사를 포괄하는 이론으로 나아가야 한다. 이데올로기로서의 철학이 지니고 있는 의미 배후에는, 그가 명백하게 보았던 것처럼 근본적으로 “철학적 진리와 이로써 진리 일반은 인류를 위해 존재하지 않고, 모든 사유는 ‘존재와 결합’되어 있다”(343)는 표상이 놓여 있다. 그러나 철학에 대한 이러한 해석은 단지 회의론의 결과를 낳게 한다. 호르크하이머는 분명하게 사회적 이데올로기에서 철학을 해소하려 하지 않고 철학의 사회적 과제를 부여잡는다. 그에게 있어서 사회와 철학의 결합은 확고한 의미에서의 재결합이 아니라 오히려 목적 결합이다. 철학은——아마도 각각의 사회적 상황에서 자유로운 통찰을 근거로 한——실천적 내지 계획적이다.

철학의 참된 사회적 기능은 “현존의 비판”(344)에 있다. 즉 인간은

"사회가 지금의 조직 속에 투여한"(344) 이념에 휩쓸린다; 일상적이고 사회 일치적 사유는 단지 소외만을 산출한다. 따라서 철학은 전체를 희생한 모든 일면성과 자명성에 저항해야 한다. 철학은 전체 속에서 선을 위한 투쟁이다. 지금 언급하고 있는 것과 같이 "일면성을 부정하고 유연적이고 포괄적인, 그리고 실재성에 보다 더 잘 적합한 사유 조직으로 나아가려고 하는 것이 플라톤의 목적이었다."(344) "철학자가 통치해야 하는 그의 요구는 이것을 목표한다."(346) 우리가 마르크스주의는 대부분 플라톤을 이상주의와 봉건주의로 저주했다고 평가할지라도, 여기에서는 계몽주의와 비판을 뛰어넘어 이론적 체계 형성과 실천적 지배를 향한 희망으로 명백하게 드러나고 있는 것 같다. 호르크하이머는 무엇보다도 철학의 지도 아래 사회의 이성적 유기체를 위한 투쟁에 있어서는 모든 위대한 철학자들이 일치한다고 믿는다. "철학은 세계 속에 이성을" 더욱이 "비판적이고 변증법적인 사유의 전개를 통해 성취하려는 방법적이고 지속적인 시도이다."(347) 오래된 그리고 동시에 영원한 철학의 이러한 과제는 오늘날 현실적인 알력들로 인하여, 특히 공허한 이상주의와 사회적 현실성 사이에 지배하고 있는 차이로 인하여 더욱더 시급하게 요구된다. "무엇보다도 오늘날 전체의 역사적 역동성은 사회적 현실성의 한가운데 철학을 위치시켰고, 또한 철학의 한가운데 사회적 현실성을 위치시켰다."(348) 이러한 사회적 주장의 정당한 요구를 들어 주기 위해 무엇보다도 (도덕적 또는 심적 조건들뿐만 아니라) 인식의 사회적 조건에 대한 심화된 숙고 이외에 도덕과 낙관주의도 요구된다. "플라톤 이래로 철학은 결코 인간과 민중에 이성이 토착화할 수 있게 하는 참된 이상주의를 포기한 적은 없었다."(349) 그리하여 (새롭게 규정된) 계몽의 회복은 결국 프랑크푸르트학파에서 플라톤적 철학자의 왕에 다시금 안착하는 것처럼 보인다. 물론 호르크하이머는 정치에 비판 이론의 직접적인 적용을 꺼린다. "프랑스의 계몽주의처럼 특별한 시대에만 철학은 스스로 정치화된다."(351) 오늘날 정세는 그렇게 단순하지 않다. 철학은 더 이상 유토피아를 전개할 필요는 없다. "오늘날 우리의 과제는 오히려 미래에 이론의 능력과 이론으로부터 성장한 행위 능력을 잃지 않도록 보증하는 것이다."(351) 이를 위하여 항상 비판으로서의 철학, 즉 현상과 본질을 구별하는 능력과 현실을 진정하게 인식하는 능력이 요구된다──이를 위하여 항상 신중함과 판단력, 따라서 이성이 요구된다.

1944년의 강의를 토대로 한 저서 《도구적 이성의 비판》(1967)에서──이것은 《이성의 실추》(1947)라는 표제 아래 영어로 발간되었다──호르크하이머는 그가 현대적 이성의 축소로 규정한 것의 결과들, 즉 소위 말하는 객체적 이성(전체 속에, 더욱이 자연과 사회 속에 현실의 이성화 또는 질서)을 무시하고 이성을 주체적 이성(정식화된 사유, 질서, 연역, 궁극적으로 목적-수단-합리성)에로 환원한 결과들을 탐구했다. 이성의 위기를 야기한, 그리고 주체적 이성에게 객체적 이성의 획득을 불가능하게 한 주체적 이성과 객체적 이성의 분리가 본래 고대로부터 이어져 나왔으나 산업주의에서 정점을 이룬 물화(Verdinglichung) 과정 속에서 개성의 자기 파괴를 이끌었다. 이 물화는 철학적 사유의 보편적 몰락과 상응한다. 그러나 호르크하이머는 "이러한 몰락 과정의 철학적 의식만이 다른 방향을 제시하는 데"(165) 도움을 줄 수 있다고 희망하기 때문에 어떤 철학이 "참된 철학"(182, 비교. 165ff)인지를 설명해야만 한다. 철학은 결코 "도구도 처방"도 아니다. 그가 지금 주목했던 바와 같이 "역사적 진행에 있어 비판적 통찰"만이 복귀된 이론으로 바뀔 수 있다; 그러나 또한 "그것이 논리적이고 사실적인 필연성들을 통해 규정된 것처럼 역사적 진행의 비판적 통찰이 앞서 진보의 진행에 대한 윤곽을 그릴 수가 있다.”(167) 이런 의미에서 호르크하이머는 이제 (특이하게도 수단으로 정식화하면서) 자율성의 올바른 사용에”(165 f.) 특히 사유의 용기에 희망을 건다. “철학에 대한 신뢰는 우리에게 사유 능력을 위축하게 하는 공포로부터 벗어나는 것을 의미한다.”(165) 그리하여 철학자는 **내킨 김에**(en passant) 다시금 이성의 영웅이 된다.

이로써 비록 호르크하이머가 헤겔처럼 형식적인 정의를 피하고자 했지만 철학의 정의에 대한 물음이 제기될 수 있다. “철학의 정의는 없다. 철학의 정의는 철학이 말해야 할 것의 정확한 서술과 동일할 따름이다.”(167) 특히 오늘날 파괴되어 버린 전체성으로서의 진리는 여전히 목적으로 남아 있을 뿐이다. “각각의 개념은 모든 것을 포괄하는 진리의 단편으로 보아야 한다. 모든 것을 포괄하는 진리 속에서 각각의 개념은 자신의 의미를 획득한다. 또한 그러한 단편으로부터 진리를 구성하는 것이 철학의 가장 중요한 작업이다.”(169) 따라서 우선 “잘못된 절대성의 잔해로부터 상대적 진리들의 구출”(182)이 중요하다. 주체와 객체, 정신과 자연의 분리 이후——이론적 총체성은 오늘날 실천적 위기를 의미하기에 이르렀다. “통일성을 요구하는 소박한 경향은 정신의 주장을 총체적 지배성에 근거하려는 시도를 말한다.”(171) 그리하여 호르크하이머는 모든 철학적 관념론과 일원론, 자연주의에 대립한다. 그의 문제는 주체적 이성과 객체적 이성의 분열된 제약들하에서——“현재의 상황에서 무기력한 **반란**(coupe de forche)이 나타나지 않고”(170)——이들의 관계를 적절히 설명하는 것이다. “철학의 과제는 한 개념을 다른 한 개념에 대립시켜 집요하게 승리를 구가하는 데 있지 않으며, 단지 상호 비판을 요구하는 데 있다. 그리고 가능하다면 정신 영역에서 두 개념의 화해를 실제로 준비하는 데 있다.”(175)

특히 오늘날 주체적 이성이 난폭하게 되어 버린 자기 보존의 충동에 봉사함으로써 의기양양하기 때문에 객체적 이성에 대한 강조가 중요시되어야 한다. 그런 점에서 칸트의 비판적 길이 다시 한번 헤겔의 변증법의 방향에서 극복되어져야 한다——생성하는 이성의 현실 가능성이 다시금 가시화되어야 한다. 이때 호르크하이머는 흥미롭게도 곧바로 자기 보존의 충동과 이에 봉사하는 주체적 이성에 희망을 건다. "자기 보존의 이념, 즉 주체적 이성이 광신적으로 추구하고 있는 원리는 동시에 객체적 이성이 자기 보존의 운명을 방어할 수 있는 이념이다."(176) 왜냐하면 자기 보존은 궁극적으로 초개인적인 질서 속에서만, 사회적 연합 속에서만 도달될 수 있기 때문이다. 물론 이것은 개인이 우선적으로 언젠가 파악해야 하는 것이다. 따라서 이성은 자기 비판을 통해 지금의 한계성을, 두 개의 대립된 이성 개념의 결합과 분열을 인식해야만 한다. 즉 이성은 자신의 고유한 질병을 인식해야만 한다. "이성의 질병은 근원적으로 자연을 지배하고자 하는 인간의 욕망에 기인한다. 그리고 '회복'은 최후 증세의 요양에 달려 있는 것이 아니라 근원적 질병의 본질을 파악하는 데 달려 있다."(176) 또한 호르크하이머는——그의 방식에서——최우선적으로 자기 인식을 요구한다.

이를 위해 우리는 새로운 또는 "참된 이성의 비판"(176)이 필요하다. 이 비판은 역사의 초기까지 소급되어야 한다. 인간의 정신은 본래 인간과 자연과의 통로를 항상 왜곡시켰다. 왜냐하면 인간의 정신은 자연을 언제나 객관화시켰기 때문이다. 즉 "인간이 세계를 계산적으로 관찰함으로써 자연을 노획물"(177)로 만들었기 때문이다. 따라서 이성이 "목적을 단순하게 추적"(177)하는 한 오늘날 이성의 광기는 근본적으로 이성의 본성에 속한다. 따라서 호르크하이머는 (다른 철학자와 마

찬가지로) 곧 악화된 상황에서 이성의 절대적인 악용으로부터 이성의
복귀에 희망을 품는다. "이성의 자기 비판 가능성은, 첫째 이성과 자
연의 적대성이 시급하고 숙명적인 국면으로 접어들었다는 것을 전제
하며, 둘째 완결된 소외가 이 단계에서 진리의 이념에 가까이 갈 수
있다는 것을 전제하고 있다."(177) 호르크하이머는 도구적 이성의 변
혁과 이성의 자기 지양을 희망한다. 왜냐하면 그는 여전히 진리의 '섬
광'이 현존하고——항상 존재하고 있음을 믿을 수 있고, 또한 확신하
고 있기 때문이다. "이성은——지배의 경향을 지니고 있는——자신의
'자연성'을 구체적으로 의식한다. 즉 역설적으로 자연으로부터 소외
되는 경향을 구체적으로 의식한다. 이를 통해 이성은 자연 이상의 것
일 수 있다. 따라서 이성은 화해의 도구인 까닭에 도구 이상의 것이다."
(177) 그리하여 호르크하이머는——알려진 바와 같이 종말론적 위기
규범에 따라——도구주의의 좌절을 통하여 근본적인 전환, 즉 새로운
"이성의 해방"(177)을 기대한다. 그의 주장에 따르면 생동하는 언어와
예술의 실례들이 방향을 제시할 수 있다.

　호르크하이머는 철학의 과제에 대한 그의 관점을 다시 한번 확정적
으로 요약한다. 철학은 실천적으로 수행되어야 한다. 그러나 "철학은
결코 선전으로 이용되어서도, 가능한의 목적을 위해 이용되어서도 안
된다."(183) 결국 호르크하이머는 진리 때문에 진리를 변호하고 있음
이 틀림없다. "철학은 명령하는 데 관심이 없다. (…) 철학이 어떤 것을
수행해야 한다면, 철학의 첫번째 과제는 이 상황을 극복하는 데 있다."
(183) 현실의 이러한 극복, 해방(자기 해방), 또는 초월(상황 극복)은 최
소한의 형식에서 가능하다는 것이 명백하게 전제되어 있다.(185) 단지
철학은 인류의 길에 빛을 제시할 수 있을 뿐이다. 계몽으로서의 이러
한 철학의 특성으로——블로흐에서와 마찬가지로——철학은 "인류

의 기억과 양심"이며, 역사철학에서 강조되었던 바와 같이 철학이 "역사의 감화 수단"(185)이라는 과거의 주장도 필연적으로 강조된다. 그리고 이러한 관점에서 호르크하이머는 자신의 비판을 도구적 이성의 비판으로 보고 있다. "과학이 우리에게 자연의 무지에 대한 공포를 극복하는 데 도움을 주었을 때, 이제 우리는 우리 자신이 산출한 사회적 속박의 노예이다. (…) 우리가 계몽과 정신적 발전을 사악한 힘, 악마와 요정, 맹목적인 운명의 미신으로부터 인류의 해방으로——간단히 말해서 불안으로부터의 해방으로——이해한다면, 오늘날 이성이라고 부르는 것의 고발이야말로 이성이 행할 수 있는 가장 위대한 봉사이다."(185f) 그리하여 호르크하이머는 철학과 철학의 사명을 결코 경시하지 않는다. 여전히 그는 "인류에 확실한 믿음"(185)을 갖고 있는 것처럼 보인다.

호르크하이머는——추측컨대 그가 의식하였던 것보다 더 많이——구약 시대의 종교 이외에 낭만주의적인 진보 비판과 쇼펜하우어의 염세주의에 영향을 받았다. 그는 단순한 주관적 또는 도구적 이성의 비판을 통해 인간에게 인간과 자연의 화해 가능성을 밝히려고 했다. 이때 그는 자본주의의 비판으로부터 출발했으나, 마지막에는 총체적으로 지배된 세계의 현상을 사회주의에서 보았다. 그럼에도 불구하고 그는 염세주의에 빠지지 않았다. 왜냐하면 그의 사유는 마지막까지 인간적 통찰에 희망을, 그리고——성장 척도에 따라——미지의 신에 대한 믿음을 갖고 있었기 때문이다. 이데올로기 비판으로서의 철학은 근본적으로 이 세계의 불안, 인간의 총체적 지배, 그리고 이기주의적인 욕구 만족으로부터 벗어날 수 있는 철학적 사유의 단순한 중간 단계와 도구가 되었다.

b) 아도르노: 물화와의 싸움

테오도르 비젠그룬트 아도르노(1903-1069)는 프로테스탄트로 개종한 거대한 포도주상인 유대인 아버지와 코르시아의 귀족 출신으로 기독교 가수인 어머니 사이에서 태어났다. 프랑크푸르트 출신으로 그곳에서 철학과 사회학·심리학·음악학을 공부하고, 먼저 음악적 경력을 쌓는 데 전념하였다. 후설에 관한 박사학위를 취득한 후에 그는 빈으로 가서 작곡을 공부하고, 음악비평가로 활동하였다. 그후 프랑크푸르트로 돌아와 철학과 시간강사로 재직하였다. 1933년 강의 허가가 취소되었을 때, 그는 우선 새로운 정치적 상황에 대한 명확한 표상도 없이, 아마도 정치적 이유 때문에 독일에 머물러 있었다. 그러나 1934년 그는 옥스퍼드로, 그리고 그곳에서 1938년 미국으로 갔다. 1949년 그는 호르크하이머와 함께 프랑크푸르트로 돌아왔다. 프랑크푸르트에서 매우 성공적으로 학생들을 가르쳤다. 그러나 종국에는 극좌파로 활동했던 제자들과 갈등을 겪었으며, 그후 곧 심장마비로 사망하였다.

미국에서 아도르노는 전쟁중 호르크하이머와 공동으로 《계몽의 변증법》을 저술하였다. 그후 이 책은 프랑크푸르트학파의 가장 유명한 저서가 되었다; 이 책은 1944년 뉴욕에서, 1947년 네덜란드에서 출간되었지만 60년대에 와서야 비로소 유명하게 되었다. 출발점은 파시즘에서 드러난 파멸의 경험이다. 이 파시즘은 자신을 오해하고 자신을 파괴하는 계몽의 귀결로서 해석된다. 이때 계몽 자체는 엄격한 역사적 의미로 이해된 것이 아니라 18세기로부터 출발한 근대의 과학—기술적 합리성, 특히 모든 개념적 합리성 일반의 명칭으로 이해된다. 호르크하이머와 아도르노에 의하면, 이 사유 방식은 물화와 지배욕의 합리성으로서 비-동일적인 존재를 잘못된 동일성으로 강요하고, 그리고 이를 통해 객체뿐만 아니라 역작용으로 주체도 퇴화시킨다. "동일하고, 목적 지향적이며, 남성적인 특성이"(비교. 50) 형성하는 만큼이나 자연으로서의 인간은 파괴된다. 이러한 의미에서(순수한 개념적·'과학적' 세계 설명으로서) 계몽은 신화와 대립한다. 그러나 한편으로 세계 설명으로서의 신화는 그 자체 이미 계몽이며, 다른 한편 자신에 무비판적인, 자신을 독단화하는 사유로서의 계몽은 다시금 신화가 된다. 이로써 어떤 방식이든 모든――언제나 불투명한――계몽은 신화와 동일하다. 따라서 신화로부터 이성에로의 발전이라는 과거의 표상에 계몽의 변증법에서 파멸이라는 역사의 표상이 나타난다. 이 역사는 근본적으로 결코 도피할 수 없는, 모든 것을 옭아매는 기만의 체계를 생산한다. 이때 근원적으로 이성을 통해 자유를 목적으로 했던 계몽은 계몽 자체의 곡해로 인해 과학기술적 실증주의가 된다; 계몽은 자기 자신과 대립됨으로써, 그가 특히 문화 산업에서 표현한 것처럼 집단 기만이 된다. 혁명적인 "참된 역설"은 모든 잘못된 절대화의 회피가, 어떤 희망도 없는 "잘못된 절대성과 맹목적 지배"(비교. 48, 59)의 포기가 불굴의 이론에 성공될 때에만 가능하다. **신**의 이름을 피하고자 했던 종교 때문에 유대인들은 일찍이 합리적 물화의 광기와 보편적 기만 연관에 면역되어 있는 것처럼 보인다.(비교. 40f) 그러나 문화비판자, 과학비판자, 그리고 사회비판자인 호르크하이머와 아도르노는 (그들의 엘리트적 자기 의식 때문만이 아니라) 자연스럽게――적어도 하나하나――보편적 기만 연관의 파멸에서 자신들을 제외시킨다. 왜냐하면 그래야만 도중에 그들의 비판이 기만이 아님을 주장할 수 있기 때문이다.(비교. 294)

《무엇을 위한 철학인가》(1962)의 강연에서 아도르노는 우선 철학의 상황, 즉 그가 현대성의 관점에서 철학을 어떻게 보고 있는지를 서술한다. 철학은 "삶의 지배"를 위한 기술을 제공하지 않으며, 철학은 결코 도야를 위한 매개가 아니다. 철학은 오랫동안 실증과학과의 오해 관계에 있다. 더욱이 철학 자체는 특수 학과로 전락되었다. 이 학과는 확고한 모든 내용을 도외시하고, 이로써 "전공 지식의 전횡에 복종해서는 안 되는 그런 정신의 자유"(460)를 상실했다. 오늘날 철학은 단지 형식논리학과 과학 이론, 또는 모든 존재자로부터 멀어진 존재의 이야기일 뿐이다. 이로써 철학은 실재적인 사회적 목적에 대하여 파산 선고를 한다. 전체의 인식 대신에 철학은 단지 사회적 분업 속에서 묶인 채 고립되어 있다. 그러나 본래 철학은 비판 또는 저항이다. "철학이고자 하는 철학은, 그리고 철학사와 실재적 역사의 배후를 유치하게 뒤따르지 않은 철학은 오늘날 진행되고 있는 관습과 철학이 봉사하고 있는 것에 저항할 때 생명력을 지니고, 단지 한번만 존재하는 것에 정당화를 부여하는 것에 저항할 때 생명력을 지닌다."(460f.) 오늘날 철학은 본질적으로 부정이다.

이런 배경으로 인하여 아도르노에 있어 모든 미래 철학은 딜레마에 빠진다. 한편으로 전통철학이 주장한 총체성은 오늘날 불합리하게 된다. 다른 한편으로 철학에 있어서 전체성의 제시는 포기될 수 없다. "여전히 총체로서, 체계로서 우쭐거리려는 철학은 광기의 체계가 된다."(461) 그러나 철학이 총체성의 주장을 포기한다면, 철학은 지금까지 존재했던 것 그 이상은 아니다. "그것은 철학이 광기의 체계로부터 소위 실재성을 치유하기 위해 지불해야 하는 대가이다."(461) 따라서 철학의 상태는——철학에 의해 인식된 사회 상태와 마찬가지로——근본적으로 절망적이고 부조리하다. 참된 사유는——구약 시대의 우상금지에서처럼——일종의 (변증법적) **부정철학**(philosophia negativa)이

된다. "철학은 모든 것에 스스로 책임을 져야 하는 것처럼——철학은 더 이상 절대자를 강하게 기억해서는 안 된다. 더욱이 철학은 절대자를 배반하지 않기 위해 절대자의 사상을 금지해야 하지만, 강력한 진리 개념을 결코 폄하해서도 안 된다. 이러한 모순이 철학의 요소이다. 이것이 철학을 부정으로 규정한다."(461) 여기에서 총체성 또는 절대성이 무엇을 의미하든지간에 비판 개념은, 아도르노에 의하면 파괴된 체계 속에서 살아남은 파편이다. 철학은 비판이고, 더욱이 이데올로기의 비판뿐만 아니라 사회의 비판이며 가상의 모든 총체성과 이에 상응하는 광기 체계의 비판이다. 사회적 이데올로기 때문에 존재 또는 단지 가상적인 존재를 독단적으로 기술하는 것을 두려워하는 아도르노는 철학을 현실의 긍정적 사유로 파악할 수 없다. "철학이 아직도 필요하다면, 비록 자기 자신을 극복하는 것이 사상의 무능한 시도일지라도 과거처럼 비판으로서, 널리 유포된 타율성의 저항으로서 필요하다." (464) 이것은 명백하게 아도르노가 필사적으로 고집한 자기 규정의 의미에서 정신적 자유이다. 이 정신적 자유는 그에게 사유와 행위의 가능한 척도를 제공한다. 철학은 "자유의 피난처를 창출해야"(464) 한다. 그리고 오늘날 아직도 가능한 "희망의 흔적"(465)을 보이게 하는 사회적·정신적 타율성과 이데올로기를 제시함으로써 자유의 피난처를 창출해야 한다.

비판으로서의 철학은 우선 철학 자체의 비판, 즉 잘못된 철학 "테러" 의 비판이다. 이 철학은 논리실증주의와 하이데거의 존재론처럼 단지 물화하는, 그리고 물화된 의식의 상보적 두 형식만을 제시한다.(비교. 468) 비판은 대립되고 절대화된 계기 속에서 진리를 분열시키는 강제적 특성을 드러냄으로써 간접적으로 전체를 예측하고, 그리하여 스스로 매개 또는 변증법이 된다. 비록 이것은——헤겔과는 다르게——부정에 머물고 있지만. "변증법은 결코 제삼자의 입장이 아니고, 내재적 비판을 통해 자기 자신과 자의적인 입각점의 사유를 뛰어넘어 철학적 입장을 도출하는 시도이다."(467) 변증법의 과제는 "자명성의 가상과 불가해성의 가상을 해결하고"(467) 외견상 무매개적인 것과 직접적인 것을 매개된 것으로서 나타내는 내지 최우선적으로 매개하는 시도이다. 그런 까닭에 철학은 오늘날 모든 것을 지배하는 과학의 위상에 직면하여 이데올로기 비판으로서 존재해야 하고, 무엇보다도 과학 비판이어야 한다. 정확히 말해서 "철학은 과학주의의 철학적 비판이다": 왜냐하면 "자율성의 매체인 과학이 타율성의 기구로 전락하였기 때문이다."(468) 과학은 더 이상 독단적인 돌봄으로부터 보호하지 못하고, 오히려 자신을 돌본다. 과학 맹신의 모습 속에서 새로운 종류의 잘못된 의식이 발생되었다. 과학 비판은——"손상되지 않은 의식이 본래적으로 목적하였던"(468) 희망에서——이러한 훼손의 파괴이다. 비록 아도르노가 "속박으로부터 벗어나는 철학의 잠재력"을 믿었지만, 그러나 그는 다음의 사실을 그려내려고 시도하지 않았다. 즉 "전통철학은 철학이 의미하려 하는 것과 자신을 혼동함으로써, 전통철학이 졸렬하게 세웠던 것이 자유롭고 그리고 자신을 반성하는 그러한 의식에 펼쳐졌다."(469) 철학자는 절대자의 이름으로 더 이상 말해서는 안 되며, 이것을 결코 생각해서도 안 된다.

마지막으로 이데올로기 비판으로서의 철학은, 비록 마르크스주의에 의해 고취되었지만 철학으로서 자신을 포기하지 않으려면 오늘날 또한 마르크스주의 비판이어야 한다. 아도르노가 해석한 것처럼 마르크스는 현실화를 통하여 철학을 지양시키려 했다; 그러나 이러한 시도는 실패했고, 프롤레타리아는 좌절의 체계 속에 스스로 함몰되었다. 따라서 마르크스주의에 대한 새로운 숙고가 요구된다. "철학을 하려는 사람은 낡아 버린 의식의 마르크스적 주제를 부정할 때 가능하다."
(469) 명백하게 아도르노는 다음의 견해를 가지고 있다: 한편으로는
철학을 현실화하는 순간이 지체되어 버렸고, 다른 한편으로는 정치적
으로 창립된 변증법적 유물론 속에서 마르크스주의의 전도가 현실화
되었다. "고통, 불안, 그리고 위협의 줄지 않는 지속은 현실화되어서
는 안 되는 사상을 폐기되지 않도록 강요한다."(470) 마르크스주의로
부터 소위 말하는 내적 마르크스주의의 해방으로 아도르노는 사실상
다시금 자기 규정 가능성의 상태를 요구한다. 이 자기 규정 가능성은
이전에 아도르노에 의해 시민 주체의 자율성으로서 비판되었던 것이
다. 그리고 그는 여기서 동시에 절대적인, 이로 인해 성서와 유사한 구
원의 가능성을 약속한다. "철학은 수미일관 자유의 사상으로서"(469)
"지금 그리고 여기에 천국일 수 있는 세계가 왜 내일 지옥이 될 수 있
는지를 인식하기 위해"(470) 오늘날 완전히 소외 상태에 놓여져 있다.
이런 점에서 아도르노는 건강한 세계의 척도를 주장한다. 그러나 이
주장은 변화의 방법을 보지 않고, 단지 오늘날의 좌절된 세계를 인식
하기 위한 것이다. "이성적이고 성숙한 인간성의 회복을 목적으로 하
는 실천은 좌절의 허구 속에서 전체를 생각하는 이론 없이 좌절의 속
박에 머무르고 있다."(470) 실천 속에서 직접 성숙되는 계몽은——더
욱이 칸트가 이미 의식했던 바와 같이——결코 없다. 이 계몽은 대략
교육학으로서 성숙된, 그리고 이성적인 인간을 '회복' 시킬 수 있을 것
이다; 그러나 이를 위한 의지가 일반적인 의미에서의 소외와 특수한
의미에서의 본래적 소외를 숙고하지 않는다면 이것은 근본적으로 소
외를 심화시킨다. 인간이 (전체를 고려하여) 진리를 주장함이 없이 어떻
게 전체의 허구를 생각할 수 있는지 불분명하다.

　아도르노는 비록 철학을 비판과 "투쟁적 계몽"(471)으로 이해하지

만, 1962년에 이미 모든 맹목적 실천과 반자의식적 행동주의에 반대한다. 왜냐하면 이것은 오늘날의 소외를 지속시키기 때문이다. 그에게 있어서 철학은 물화된 의식, 총체적 기능화, 인간의 목적에 사로잡힌 작업의 무력한 비판이며, 따라서 좌절된 세계의 절망적 반항이다. 특히 이 반항 자체도 도구화의 위험에 처해 있다. 그러나 아도르노가 놀랍게도 (호르크하이머와 유사하게) 여기에서 플라톤처럼 완전히 다른 세계에 대한 희망을 보존하려 한다. "의중 유보 없이, 내적 왕국의 환상 없이 기능 상실과 무기력을 자백하는 사유만이 아마도 가능자와 비존재자의 질서를 포착한다. 이곳에서 인간과 사물은 그들의 올바른 장소를 찾을 것이다. 철학은 결코 유용한 것이 아니기 때문에 아직도 뿌리를 뻗지 못하고 있다; 만일 철학이 자신의 과실, 자기 정립을 기만적으로 되풀이하지 않으려면 자신을 증거로 끌어들여서는 결코 안 된다."(471) 블로흐와 유사하게 아도르노는——어떻게 해서든지 전제된 또는 믿음에 의해——단지 예지된, 그러나 사유되어서는 안 되는 가능한 천국과 같은 질서를 지향한다; 왜냐하면 사유는 자율성을 주장하면서도 사유의 독립성, 소위 말하는 철학의 원죄를 항상 새롭게 반복하려는 경향이 있기 때문이다. 따라서 아도르노는 긍정의 사유를 금하지는 않는다. 그는 부정 속에서도 끊임없이 어떤 방식이든 선취적이고 반성적으로 추구하고 희망하면서 긍정과 관계한다. 아방가르드로 간주되는 수많은 역사철학자들에서처럼 아도르노에 있어서도 "철학이 또 다른 것의 잠재력에 의해 관철된 (…) 가장 진보된 의식이다"; 그러나 철학은 소위 말하는 긍정을 소환할 능력은 없다. 왜냐하면 철학은 "구원의 소환이 즉각 좌절을 강화한다"(472)는 사실을 알고 있기 때문이다. 오늘날 철학은 결코 더 이상 구원을 약속할 수 없고 단지 철저한, 해방적이며 변증법적인 사유를 통해 "희망의 가능성"(473)

만을 열어 놓을 뿐이다. 이를 위해 철학은 물론 완전히 "현대적" 즉 활동적이고 동시대적이어야 한다. 그런 점에서 아도르노에게 있어서 철학은 **불변의 철학**(philosophia perennis)으로 파악되지 않고, 헤겔에서처럼 사상 속에서 시대의 진리로 파악된다.

오늘날의 좌절에 대한 아도르노의 근원적인 비판과 과거의 구원 희망과 구원 절망과의 근원적인 친화성은 강의록 제1권의 《철학적 용어들》(여름 학기 1962, 1973년에 발간됨)에서 명백하게 드러난다. 여기에서 철학이란 개념은 놀랍게도 전통적으로 규정된다. 즉 아도르노는 과거의 낱말 의미로부터 출발한다. 과학에서와 마찬가지로 철학에서도 정신은 고착된 사실 영역과 대립하지 않는다. 오히려 철학은 그때그때의 대상들뿐만 아니라 정신의 태도 방식을 통해, 동시에 지혜의 사랑을 통해 규정된다. 그런 까닭에 전통적으로 내려온 규율상의 철학 분류를 고려할 때, 이미 철학의 통일성에 대한 물음이 제기된다. 아도르노는 철학의 "분류(Sparten)"를 물화와 노동 분업의 생산물로 이해한다. 만일 철학이 "물화된 의식과 대립하려면"(77) 물화와 생산물에 머물러 있을 수는 없다. 철학은 모든 전문과학과의, 즉 강화된 노동 분업의 물화된 의식뿐만 아니라 모든 소박성 일반과의 결별이다. 이로써 철학은 이미 플라톤에서처럼 사랑과 열광, 따라서 궁극적으로 황홀의 추구이다.(비교. 80, 199) "철학은 비록 소용없다 할지라도 언제나 초월적이고 절대적인 내용의 일치를 목표하고 있으며, 저 열광적인 행동 양식은 나에게 언제나 철학적 사유 일반의 전제 조건처럼 보인다."(80f) 이를 통해 철학은 아도르노에 있어서(셸러와 거의 마찬가지로) 사실상 신의 사랑, 특히 알지 못하는 신의 사랑이 된다. "존재론적 신 존재 증명의 문제"가 그에게 오래되면 오래될수록 더욱더 "철학적 숙고의 핵심"(98)으로서 나타난다. '마르크스주의자'에게 매우 당혹스러운 이러한 고백으로 아도르노는 **싫지만 마지못해**(malgré lui) 종교적 존재 사유자로 입증된다.

철학은 비개념적인 것을 개념들로 표현하려 한다. 다시 말해 철학은 (자체 오래된, 예를 들면 야스퍼스에게 결정적인 이 주제에 대한 아도르노의 해석에 따르면) 의식의 분열에 의해 모방적인 것(das Mimetische)으로서 예술에 이전된 것을 개념적으로 표현하려 한다. 따라서 아도르노는 우리가 명확하게 말할 수 있는 것만 말해야 하고, 그밖의 다른 것은 침묵해야 함을 거부한다. 그는 "철학의 개념을 게으른 이성에 도피시키는 것을 반대하고, 비록 절망적인 노력일지라도 철학은 본래 말할 수 없는 것을 말하는 영원한 철학"(82)이라 말한다. 이로써 그의 이데올로기 비판은 다시금 새로운 입장뿐만 아니라 과거의 입장에 접근하며, 실존철학의 입장뿐만 아니라 신비적 입장에 접근한다. 그러나 이것은 동시에 (마르크스적 영향과 함께) 개념의 헤겔적 긴장을 고집한다. 아도르노에 있어 철학은 경험을 근거로 대상을 추구함으로써 구성된다; 철학은 "원천적인 경험"(85f.)의 객관화이다. 이 경험은 사랑으로 드러나지만, 그 자신 속에 이미 사회역사적으로 매개된 어떤 것이다. 그런 점에서 철학은 비록 소박성과 결별하지만, 또한 소박성의 계기를 포함한다. 왜냐하면 철학자는 어리석게 다른 것으로 피하지 않고, 오히려 "어린아이처럼 우리가 언젠가 보았던 것을 응시하고, 그리고 그곳에 머물러 있기"(86) 때문이다. 그리하여 철학은 예술과 유사하지만, 예술과는 달리 미메시스적으로 서술하지 않고 비개념적인 것을 개념적으로 파악한다. 달리 표현하면, 아도르노에게 있어서 개념은 비개념적인 것의 대리인이 된다. "예술에 반하여 철학은 개념을 통해 비개념적인 것을 항상 그리고 단순하게 변호하거나, 사유를 통해 사유될 수 없는 것을 변호한다."(87) 그리고 철학은 고정된 대상을 갖고 있지 않고 항상 대상을 찾기 때문에 주체는 여기에서 개별과학들과는 다른 역할을 한다. 원초적 경험으로부터 출발함으로써, 그리고 비개념적인 것과 파악될 수 없는 것을 "총괄 개념을 통해 타당하도록"(87) 노력함으로써 철학은 과학과 다르다. 그리하여 철학은 개별과학들과 그리고 그밖에 우리가 합리성이라고 일컫는 모든 것과 파열된 관계를 맺는다. "따라서 그런 점에서 철학은 언제나 합리성에 대한 일종의 합리적 검열 심리이며, 그런 까닭에 합리주의나 비합리주의와 같은 개념들과 모든 합리주의 논쟁은 철학이 본래적으로 무엇인가를 어떤 의미에서 그릇되게 표현한다."(87)

철학은 예술과 과학을 변증법적으로 초월한 제3의 것이다. 철학은 과학의 반성과 (과학을 경시함이 없이) 과학의 비판이다——철학의 진리 개념은 완전히 다르기 때문에 철학은 과학처럼 완성된 진리를 갖고 있지 않다. 그럼에도 불구하고 예술과는 달리 언제나 진리에 머물고자 한다. "그리하여 만일 정의를 내려야만 한다면, 나는 철학을 진리를 목적으로 하는 정신의 운동으로 정의할 것이다. 그러나 철학은 개별적 명제들이나 직접성의 형태 속에서 완성된 것으로서의 진리를 가지고 있다고 망상하지 않는다."(88) 철학 속에서 과학적인 계기와 미메시스적 또는 경험적 계기 사이에 긴장이 지배한다. 왜냐하면 철학은 결코 단순한 세계관이 아니고 과학과 결합하고 있기 때문이다. "과학과 세계관은 철학이 주장하는 그 어떤 것의 대립적인 융기 부분들이라고 우리는 대략 말할 수 있다. 그러나 철학이 주장하는 그 어떤 것은 서로 분리된 요소들을 단순하게 덧붙인 것이 아니며, 또는 서로서로 포개어 쌓아 놓은 것도 아니다."(92) 과학과 세계관, 합리주의와 비합리주의에 대하여 철학을 제3의 것으로 제시함으로써 아도르노는 표면상 그가 의식한 것보다 더 많이 초기 하이데거와 같은 입장을 보인다.

철학은 아도르노에게 본질적으로 비판이다; 사회 비판, 과학 비판, 그리고 더욱 중요한 것은 세계관의 비판이다. 철학의 과제는 원칙적으로 플라톤이 의식했던 것처럼 "신념의 청산(Liquidation der Meinung)"(93)이다. 세계관 또는 입장철학(Standpunktphilosophie)은 체계에로 고양된 신념에 불과하다; 따라서 철학은 곧 "세계관의 청산"(121)이다. 여기에서 아도르노는 선천적이고 타율적인 사유의 내적 결합과 싸운다. 이 사유의 내적 결합은 모든 비판을 회피하고, 철학을 명제 설정 또는 주체적 세계관을 근거짓기 위한 것으로 폄하시킨다. "이로 인해 모든 종류의 철학은 웃음거리가 되었다. 즉 철학은 사유 운동과 비판에서 면제된 그 어떤 것의 증거들과 근거들의 추후적인 수색일 뿐이다."(120) 이에 반하여 철학은 자율성과 자발적 사유를 고집해야 한다. "이성의 작업으로 들어가지 않으려는 이는 철학에 손대지 말아야 한다."(126) 우리가 의미와 총체성의 욕구 때문에——이러한 욕구가 세계관에서 진정되는 것처럼——철학으로 다가간다는 사실과 바로 그런 점에서 철학이 우리를 실망시키고 있다는 사실은 옳다. 왜냐하면 철학은 이러한 기대를 충족시키지 못하기 때문이다. 그럼에도 불구하고 철학은 내적 결합 때문에 내적 결합을 존경하지 않는다. 내적 결합은 철학의 요청이 아니다. "이에 대하여 철학적 사유는 확증을 보장하지 않는다는 사실을 진지하게 받아들인다; 철학은 의미상 실제로 저주받을 만큼 가장 진지한 것이다."(129) 우리는 철학에서 사유 자체로 다가가야 하지만 고작해야 진리의 내적 결합만을 말할 수 있다. 그런 점에서 (헤겔적 표현에 따르면) 철학은——"철학이 실천이 아닌 한"(128)——빵 대신 돌을 제공한다. 아도르노는 명백하게 개인적 혹은 사회적 혁명을 통한 구원의 희망을 포기하지 않으려 한다. 근본적으로 이상적인 그의 철학은 여기저기에서 마지막까지 마르크스주의로 채색되어 있다.

아도르노의 이상은 물화로 인한 자기 소외로부터 '해방'을 통해 스스로 자유롭게 되는 성숙한 개인이다. 이로써 그는 계몽에 대한 칸트의 구상(자기 책임적인 미성숙으로부터 탈출)에 접근해 있을 뿐만 아니라, 자신의 힘으로 세계의 퇴락 내지 세인의 퇴락으로부터 되찾는 하이데거의 본래적 실존에 대한 표상에도 접근해 있다. 칸트와 하이데거보다 더 강하게, 참된 공동 존재 혹은 사회로부터 소외되지 않은 형식과 결합된 참된 인간 존재는 물론 아도르노에게서 더 이상 확인되지 않는다; 건강한 사회 속에서 있는 건강한 자아는 도달될 수 없을 뿐만 아니라 초월적 절대자처럼 말해질 수도 없다. 거의 신비적이고 소위 말해 부정적 인간학의 배경은 아도르노의 《부정변증법》(1966)에서 표현된 것처럼 적어도 부정신학이며 거의 신비신학에 가깝다. 오성논리학의 파괴 속에서——야스퍼스와 유사하게——확인될 수 없는 참된 존재는 예지될 수 없다. 이 참된 존재는 구약 시대의 우상 금지를 통해 보호된 신에 상응한다——절대자는 절대적 타자이다. 《최소한의 도덕》(1951)에서 언급한 바와 같이 "구원의 입장"(333)에서 생각하려는 아도르노처럼 극히 소수의 철학자만이 초월성을 초월적으로 시도했다.

무엇보다도 실존철학이 재앙의 경험을 통해 각인된 전쟁 세대와 전후 세대의 사유에 영향을 끼친 반면, 프랑크푸르트학파의 사회비판철학은 우선 60년대와 70년대에 젊은 세대에게, 특히 저항 운동으로서 엄청난 작용을 했다. 비판철학은 소위 말하는 감정 대신에 포괄적인 위기 극복의 이성적 희망에, 단순한 주체적 절망과 종교와 유사한 희망에 호소하는 것처럼 보였고, 더욱이 포괄적인 합리적 위기 선언을 제시하는 것처럼 보였다. 젊은 추종자들에게 프랑크푸르트학파의 강조된 비판철학은 그들의 고유한 변증법을 의식한 계몽으로서 간주되었다. 이 계몽은 단호하게 독일 역사의 낡은 모든 전통을, 더욱이 실증적-합리적 전통과 특히 낭만적-비합리적 전통과 함께 부숴 버렸다. '네오마르크스적' 전제에 기초하여 반시민적 이데올로기 비판으로서 나타난 새로운 투쟁적 계몽은 드디어 새롭고 참된 사회를 건립하는 전망을 열어 주는 것처럼 보였다. 되돌아보건대 이러한 평가는 오히려 오류로 계속 간주되어야만 한다. 왜냐하면 이것은 알 수 없는, 그리고 말로 표현할 수 없는 신에 대한 구약 시대의 근본 신념을 위협하였듯이 아도르노와 호르크하이머의 시민적-낭만적 문화비관주의를 위협하였기 때문이다. 하이데거와 마찬가지로 호르크하이머와 아도르노에게 있어서 역사는 본질적으로 타락의 역사이다. 이 역사로부터 그들은 결코 현실적인 탈출구를 알지 못했다. 그들에게 있어서 과학과 기술은 단지 순수한 이기적 자기 보존의 충동에 이바지함으로써 자발적인 자연을 억압하는 지배 도구일 뿐이었다; 그들이 확립하였다고 믿었던 보편적 기만 연관성은 근본적으로 통찰 가능성과, 더욱이 의미 있는 행동 가능성조차 허용하지 않았다. 급진적인 대학생들과는 다르게 그들은 시민 세계의 비판에만 힘썼다.

프랑크푸르트학파의 영향에 구조적이었던 '오해'는 무엇보다도 '낙관적' 전환에 근거했다. 이 전환은 위르겐 하버마스(1929년 출생)가 60년대 네오마르크스적 이데올로기 비판에 제시했던 것이다. 그는 무엇보다도 다양한 전개 때문에 제한적으로나마 프랑크푸르트학파로 간주될 수 있었다. 특히 그는 초기에 철학적으로나 정치적으로 프랑크푸르트학파의 진보적인 대표자로 간주되었다. 60년대말부터 당시의 대학생들에게 주요한 지도자가 되었고, 서로 다른 저항 운동과——대부분 조건적이지만——연대하였다. 하버마스는 공공성의 구조를 위한 역사적 연구를 시작했고, 지배로부터 자유로운 담론과 인식을 주도하는 관심의 기획적인 이론을 전개하였다. 그후 그는 특히 영미의 언어철학과 프랑스의 후기 구조주의를 비판-생산적으로 수용하였다. 그리하여 그는——자신의 발전에도 불구하고——무엇보다도 충실한 후견 조직에 의하여 최근 30년의 철학 방향의 주도자가 되었다. 그가 비록 자신의 이론을 펼치는 데 전념하기보다는 남의 이론을 비판하는 데 전념하였음에도 불구하고. 결국 그는 언제나 정치에 참여하고 행동했지만 네오마르크스적 사회철학의 탈정치화를 계속 이어 나갔다. 동시에 그는 이성의 지위를 지켜야만 하는 철학의 역할을 점점 사회과학으로 환원시켰다.

3. 사회 비판과 신의 믿음

블로흐와 프랑크푸르트학파의 사회 지향적 철학은 자주 마르크스주의의 신봉을 인정했고, 그리고 의심할 여지없이 몇몇의 주요점(자본주의 비판, 소외 비판, 물화 비판, 그리고 노동 분업의 이데올로기적 결과)에 마르크스의 관점을 정당한 것으로 받아들였다. 그러나 근본적인 수용에 있어 이 철학은 고전적 마르크스주의로부터 멀리 떨어져 있기에 네오마르크스주의(Neomarxismus)라는 표현이 적절할 수 있다. 이 철학에는 처음부터 진정한 유물론이 결여되어 있다. 사회적 존재가 (어떤 한계까지) 의식을 규정한다는 사실을 확신한 프랑크푸르트학파와는 달리, 블로흐는 과정을 통해 모든 것을 규정하는 세계 물질의 존재를 믿었다; 그러나 잠재력에서 전개하는 이러한 물질은 근본적으로 생성하는 신처럼 관념적(본질 가능성의 총체 개념으로서)인 것으로 간주된다. 따라서 블로흐는 예언적 행동 때문에(특히 종종 스스로 어떤 무신론적 경향을 띤) 무엇보다도 신학자들 사이에 수많은 추종자를 얻을 수 있었다. 더 나아가 블로흐와 프랑크푸르트학파의 네오마르크스주의에 있어 마르크스의 의미에서 전개된 (계급 투쟁을 통한 진보의 이론으로서의) '유물론적' 역사철학이 결여되어 있고, 그리고 세계 혁명의 주체로서의 프롤레타리아의 모든 희망도 결여되어 있다; 무엇보다도 프랑크푸르트학파에 있어 역사는 본질적으로 파멸의 역사이다. 희망이 현존하는 한 그것은——소위 말하는 시민 주체의 자율성을 비판하고 있지만——고유한 개인에게, 자유로운 철학자에게 정립되는 것처럼 보인다.

사회 지향적 철학은——상당히 막연한 희망과 희망의 약속을 도외시하더라도——체계적으로 전개된 사회철학 내지 국가철학이 아닌, 무엇보다도 사회 비판이었다. 그리고 사회 비판은 내용에 있어서, 특히 호르크하이머와 아도르노에 있어서 대체적으로 보편적 문화 비판이며, 무엇보다도 소위 말하는 문화 산업의 비판이자 또한 과학 비판과 철학 비판이었다. 넓은 의미에서 이데올로기 비판의 주요 대상은 역사적·사회적 현상으로 간주되는 소외 현상 내지 물화 현상이었다. 그러나 이 현상은 보편적인 인간학적 현상으로 간주되지는 않는다. 그리고 보편적 파멸의 비판 기준으로서 구원의 이념이, 건강한 세계 또는 건강한 자연의 이념이, 그러나 무엇보다 건강한 자아 또는 참된 인간 존재의 이념이 명백하게 작용했다. 이 이념들은 막연하게 의식되지만 거의 규정되지는 않는, 결국 거의 규정될 수 없었다. 이를 통해 네오마르크스주의의 사회 비판은——비록 이 철학이 잃어버린 천국으로서,

또는 멀리 떨어진 총체성으로서 생각한 구원을 비동일적인 것의 존재로서, 또는 인간의 자연화와 자연의 인간화로서 막연하게 역설적으로 표현했지만——근본에 있어서 구원철학으로 입증되었다. 마음대로 할 수 없고 이름붙일 수 없는 초월적 존재에 대한 암시들, 그리고 알 수 없지만 그렇다고 포기할 수 없는 신에 대한 암시들이 여기에 속한다. 이러한 암시들은 확실히 《구약성서》에서 영감을 얻은 것이다. 역사의 산물로서 이해된 인간의 훼손은 과거·미래적 구원의 이념을 측정한다. 구원의 역사, 파멸의 역사, 속죄의 역사에 대한 표상은 결국 《구약성서》의 원죄 모델에 기초를 두고 있다.

수용자의 입장에서 볼 때, 모든 구원철학과 마찬가지로 네오마르크스주의 철학도 각성의 철학이다. 특히 아도르노는 파멸과 기만 연관성이 너무나 강렬하기에 통찰과 이성적 행위의 희망조차 품지 못한다고 단언한다. 형식화된 인식들과 직접적인 활동을 모두 거부하지만, 물론 그는 어떤 종류의 숙고를 희망한다: 비록 그가 여전히 또는 우선적으로 전체성에서 파멸의 폭로만을 희망하지만. 사회 지향적인, 원칙상 혁명을 꾀하고 있는 네오마르크스주의 철학은 그럼에도 불구하고——적어도 짧은 시간 동안(비록 행복하지는 않았지만) 표면상 정치에 참여했던 개인주의적인 실존철학과는 달리——놀랍게 정치 참여를 자제했다는 것이 우리의 이목을 끈다. 네오마르크주의적이고 사회 지향적인 철학은, 알려진 바와 같이 넓은 의미에서 정치적 철학이지만 좁은 의미(정치철학)에서의 정치적 철학은 아니다. 블로흐는——마르크스주의를 이데올로기적으로 개혁할 수 있다는 희망 속에서——때때로 스탈린주의의 환호자로 등장했다; 또한 하버마스도, 특히 정치 개혁의 희망에서 서로 다른 저항 단체와 연대하였다. 그러나 아도르노와 호르크하이머는 구체적인 정치 물음들을 극도로 자제했다

──왜냐하면 특히 그들은 세계 개선을 위한 정치의 유용성을 고려할 때 오랫동안 환상에 사로잡혀 있지 않았기 때문이다.

V

철학과 과학

과학 지향적 철학

철학의 학적 성격에 대한 물음은 근대 이후부터 상이한 철학 이론들과 과학 이론들로 철학에 대한 서로 다른 자기 이해들을 야기했다. 왜냐하면 철학의 과학적 지위를 명확히 하기 위해 규범적 사실로서 간주되는 학문에 대한 과학 성격의 분석이 요구되었기 때문이다. 과학 이론들이 철학 또는 과학으로 인하여 발전되었는지 아닌지 간에 이러한 과학 이론을 토대로 철학에 대한 지금까지의 이해와 앞으로의 이해에 대한 물음이 제기될 수 있었다. 일반적으로 전제되었던 바와 같이 철학이 엄격한 의미에서 지금까지 과학이 아니었다면, 그리고 언제나 다시금 요구되었던 바와 같이 이런 상태가 변화되어야만 한다면, 어떻든 철학의 과학화 문제는 제기될 수밖에 없다: 엄격한 과학으로서의 철학은 어떻게 가능한가? 그리고 철학이 고백을 통해, 혹은 자의식을 통해 주장했듯이 개별과학들의 의미에서 과학일 수 없다면, 철학은 일종의 메타과학 또는 제1과학(**Protowissenschaft**), 과학적 과학 종합 또는 근본과학, 또는 적어도 과학적 과학 이론일 수 있는가? 이 물음은 1세기를 거치면서 달구어졌다.

19세기부터 20세기까지——과학을 염두에 두고 철학을 새롭게 규정하려 했던, 가능한 과학으로서의 과학화를 새롭게 근거지으려 했던

──강단철학(신칸트주의, 해석학과 현상학)의 폭넓은 시도들은 이런 철학을 위한 첫번째 시도도 아니었고, 그리고 마지막 시도도 아니었다. 20세기의 30년대──특히 오스트리아에서──과학 지향적 철학의 새로운 물결이 일어났다. 이 철학에는 철학의 과학성과 비과학성이 핵심 문제였다. 이로써 이 사유 방향의 대표자들은 한편으로는 실존 내지 초월 지향적 철학과, 다른 한편으로는 사회 지향적 철학과 명확하게 구별하였다. 이 두 철학에는 본질적으로 과학보다도 더 숙고해야 할 문제들이 있었다. 즉 개별자와 사회의 참된 존재의 물음, 더욱이 참된 존재 일반 내지 절대자의 물음이 있었다.

실존과 초월 지향적 철학은 과학의 문제를 단지 부수적으로, 그리고 거리를 두고 논의하였다. 야스퍼스는 되풀이해서 과학의 인식 가치를 강조했음에도 불구하고 끊임없이 과학 맹신을 경고했으며, 철학과 과학의 구별을 강하게 시도했다; 이에 반해 하이데거는 과학을 규정된 존재론의 결과 내지 역사 시기인 '형이상학'의 결과로서 이해했고, 점점 그 속에서 지배하고 있는 존재 망각의 결과들을 경고했다. 사회 지향적 철학은 과학과 (마르크스주의적) 사회 이론에 대한 일종의 이성 공동체를 주장했으나, 모든 과학의 사회적 조건에 대한 그들의 강조를 제외하고는 과학 이론들을 돌보지 않았다. 블로흐의 예언적 유토피아에서 과학은 오히려 마르크스주의의 "차가운 전류(Kältestrom)"에 속한다. 호르크하이머와 아도르노는 특히 소박한 과학주의 또는 과학실증주의의 위험을 논하고, 과학의 사회적 역할을 비판적으로 상론하였다. 이에 반하여 '새로이' 강조된 과학 지향적 철학의 대표자들에게 있어서 과학은──적어도 근원적으로──현대 철학을 위해 핵심적으로 요구된다; 그들은 과학들을──적어도 근원적으로──마치 절대적인 것처럼 유일한 어떤 인식으로 규정한다.

새로운 과학 지향적(과학에 고착된 철학이라고 말하기 않기 위해) 철학은 본질적으로 철학하는 과학자와 수학자를 통하여 시작되었고, 그리고 자극받았다. 무엇보다도 수학에서 발전된 현대 수리논리학은——이 논리학은 버트란트 러셀과 고틀로프 프레게에 의하여 나타났듯이——방법적 규범으로 간주되었다. 이 규범은 계속해서 많은 것을 기약했다. 정확한 자연과학의 매혹은——상대성 이론으로 인해 그 당시 아직도 흔들지 않았다——너무나 컸기 때문에 지금까지 철학이라 일컬어졌던 모든 것은 즉시 자학적인 파괴 욕망과 싸워야만 했다; 따라서 새로운 과학 지향적 철학은 총괄적으로 '형이상학'이라 부르는 모든 것과의 싸움을 통해 널리 각인되었다. 과학 이론가들 중 많은 사람들은 자기 의지와 관계없이 철학자로 간주되었다; 그들은 단지 과학의 과학자로서 존재하려 했고, 그밖에 철학자로서 가능한 쓸모없는 것으로 만들고자 했다. 그러나 과학이란 정확히 무엇이며, 그리고 이것이 어떻게 가능한가의 물음은 즉각 많은 문제들을 불러일으켰다. 예를 들면 이 물음들은 나중에 구조 이론과 언어 이론의 관점에서 논의된다. 그리고 철학의 과학화에 대한 초기의 시도에서처럼 20세기의 과학 지향적 철학에서 결국 다시금 삶과 가치에 대한 극복될 수 없는 물음과 역사적 현실성의 가치 물음과 의미 물음이 제기된다. 결국 그들이 비과학적이고 사망 선고를 내렸던 형이상학이 적어도 문제로서 언제나 살아 있고, 더욱이 다시금 의미를 얻고 있음을 보여 준다.

1. 빈학파: 정밀과학과 과학 이론

소위 빈학파는 20년도에 강조된 과학적 경험주의의 토대와 엄격한 논리적 분석의 요청하에 지금까지의 철학을 비판하고 미래의 과학철학의 가능성을 상론하는 탁월한 시도였다. 그때 형이상학의 비판 이외에 또한 언어의 논리적 분석도 점점 중요한 역할을 하였다. 토론을 위해 빈학파에서 만났던 철학자와 자연과학자·수학자들은 내용상 완전히 서로 다른 영역을 대표했음에도 불구하고 공통된 근본 신념과 같은 것이 있었다. 출발점은 우선——수학을 제외하고——경험적 자연과학으로부터 모든 진리를 기대할 수 있는, 깨어지지 않는 과학낙관주의였다. 그런 까닭에 이들의 반대자들은 이러한 태도를 과학실증주의(신실증주의), 과학주의 혹은 물리주의로 비판한다. 더욱이 오토 노이라트(1882-1945) 같은 빈학파의 몇몇 회원들은 과학의 발전 이외에 사회주의적 의미에서의 사회 발전도 있다는 것을 희망했다. 논리적 경험주의로 간주된 이 철학의 가장 중요한 전제는 무의미로서, 또는 조악한 서정시로서 훼손된 모든 형이상학을 엄격하게 거부하는 것이었다. 형이상학은 기껏해야 음악적 소양이 없는 사람이——음악가가 할 수 있는 것처럼 유사하게——삶의 감정을 표현하고자 노력한다.

19세기말부터 빈에서 특히 에른스트 마흐(1838-1916)에 의해 준비된 이 사유 방향의 핵심 개념은 우선 명증적으로 파악된 경험의 개념이었다. 그러나 이 개념은 그후 즉시 개연적인 것으로 입증되었다. 감각적 경험만이 진리를 보증한다는 근본 신념은 직접적으로 경험에, 즉 감각적 지각에 소급되는 명제들(기초 명제들, 근본 명제들)이 또는 논리적으로 완전하고 명백하게 연역되는 명제들이 진리 명제들이라는 논제를 포함하고 있다. 더 나아가 이것은 의미 없는 명제와 의미 있는 명제에 대하여 형식적으로 명확한, 그리고 효과적으로 유용한 구분을 도출한다. 그러나 그후 방법적으로 취급될 수 있는 명확한 경험 개념의 물음이 필연적으로 야기되었고, 경험적 감각 기준 혹은 검증 원리의 물음도 필연적으로 야기되었다. 언제 명제가 의미 있으며, 그리고 참인가? 최종적으로 경험적 과학 이론은 본래 경험 내지 인식이 무엇인가의 물음을 해명해야 한다——그리고 이 물음은 다시금 경험으로부터 대답될 수 없고, 따라서 순환적이며, 또는 자기 주장의 결단을 통해 대답될 수밖에 없다. 경험이 무엇인지를 어떤 경험이 규정하는가? 사유가 무엇인지를 어떤 사유가 규정하는가?

철학적 관점에서 고려할 때, 철저한 과학경험주의의 노력은 지금까지의 철학에서——과학적 정밀성의 필연적 요청에 직면하여, 그리고 형이상학의 배척 이후에——여전히 문제시되었던 문제를 다시금 불러일으켰다. (철학이 근본적으로 포기될 수 없을 경우) 철학은 과학에 직면하여 어떻게 유지될 수 있으며, 얼마만큼 정밀과학으로 이전될 수 있는가? 철학은 단지 과학 이론이었는가? 더욱이 철학은 과학적 과학 이론, 따라서 과학의 과학이었는가? 또는 철학은 단지 규정될 수 있는 과학철학이었는가? 또는 철학은——비록 전제된 종합이지만——모든 개별과학의 과학적 종합이었는가? 빈학파의 철학자들이 항상 표방했던 의도들은 물론 사라졌다. 즉 철학을 (과학의 철학 또는 과학적 철학으로서) 최대한 한계지으려는 의도와 대답할 수 있는 질문에 한계지으려는 의도는 사라졌다. 그러나 그들은 마지막까지 "과학적 세계파악(eine wissenschaftliche Weltauffassung)"에 매진했다.

철학자와 자연과학자·수학자들이 어김없이 주기적으로 토론 모임을 가졌던 빈학파는 이미 30년대, 특히 몇몇 회원들의 죽음과 이민으로 인해 다시금 해산되기 시작하였다. 1939년 독일의 오스트리아 "합병"으로 빈학파는 공식적으로, 그리고 최종적으로 끝이 났다. 빈학파와 가까웠던 베를린 그룹, 즉 과학적 (경험적) 철학을 위한 모임도 이와 유사하게 끝났다. 이 그룹의 중심점은 한스 라이헨바흐(1891-1952)였다. 제2차 세계대전이 끝난 후 빈학파에서, 그리고 빈학파와의 논의 속에서 발생된 이론들은 독일에 재수입(과학철학((philosophy of science))됨으로써 독일철학에 활발한 영향을 미쳤다.

a) 슐리크: 의미 부여로서의 철학

빈학파의 정신적 중심점에 베를린 출신의 모리츠 슐리크(1882-1936)가 자리잡고 있다. 철학과 물리학을 공부하였으며, 막스 플랑크(1858-1947)로부터 박사학위를 받았다. 1922년 빈대학으로부터 귀납적 과학철학 교수로서, 철학자이자 물리학자인 에른스트 마흐의 계승자로서 초빙되었다. 1936년, 그는 추측컨대 정신질환이 있는 박사과정의 한 학생에 의해 살해되었다.

정기적으로 간행되는 《철학의 전환》(1931)이라는 논문에서 슐리크는 철학에 대한 자신의 관점들을 스케치한다. 그는 "체계들의 혼란에 종지부를 찍으려는" 그리고 "철학적 주장들의 무정부 상태"를 끝맺으려는 지금까지의 모든 노력이 좌초되었다는 것을 매우 잘 알고 있다. 그러나 그는 "우리가 단연코 결정적인 철학의 전환점 한가운데 서 있다는 것을, 그리고 체계의 무익한 싸움이 종결된 것으로 보는 것이 객관적으로 정당함"(5)을 확고히 믿는다. 현대 논리학을 근거로 철학은 이 싸움을 근본적으로 불필요하게 하는 논리학을 갖고 있다고 그는 주장한다; 왜냐하면 논리적인 것 자체의 본질을 통찰함으로써, 즉 사건과 기호의 관계를 통찰함으로써 이제 완전히 새로운 상태가 발생되기 때문이다. "그것의 명확성을 기하기 위한 방법은 각각의 인식은 표현이고 서술이라는 사실로부터 출발한다. 즉 인식은 인식 속에서 인식된 사태를 표현한다. 이것은 수많은 임의의 방식으로, 임의의 언어로, 임의의 자의적 기호 체계를 통해 일어날 수 있다."(6) 따라서 철학은 이제 보편적인 의미에서 표현, 서술, 달리 말해 각각의 가능한 언어의 본질을 심사숙고해야 하고, 인식의 매개물로서 논리적 형식과 언어의 통사론을 성찰해야 한다. "표현되는 것은 모두 인식될 수 있다. 그리고 이것이 우리가 의미 있게 물을 수 있는 모든 것이다."(7) 슐리크에 따르면 **의미 있는 것**(sinnvoll)은 (의미 있게) **대답될 수 있는 것**(beantwortbar)과 동일하다. 우리가 대답할 수 없는 질문은 의미 없는 단어들의 병렬일 뿐이다. 이 주장에 의하면, 의미 있는 문제들은 원리상 오로지 이 문제의 해결을 위한 방법이 또한 현존하고 있는 그러한 문제들이다; 그리고 이 해결은 "관찰과 직접적 체험을 통하여 확인되는"(7) 확실한 사태의 출현과 검증(Verifikation)에서 끝난다. 이로써 (의미 있게) **대답될 수 있음**을 통한 **의미 있음**의 순환적 설명은 구체적인 내용을 획득한다——그러나 단지 확실한 직접적 체험으로서 보장된 (감각적) 경험이 방법상 진리를 보장할 수 있다.

이제 철학은 배척될 수 있다. "모든 과학은 (…) 인식의 체계이다. 즉 참된 경험 명제들의 체계이다; 일상적 삶의 진술들을 포함하여 과학들의 총체는 인식의 체계이다; 이것 이외에 '철학적' 진리의 영역은 없다; 철학은 명제들의 체계가 아니다. 그것은 과학이 아니다."(7f) 그럼에도 불구하고 철학은 스스로 해소되지 않는다. 슐리크는 철학의 제거를 생각지 않고, 단지 철학을 새롭게 규정하고자 한다. "우리는 이제 철학에서 (…) 인식의 체계 대신에 행위들(Akten)의 체계를 인식한다. 즉 철학은 진술의 의미를 확정하는 행위이다."(8) 따라서 철학은 본질적으로 철학적 사유이다. 그리고 철학적 사유는 형이상학적 의미에서가 아니라 의미론적 의미에서 의미 부여이다. 철학이 가능하다면, 이러한 의미 확정으로서의 철학은 비록 그 자신은 과학이 아닐지라도 여전히 과학의 여왕으로 머문다. "철학을 통하여 명제들은 해명되고, 과학을 통하여 명제는 검증된다. 과학에는 명제들의 진리가 중요시되고, 철학에는 명제가 본래 **주장하는 것**(meinen)이 무엇인지가 중요시된다. 물론 내용, 영혼, 그리고 과학의 정신은 최종 명제로 **주장된 것**에 숨어 있다; 따라서 의미 부여의 철학 행위는 모든 과학적 인식의 시작이고 끝이다."(8) 철학은 갑자기 다시금 과학들 이상의, 즉 최상의 의미 심급이나 의미 부여의 권위 이상의 지위를 갖게 된다. 명백하게 슐리크는 의미 확정, 또는 명제의 의미 해명을 철학을 통한 모든 사유의 의미 부여로서 이해한다. 물론 그는 여기에서 이와 더불어 나타나는 문제를 제기하지는 않는다. 사실 그는 짐작컨대 근원 활동과 같은 것으로 표현되는 "최종 의미 부여"에게 도움을 의뢰한다. "철학의 작업은 명제들의 진열에 있지 않다는 것, 따라서 진술의 의미 부여가 다시금 진술을 통해 발생할 수 없다는 것을 우리는 쉽게 볼 수 있다. 최종 의미 부여는 물론 언제나 **행위들을**(Handlungen) 통하여 발생한다. 행위들이 철학적 활동성을 형성한다."(8) 그러므로 철학은 철학적 사유를 통해 의미 해명 내지 의미 부여로서 대치된다. 왜냐하면 철학은 (과학적 인식의 의미에서) 명제들의 체계일 수 없기 때문이다.

슐리크는 철학을 메타이론으로 인정하지 않는다. 그는 명제들의 **무한 역행**(regressus infinitus)을 두려워한다. 이것 대신에 그는 모든 이론을 경험을 통해, 사실의 제시와 사실의 드러냄을 통해 종식시키려고 한다. 이로써 그에게 있어 형이상학은 해소된다. 왜냐하면 경험 인식을 통해 대답되어야 할 어떠한 형이상학적 문제도 없기 때문이다. 다른 한편 경험적으로 얻어진 명제들은 여전히 어떤 확실한 해명 내지 의미가 요구된다. 더욱이 이러한 '의미 부여'는 '철학적 사유'를 통하여 발생해야 하고, 그러나 가능한 과학들 자체 속에서 발생해야 한다. 근본적으로 위대한 모든 연구자는 스스로 그의 근본 개념을 해명하는 데 노력하고 있는 한 그 또한 철학자이다. 그럼에도 불구하고 짐작컨대 슐리크는 어느 정도까지는 자신의 독자적인 철학을 확정하려 한다; 즉 그는 "철학의 가치"를 믿을 뿐만 아니라 더욱이 "철학은 지식의 최후 근거를 부여해야 한다"(10)는 사실도 받아들인다. 따라서 그는 강력하게 철학을 불확실성의 혐오로부터 자유롭게 하고자 노력했다. "왜냐하면 개연성 또는 불확실성의 개념은 철학을 결정하는 의미 부여의 활동에 전혀 적용될 수 없기 때문이다; 모든 명제들에게 단연 최종적인 것으로서의 의미를 부여하는 정립들이 중요하다. (…) 그리하여 커다란 전환 후에 철학은 이전보다 더 명확하게 궁극성의 특성을 나타낸다."(10)

표면상 결정적인, 그러나 실제에 있어 오히려 자의적인 의미 정립이 얼마나 문제가 되는지, 그리고 과학의 전제된 보편 타당성이 얼마나 이 문제에 휩쓸려 있는지를 슐리크는 더 이상 깨닫지 못했던 것 같다. 물론 그는 다음과 같은 경향을 띤다. 즉 우선 오로지 과학 이론으로서 초안되었던 또는 실행되었던 철학은——과학적인 과학 종합의 의미에서가 아니라 철학을 통하여 표면상 그 자체로부터 의미 없는 과학에 의미를 부여한다는 점에서——모든 과학을 포괄하는 해석으로 고양된다. 철학은 최종적 의미 부여이다.

b) 카르나프: 과학논리학으로서의 철학

루돌프 카르나프(1891-1970)는 산업가의 아들로서 부퍼탈 근처에서 태어났다. 그는 처음부터 물리학과 철학을, 그러나 또한 수학도 공부하였다. 이때 특히 프레게와 러셀의 영향을 받았다. 1926년 빈에서는 강사로, 1931년 프라하에서는 교수로 재직하였고, 1935년 미국으로 건너갔다. 그리고 그곳의 여러 대학에서 강의를 하였다. 그는 논리적 경험주의의 대표자로 간주된다.

그 근본 저서인 《세계의 논리적 구성》(1928)의 머리말에서 그는 짤막하게 철학을 언급한다. 모든 인식은 과학, 더욱이 개별과학들을 통하여 이루어진다; 이에 반해 철학은 사실 연구가 아니라 원리와 방법의 반성이며, 특히 과학의 논리학과 언어의 반성이다. 철학은——철학이 과학일 경우——과학의 과학이고, 단지 그 자체 간접적으로 세계과학이다. 그러나 짐작컨대 카르나프는 그 저서를 과학적 저서, 더욱이 "형이상학으로부터 자유로운 과학"(XX)의 의미에서 철학을 위해 내딛는 발걸음으로 간주한다. 슐리크처럼 그는 수학의 틀 안에서 발전된 새로운 논리학을 끌어들인다. 물론 이 논리학은 철학의 영역에 응용될 수 있어야 한다. "철학이 과학의 길(좁은 의미에서)을 걸으려고 한다면, 철학은 개념의 해명을 위한, 그리고 문제 상황들을 제거하기 위한 철저하고 효과 있는 수단을 결코 포기할 수 없다."(XVIII) 따라서 모든 인식을 차례차례로 환원할 수 있는 새로운 인식론을 정립하는 것이 특히 중요하다. "새로운 방법의 성공은 다음을 통해 입증된다. 즉 환원 물음의 대답이 과학에서 논의되어진 개념들의 통일적이고 계보적인 환원 체계로 나아감으로써 입증된다."(XVIII) 이로써 카르나프는 근본적으로 **특성의 보편적 기술**(ars characteristica universalis)에 대한 과거의 계획에 관심을 가진다. 그리고 이러한 작업은 개별 철학자들의 능력을 넘어서 있기 때문에 철학에서 그는 (라이프니츠처럼) 개별과학들의 종류에 따라, 그러나 "전체 과학"(XIX)의 틀 안에서 공동 연구과 분업 연구를 원한다. 비록 그는 철학에서 형이상학의 추방을 희망하지만, 자신에 의하여 전개된 구조 이론의 형이상학적(논리적−존재론적) 특성을 확실히 인식하지 못하고 있다. 이 이론은 근본적으로 일종의 근본과학이며, 단지 반성적 메타과학만은 아니다.

그 저서의 마지막 부분에서 카르나프는 처음으로 철학의 과학적 지위를, 이와 더불어 자신의 이론을 언급한다. 모든 근본 개념들의 구조 체계를 드러내는 것이 전체 과학의 과제이다. 이 과제는 최종적으로 모든 가능한 개념들의 계보를 완성시켜야 한다. "**과학**은, 개념적 인식의 체계는 한계가 없다"; 왜냐하면 과학은 원칙상 포괄적이기 때문이다. "과학적 인식의 무한성은 다음과 같은 의미를 지닌다: **과학에 있어서 원칙적으로 대답이 불가능한 물음은 없다**."(254, 비교. 252f.) 이러한 방식으로 선언된 과학의 보편성에 비추어 볼 때 형이상학으로서의 철학은 쓸모없게 된다. 왜냐하면 형이상학은 결코 과학이 아니기 때문이다. "만일 최초의 인식들이 (논리적이고 인식에 상응한 구조적 질서의 의미에서) 문제가 된다면, 철학 대신에 '**근본과학**(Grundwissen−schaft)'이라는 명칭은 수용될 수 있다; 최종적인 보편적 인식이 문제가 된다면, '세계 이론(Weltlehre)'이라는 명칭 또는 그와 유사한 명칭은 수용될 수 있다."(258, 비교. 259) 이로써 새로운 과학철학은 전통적 형이상학의 범주론, 또는 일종의 기초존재론에 근접한다. 그러나 카르나프에 있어서——그의 자기 이해에 따라——과학철학은, 특히 과학의 개념적 전제들의 반성적 의미에서 과학 이론으로 머문다. 과학철학은——연대기적으로 볼 때 과학보다는 늦지만——논리적이고, 그럼에도 불구하고 근본적이다. 비록 과학적으로 해결될 수 있는 물음들이 모두 해결된다 할지라도 물론 삶의 과제, 또는 삶에 의해 우리에게 제기되는 과제들은 여전히 남아 있다. "그러나 **삶의 수수께끼**는 물음이 아니라 실천적 삶의 상황들이다."(260) 그리고 아마도 이것은 과학적 문제도, 철학적 문제도 제기하지 않는다.

계속된 저서 《언어의 논리적 통사론》(1934)에서 카르나프는 사실 물음과 명제 이론을 논리 물음과 명확하게 구별한다. 논리 물음은 엄격한 객체 연관적 개념들·명제들·이론들 등과 관련된다. 그에게 있어 지금까지의 철학은 객체 물음과 논리적 물음의 불투명한 혼합이다. 명목상의 객체 물음들은, 일부는 이미 개별과학에서 다루고 있는 대상들에 해당되고, 일부는 "우리가 전공과학의 대상 영역에서 발견하지 못하는 (추정의) 대상들"(203) 예를 들면 사물 자체와 가치에, 또한 초월자 또는 절대자에 해당된다. "철학적 문제들의 논리적 분석은 이 문제들이 매우 다양한 특성을 지니고 있음을 보여준다. 전공과학에서 나타나지 않는 객체들의 물음에 관해서 비판적 분석은 이것이 가상의 물음이라는 것을 명백하게 설명한다."(204) 이 확고한 결정으로 객체 과학으로서의 철학은 대상의 결핍 때문에 끝이 난다. 그러나 다른 한편 개별과학에서 논구된 객체 물음은 충분하게 다루어지고, 따라서 개별과학에게 양도되어야 하기 때문에 카르나프는 특별한 철학적 조망의 가능성을 제거했다. 따라서 그에게 있어 철학은 소위 말하는 논리 물음으로 환원된다. "개별 전공과학의 물음들 이외에 순수한 과학적 물음들에는 오로지 과학의 논리적 분석, 즉 명제들·개념들·이론들의 물음만이 남아 있다."(205) "**과학 언어의 통사론**(Syntax der Wissenschaftssprache)"에서 논의된 이 물음 전체를 카르나프는 "**과학논리**

학(Wissenschaftslogik)"(7)이라고 부른다. "이 해석에 의해, 만일 철학이 비과학적인 모든 구성 요소로부터 정제된다면 유일한 나머지 요소로서 과학논리학만이 남는다."(205) 그리고 이러한 의미에서 카르나프는 이제 "철학 대신에 과학논리학"(203)을 요구한다. 그에게 있어 우리가 이 나머지 요소 일반을 여전히 철학이라고 불러야 할지의 물음은 —— "과학성의 주장이 제기되자마자"(206) —— 단순한 합목적성의 물음에 불과하다.

카르나프는 철학을 명확하게 두 가지 측면으로부터 한계짓고, 더욱이 폐기시키려고 한다. 한편으로 철학은 구조과학 내지 '과학적' 과학논리학으로 대치될 수 있다. 그러나 이것은 더 이상 철학이라 명명될 수 없다. 다른 한편으로 지금까지 철학의 본질적 동기이고 주제였던 실존적 물음들(삶의 수수께끼)은 결코 이론상 중요한 문제들이 아니다. 나의 죽음은 과학적으로 볼 때 가상의 문제이다——물론 내가 살아 있는 동안 죽음은 나에게 있어 순수한 실천적 문제이다. 그러나 실천적 문제들은 결코 철학적 문제들이 아니고, 또한 과학적 문제들도 아니다. 이 문제들은 아마도 사실상 이성적 상론을 거부한다. 이로써 카르나프는 철학의 현대 과학화를 수미일관 주장한 대표자로 입증된다. 철학의 과학화는 과학이 아닌 모든 것을 비합리주의로 간주한다. 새로운 철학은 과학 이론(과학논리학)이든 구조과학(근본과학)이든 간에 오로지 과학이다; 이것은 전통적으로 내려온 철학, 즉 형이상학으로 저주받은 이론철학과, 더 나아가 개인적인 우연성에 양도된 실천철학과는 더 이상의 공통점을 가지고 있지 않다. 철학은 과학과 과학 언어의 논리적 분석으로 환원된다. 철학은 이미 사유된 것을 심사숙고하고, 이미 인식된 것 내지 인식될 수 있는 모든 것 일반을 개념적으로 설명하고 근거짓는 것이다. 그런 점에서 철학은 카르나프에 있어서 무엇보다도 일종의 (모든 현실성의 가능한 '논리적' 조건들에 관한) 절대 과학으로 보인다.

2. 비트겐슈타인: 언어 비판과 언어 치료

루트비히 비트겐슈타인(1889-1951)은 오스트리아 대기업가의 집안에서 태어나, 베를린과 맨체스터에서 엔지니어링을 공부하였다. 그후 러셀의 영향하에 케임브리지에서 수학과 논리학을 공부하였다. 1914년 노르웨이에 있는 고독한 오두막집에서 생활하였고, 그후 지원병으로서 오스트리아 군대에 입대하였다. 이 해에 그는 《논리-철학 논고》를 저술하였다. 이 저서는 1918년 완성되었으나 1921년에야 비로소 출간되었다. 한때 비트겐슈타인은 시골에서 선생으로 있었고, 빈에서는 건축가로 활동하였다. 그가 매우 고마워했던 모리츠 슐리크와는 빈학파를 위해 자유로운 접촉을 가졌다. 1929년 케임브리지로 돌아와 그곳에서 《논리-철학 논고》로 박사학위를 취득하였으며, 연이어 특별회원으로 초빙되었다. 1936년 두번째 주요 저서인 《철학 탐구》 작업을 완성하기 위해 노르웨이로 갔으나 그후 케임브리지로 다시 돌아왔다. 그곳에서 그는 중단을 거듭하면서도 1947년까지 학생들을 가르쳤다.

비트겐슈타인의 철학은 뚜렷하게 상이한 두 단계로 구분된다. 《논리-철학 논고》는 러셀의 수학적-분석적 철학에 자극을 받았지만 때때로 러셀에게 역으로 영향을 끼쳤다. 이 저서에서 비트겐슈타인은 이상 언어의 철학을 주장한다——논리적 명증성의 주장은 명백하게 명제들의 표면적인 수학적–논리적 계산을 통해 이미 증명된다. 《철학 탐구》에서 비트겐슈타인은 규범적 일상어의 입장에 서 있다. 이 언어에 언어와 삶의 형식이 있으며, 그리고 세계 조망이 포함되어 있다. 그가 매진했던 수학적 증명의 자리에 이제는 단지 느슨하게 결합된 반성의 불완전한 그림이 자리한다.

《논리–철학 논고》에서 비트겐슈타인은 세계와 현실이 총체적으로 "경우들의 총합(alles, was der Fall ist)" 즉 "사실들의 총합" 또는 현존하는 사태들의 총합이라고 주장한다. 이 사태들은 대상들과의 결합들이다. 이 대상들은 단순하고, 세계의 "실체"를 형성하지만, 그러나 오로지 사태들(배치들, 구조들) 속에서 나타날 수 있다. 이 사실들로부터 우리는 그림들을, 즉 현실을 모사하고 또는 표상하는 모델들을 만들 수 있다. 왜냐하면 사태의 구조들과 그림의 구조들은 어떤 방식에서, 즉 "모사의 형식"(2.17)을 통해 대응될 수 있기 때문이다. 이때 "서술의 형식"(2.173)은 아마도 관점에 의존적이다. 이러한 세계 그림에 근거하여 비트겐슈타인은 인식을 일종의 재현(Repräsentation)으로 규정한다. "사태의 논리적 그림은 사유이다."(3) 다른 말로 표현하면, 논리적 모순이 없기 때문에 사유될 수 있는 사태들은 존재한다. 그리고 우리는 논리적 모순이 없는, 또는 참된 사태의 그림들과 사상들을 만들 수 있다. "참된 사상들의 총합은 세계의 그림이다."(3.01) 물론 "하나의 그림"을 공식화하는 것은 각각의 관점에 따라 세계에 대한 수많은 '참된' 그림들이 있을 수 있다는 것을 암시한다. 비트겐슈타인의 철학에 결정적인 것은 사유로부터 언어로, 사상으로부터 문장으로의 전환이다. "문장에서 사상은 감각적으로 지각될 수 있게 표현된다."(3.1) 이로써 말해질 수 있는 문장은 "세계와의 기획적인 관계"(3.12)로서, 이해될 수 있는 현실의 그림이 된다. 그리하여 비트겐슈타인은 문장의 요소들이 이것의 배치에 있어 현실에 있는 요소들의 위치와 상응할 수 있다고 믿는다——단 문장이 논리적이고, 또는 의미 있다는 전제하에서. 그러나 언어는 "문장들의 총합"(4.001)이다. 따라서 참된 언어는 근본적으로 논리학, 즉 현실의 '논리적' 구조에 해당하는 "언어논리학"이다. (올바른) 언어는 인식의 매개만이 아니다. 언어는 감각적으로 지각될 수 있는 사태로서 인식 그 자체이다.

이로써 비트겐슈타인은 처음으로——무엇보다도 부정적으로, 즉 언어로 현실을 잘못 표상하는 것으로서——철학을 조망할 수 있는 지점에 도달한다. 즉 지금까지 세계 그림들은——입장에 상관하여——흡사 동일한 권리로 서로 병존하며, 그리고 참된 사상의 개념 속에 올바른 입장을 요청하는 것처럼 들렸지만, 이제 일상 언어는 부적당한 것 내지 비논리적인 것으로 제외된다. 비트겐슈타인은 (잘못된 일상어의 도움 없이, 또는 도움으로) 언어논리학을 발견하는 것이 어떻게 가능한지를 설명하지 않는다. 여기에서 단지 언어논리학이 일상 언어와의 대립에서 발견되어야 한다는 사실이 그에게 있어 중요하다. "언어는 사상들을 변장시킨다. 게다가 우리는 옷의 외적 형태에 따라 옷에 싸여진 사상의 형식을 추론할 수 없다; 왜냐하면 옷의 외형은 신체의 형태를 인식하게 하는 그것과 완전히 다른 목적에 따라 만들어질 수 있기 때문이다."(4.002) 사상과 언어 사이에 어떤 불일치가 있고, 모든 역사 언어는 불확실하다는 과거 사상으로부터 올바른, 즉 현실에 적합하고 사상에 적합한 언어의 물음이 발생될 뿐만 아니라 일상 언어를 사용하고 있는 모든 철학의 판정이 요구된다. "철학적 대상에 서술되었던 대부분의 진술들과 물음들은 거짓이 아니라 단지 무의미한 것이다. 따라서 우리는 이러한 종류의 물음에 답할 수 없고, 단지 무의미함을 확정할 수 있을 뿐이다. 철학자가 제시한 대부분의 물음과 진술들은 우리가 언어논리학을 이해하지 못하고 있다는 사실에 기인한다. (…) 그리고 가장 심원한 문제는 본래 문제 자체가 아니다. 이 사실은 놀랄 일이 **아니다**."(4.003) 이상 언어의 요청에서 제기된 지금까지의 (잘못된) 철학의 비판으로부터 새로운 (참된) 철학의 근본적인 요구가 발생한다. "모든 철학은 '언어 비판'이다."(4.0031) 더욱이 철학은 궁극적으로 언어 치료이다.

비트겐슈타인에 의하여 일종의 이상 언어 또는 언어논리학이 명백하게 요청된다. 이상 언어는 일상 언어에 어떤 방식으로든 포함되어 있는, 그러나 공개적이기보다는 숨겨져 있고, 소위 말해 절대 언어이다. 이것은 모든 사물들에 불려져야 할 이름을 알고 있는 《구약성서》의 신과 유사하다. 비트겐슈타인은 이 이상 언어가 특히 수학적 자연과학의 인공 언어에서 발견된다고 믿는다. "참된 명제들의 총체는 총체적 자연과학(또는 자연과학들의 총체)이다."(4.11) 비록 믿음 명제라고 할지라도 이것은 그 자체로 참된 명제라는 전제하에서 철학의 모습은 더욱더 명확하게 될 수 있지만, 사실은 다시금 부정될 수 있다. "철학은 자연과학들이 아니다('철학'이라는 단어는 자연과학들의 옆에 있는 것이 아니라, 위에 또는 아래에 있는 어떤 것을 의미해야 한다)." (4.111) 이로써 비트겐슈타인은 철학을 무용한 것으로 간주하지 않고, 특히 자연과학을 고려하여 철학에 일종의 비판적 보조 역할을 지정해준다. "철학의 목적은 사상의 논리적 해명이다. 철학은 이론이 아니라 활동이다. 철학적 작업은 본질에 있어서 해석들로 이루어진다. 철학의 성과는 '철학적 명제'가 아니라 명제를 명확하게 하는 것이다."(4.112) 그리하여——슐리크와 카르나프와 비슷하게——자연과학은 무엇보다도 정제 작업을, 더욱이 자연과학의 틀에서, 그리고 동시에 자연과학을 벗어나서 요구한다. 왜냐하면 자연과학들 자체의 경계가 불분명하기 때문이다. "철학은 이론의 여지가 있는 자연과학의 영역에 경계를 정한다."(4.113) "철학은 사유와 사유 불가능한 것을 구분해야 한다. 철학은 내부로부터 사유 가능한 것을 통해 사유 불가능한 것을 구분해야 한다."(4.114) 요컨대 인식 불가능한 것이 있을 수 있다면, 그 한도 내에서 철학은 인식 가능한 것의 인식으로 인식 불가능한 것의 지시자가 된다. "철학은 말해질 수 있는 것을 명확히 표현하기 위하여 말해질 수 없는 것을 알린다."(4.115) 그러나 말해질 수 있는 것은 인식 가능한 것, 즉 모순 없이 생각될 수 있는 것으로 환원된다. "사유 가능한 모든 것은 명확하게 사유될 수 있다. 말해지는 모든 것은 명확하게 말해진다."(4.116)

그러나 철학을 언어 비판에 환원시키는 것이 《논고》의 마지막 말은 아니다. 사실 세계는 우선 인식 가능한, 또는 사유 가능한 사태들의 앙상블로 나타난다. 또한 사태들의 그림들은 다시금 단지 사태들일 뿐이다. 그러나 이 전제하에도 여전히 문제는 남아 있다. 즉 명제들을 사태들과 결합시키고 인식 가능케 하는 논리적 형식의 문제, 따라서 의미 있는 언어의 사실적 가능성의 물음이 여전히 남아 있다. "명제는 전체의 현실을 표현할 수 있다. 그러나 명제는 현실을 표현하기 위하여 현실과 공유해야만 하는 것——논리적 형식을 표현할 수 없다. 논리적 형식을 표현할 수 있기 위하여 우리는 논리학의 바깥, 즉 세계의 바깥에 있는 명제로 진술할 수 있어야 한다."(4.12) 비트겐슈타인은 그러한 절대적인 지점을 불가능한 것으로 간주하여야만 했기 때문에 존재와 사유를 결합하는 끈은——비록 전제되었지만——사유될 수 없고, 말해질 수도 없다. 그것은 인식의 대상이 아니다. 왜냐하면 인식은 자연과학적 인식으로서 단지 명석하고 판명하게 인식될 수 있는, 그리고 형식화될 수 있는 것만을 파악하기 때문이다. 비트겐슈타인은 인식을 정밀한 ('과학적') 인식에 한정함으로써 정밀하게 인식될 수 없는 모든 것은 절대적으로 인식될 수 없는 것 내지 비합리적인 것, 또는 그가 말하는 것처럼 "신비적인 것(dem Mystischen)"이 된다.

비트겐슈타인은 《논고》의 말미에 이러한 신비적인 것을 명백하게 말한다. 세계의 인식은 단지 사태들의 모사이기 때문에 인식은 의미 물음, 또는 가치 물음에 답을 제시하지 않는다. "세계의 의미는 세계 바깥에 놓여 있음에 틀림없다. 세계 속에는 모든 것은 존재하는 것처럼 존재하고, 그리고 모든 것은 발생하는 것처럼 발생한다; 세계 **속**에는 어떠한 가치도 없고——만일 가치가 있다면 그것은 가치를 가지고 있지 않다."(6.41) 따라서 예를 들어 윤리학은 말할 수 없는 것에 속한다. 그러한 것으로서의 세계 존재는 의미 있는, 즉 대답될 수 있는 물음의 주제가 될 수 없다. 세계는 근본적으로 신비, 즉 말할 수 없는 신비 일반이다. "세계가 **어떻게** 존재하는가는 신비적인 것이 아니고, 세계가 있다는 **사실이** 신비적인 것이다."(6.44) 그리하여 비트겐슈타인은 결국 근본적으로 과학 지향적인 다른 철학자와 마찬가지로 과학과 삶을 구별한다. "모든 **가능한** 과학적 물음들이 대답된다면, 삶의 문제는 그 자체 전혀 언급되지 못한다는 것을 우리는 느낀다. 따라서 어떤 물음도 더 이상 남아 있지 않다; 그리고 이것이 해답이다."(6.52) 이러한 역전으로 비트겐슈타인은 모든 실존적인, 결국 모든 인식론적인, 그리고 형이상학적인 문제들을 거부한다. 삶의 문제들은 의미 있게 말해질 수 없다. 왜냐하면 이것들은 정밀한, 즉 과학적 문제들이 아니기 때문이다. "우리는 삶의 문제 해결이 이 문제의 소멸에 있음을 안다."(6.521) 이로써 신비적인 것이 물론 사라지지는 않는다; 이것은 과학적으로, 또는 논리적으로 대답될 수 있는 문제와 단지 분리될 뿐이다. "물론 말할 수 없는 것은 있다. 이것은 말할 수 없는 것이 신비적인 것이라는 사실을 **가리킨다.**"(6.522) 이것은 단지 말없이 경험할 수 있고, 암시를 통하여 나타난다. 철학은 말할 수 없는 것의 말없는 사유에서 끝나고, 그리고 스스로 지양된다.

그러나 바로 그 다음, 철학 언어의 한계로부터 자기 비판적 또는 자기 치료적, 더 나아가 체념적 결과가 발생한다. "철학의 올바른 방법은 본질상 말해지는 것, 따라서 자연과학의 명제들 이외에 아무것도 말하지 않는 것이다――따라서 철학으로 어떠한 것을 해서는 안 되는 것을 말하는 것이다――그리고 다른 사람이 형이상학적인 어떤 것을 말하고자 한다면, 그의 명제들의 기호에는 어떤 의미도 없다는 것을 증명하는 것이다. 이 방법은 이 사람에게는 만족스럽지 않을 것이다―― 그는 우리가 그에게 철학을 가르친다고 느끼지 않을 것이다――그러나 **이 방법**만이 유일하고 엄격한 올바른 방법이다."(6.53) 따라서 철학은 본질적으로 끊임없는 자기 지양에, 즉 철학(형이상학)으로 나타나는 것을 비판하는 데 있다. 비트겐슈타인은 철학의 철학을 자기 자신에게 적용시킬 만큼 철저하다. 즉 그는 무의미를 말함에도 불구하고 진리를 말하는 절망적인 주장을 하게 된다. "나의 명제들은 나를 이해하는 사람이 이 명제들을 통하여――이 명제 위에서――이 명제를 벗어난다면, 이 명제들이 결국 무의미하다는 것을 인식함으로써 밝힌다(소위 말해서 그는 사다리를 타고 올라간 후에 사다리를 던져 버려야 한다). 그는 이 명제들을 극복해야만 한다. 그러면 그는 세계를 올바르게 본다."(6.54) 종교적 신비주의자와 유사하게 비트겐슈타인은 철학을 우리가 결국 쓸모없는 것으로 던져 버릴 수 있는 사다리로 간주한다; 실로 그는 의미의 정의적 의미에서 그가 말했던 것을 무의미로 설명한다. 철학이 아마도 처음 시작될 수 있었던 그 지점에서 그는 근본적으로 사유를 포기하고, 그리하여 처음부터 '신비적' 침묵 속으로 함몰한다. 알려진 바와 같이 《논고》의 마지막 명제는 다음과 같다; "우리가 말할 수 없는 것에 대하여 우리는 침묵해야 한다."(7) 그러나 철학적 사유는 과학적으로 인식된 이후에 바로 거기서 비로소 시작되는지의 물음이, 따라서 **자연과학이냐 신비학이냐**의 선택이 정말 부득이한 것인지의 물음이 제기된다. 우리가 이전에 절대자의 관점에서 침묵으로 간주되었던 것이 사유의 시작인지 또는 사유의 종말인지, 따라서 철학의 합법적 종말의 가능성일지 모른 것을 게으른 이성이(잘못된 오성이라고 말하지 않기 위해) 철학적 사유 이전에 이미 숨기고 있는지의 물음이 제기된다.

《논고》가 완성된 후 비트겐슈타인은 모든 철학적 문제들이 해소되었고, 그리고 가상의 문제로서 청산되었다고 실제로 믿었던 것 같다. 그는 스스로 철학적 침묵을 지시하고, 철학과 멀리 떨어진 실천적 삶의 방식에——그가 몇 년 후 다시금 포기했던——몰입한다. 왜냐하면 일부는 친구가 그를 설득했기 때문이며, 일부는 지금까지의 자신의 철학을 오류로 인식했고, 따라서 자신의 이론에 반하지만 철학적 사유 자체를 포기할 수 없었기 때문이다. 어찌하였든 그는 직접적이기보다 간접적으로 자신을 비판하면서, 이제부터 과학과 멀리 떨어진 새로운 철학을 전개하기 시작한다. 물론 그는 이 철학을 더 이상 포괄적이고 명확하게 표현할 수 없었다. 이 철학은 표면상 그의 첫번째 기획과는 완전한 반대되지만, 근본 사상에 있어서 커다란 연속성을 보인다.

사후에 출간된(영역본은 1953년, 독어본은 1958년) 비트겐슈타인의 《철학 탐구》는 언어와 세계의 관계를 다룬다. 이 저서의 1부는 1945년에, 2부는 1949년에 이미 완성되었던 것이다. 이것은 자연과학의 방향을 포기하고, 이상적이고 형식적인 언어에서, 과학적이고 인공적인 언어에서, 허구적이고 이상적인 또는 절대적인 언어에서 출발하지 않는다. 오히려 역사적으로 주어진 일상 언어와 구별되는, 현실적이고 일상적인 언어 또는 규범적인 언어에서 출발한다. 이런 언어에서 언어적 기호는 더 이상 단순한 대상의 단순한 명칭이 아니다. 이 단순한 대상은 순수한 논리적 관계를 통하여 다른 기호들(단어들)과 결합된 것이다. 오히려 각각의 언어는 특정한 언어의 틀에서, 따라서 언어의 장에서, 또는 포괄적인 의미 지평에서 언어의 사용을 통해 비로소 의미를 얻는다. 그러나 비트겐슈타인에 의하면 단어의 사용 기능은 행위의 틀에 소급되고, 궁극적으로 단어의 사용 역할은 특정한 "삶의 형식"(비교. 300, 296ff)에 소급된다. 비트겐슈타인은 이렇게 기능하는 언어를 "언어놀이"라고——이 핵심적인 개념을 상세히 설명하지 않고——칭한다. "단어들을 사용하는 과정은 (…) 어린이들이 놀이를 통해 모국어를 배우는 그러한 놀이들의 과정들 가운데 하나라고 우리는 생각할 수 있다. 나는 이 놀이들을 '**언어놀이들**' 이라 칭할 것이고, 그리고 유치한 언어를 종종 언어놀이로서 이야기할 것이다. 우리는 돌에 이름을 붙이는 과정들과 앞서 말해진 단어들을 흉내내어 말하는 과정들 또한 언어놀이라 부를 수 있다. (…) 나는 언어들과 언어와 함께 얽혀 있는 활동들의 총체를 또한 언어놀이라 부를 것이다."(292f.) 이 불명료한 의미 때문에, 특히 마지막의 의미 때문에 언어놀이의 의미가 각각 독립되어 있는 것처럼 보인다. 그러나 또한 어떤 공통적인 행위와의 관계하에서 적어도 부분적으로는 서로 통역될 수 있는 것처럼, 즉 상관적으로 비교될 수 있는 것처럼 보인다.(비교. 346, 383) 그러나 언어놀이를 통해 최종의 고정된 활동과 현실에로의 환원은 결코 존재하지 않는다. 비록 언어놀이는 기능상 활동과 현실에 작용하지만. 언어놀이의 토대, 즉 삶의 형식은 오로지 언어놀이에서만 가능할 수 있다. 그런 점에서 언어놀이는 우리에게 현실을 구성하는 최초의 것, 즉 일종의 원초적 현상이다.(비교. 478) 따라서 우리는 후기 비트겐슈타인을 언어 실증주의 또는 언어 자연주의라고 말할 수 있다. 이를 통해 비록 역사적 언어들은 비교될 수 있지만, 초월하고 포괄하는, 소위 말하는 절대적 언어놀이는 존재하지 않고, 또한 규제적 이념으로서도 존재하지 않는다. 그러나 즉시 물음이 제기된다: 이 이론은 어떤 진리 주장을 할 수 있으며, 어떻게 상대주의를 피할 수 있는가? 비트겐슈타인 자신은 어떤 언어놀이와 놀이하고 있는가?

언어놀이 이론을 토대로 비트겐슈타인은 이제 철학의 무용(無用)을, 한편에서는 현실 인식으로서, 다른 한편에서는 언어 비판 혹은 언어 치료로서 긍정적 기능의 가능성을 새롭게 확립할 수 있다. 통상적으로 언어놀이는 목적의 테두리 안에서 좋은 도구로 기능한다. 물론 이 도구는 목적을 위해 고안된 것이다. 그러나 언어놀이가 이런 기능을 하지 못할 경우 비로소 소위 말하는 철학적 문제들이 나타나고, 그러면 이 문제들은 철학을 통해 해결 내지 제거될 수 있어야 한다. "철학적 문제는 형식을 갖고 있다: '나는 나를 완전히 알지 못한다'."(345) 따라서 철학의 기원은 정상적 언어 충동의 장애에, 즉 일종의 언어 탈선에 있다. 짐작컨대 비트겐슈타인은 철학적 문제들에 관한 다양한 종류의 기원을 알고 있다. 비록 그가 이 종류들을 명확하게 구별하지는 않았지만.(1) 철학적 사유를 위한 가장 중요한 토양은 언어 전망의 불가능에 근거한다. "우리가 단어들의 사용을 **전망하지** 못한다는 사실이 이해 불가능의 주원천이다――우리의 문법에는 전망 가능성이 결핍되어 있다."(345) 명백하게 언어는 언어의 목적에 알맞은 도구 또는 단순한 기술이지만, 그러나 우리 스스로가 어떻게든 찾아야 할 하나의 "미로"이다. 그러나 이 미로 속에 우리는 스스로 길을 잃어버린다.(비교. 381f. 460) 따라서 철학의 과제는 명확한 전망을 창출하는 것이다——이것이 우리 언어의 틀 안에서 어떻게 기능할지, 그리고 어떤 언어로 기능할지를.(2) 우리 자신에 의해 만들어진 언어의 미로는 우리 스스로가 만들었던 함정이다; 우리는 우리 자신의 올가미로 우리를 잡아맨다. "근본적인 사실은 여기에 있다: 우리는 놀이를 위해 규칙들과 기술을 정립한다. 그러나 규칙을 따를 경우, 우리가 받아들였던 것처럼 놀이가 진행되지 않는다. 따라서 우리는 동시에 우리 자신의 규칙 속에 사로잡힌다. 규칙 속에 사로잡힘이 우리가 이해하려는, 즉 전망하려는 것이다."(345) 여기에서 비트겐슈타인은 우리 자신이 정립한 규칙들이 왜 기능하지 않는지를 묻지 않는다. 그는 철학을 언어적 자기 은폐의 해명으로 정의하는 데 만족한다.(3) 우리 언어는 그 자체 속에서 전망될 수 없는, 그리고 스스로 생산하는 완전한 함정이며 한정되어 있기 때문에 모든 언어놀이는 특정한 언어 지평 또는 의미 지평을 가지고 있다. 그렇지 않으면 특정한 언어놀이는 없다. 비록 언어가 본래적으로 세계 파악의 기술일지라도, 그러나 이 지평은 두말할 것도 없이 인식되지 않고 확장되지 않는다. 다른 한편 우리는 우리 자신을 통하여 우리 자신의 이러한 한계에 만족할 수 없다. 따라서 우리는 소위 말해 내부로부터 우리 언어 내지 언어 일반의 한계를 향해 질주한다. 이로써 철학은 다시금 놀이터에 나타난다. "철학의 성과는 어떤 단순한 무의미와 종양의 발견이다. 무의미와 종양은 오성이 언어의 한계에 돌진할 때 예기치 않게 초래했던 것이다. 이것들은, 즉 종양들은 우리에게 발견의 가치를 인식시킨다."(344) 철학적 사유는 자기 인식이며, 즉 고유한, 개인적인 또는 사회적인, 종국에는 인간 보편적인 한계의 인식이며, 특히 철학 자체에서 생산되는 무의미의 인식이다. 참된 철학은 잘못된 철학의 고통에서 나온 결실이다.

따라서 총체적으로 본다면, 우리는 다음과 같이 말할 수 있어야 한

다: 언어는 우리에게 특히 철학에서 마법을 걸고, 그러나 철학이 철학 문제 자체를 다시금 단순한 무의미로서 해소함으로써 철학은 이 마법의 주인이 될 수 있다. "이것들은 경험적 문제들이 아니라 통찰을 통해 우리 언어의 작업에서 해결된다. 더욱이 이 작업은 이것을 오해하는 충동에 **대항**하면서 인식된다. (…) 철학은 언어의 수단을 통해 우리 오성의 마법에 대항하는 싸움이다."(342) 오성은 소위 말해 언어를 통해 자신에게 마법을 걸고, 그리고 언어 속에서 싸우며, 언어를 가지고 언어를 통해 마법에 대항한다. 철학은 계몽이다. 그러나 진리의 인식 또는 현실의 인식으로서의 계몽이 아니라 단지 언어 내지 언어적 오해의 계몽으로서, 특히 철학 자체에서의 계몽이다. "철학의 모든 구름들은 작은 물방울로, 즉 문법(Sprachlehre)으로 응축된다."(534) 따라서 철학은——어떤 형태이든——언어 비판을 통한 언어치료학이다. 이러한 철학은 설명의 의미에서 문제를 해결하지 않고, 오히려 오해로서의 문제를 제거한다. "철학자는 어떻게 아픈가의 물음을 논한다." (393) 철학적 문제들은 "**완전히** 사라져야 한다."(비교. 347) "그러나 우리가 파괴한 공중누각(Luftgebäude)만이 있을 뿐이다. 그리고 우리는 문제들이 있었던 언어의 근거를 들추어 낸다."(347) 철학은 설명하는 것이 아니라, 무엇보다 중요한 것은 자신의 오류를 지적하는 것이다. 그런 점에서 철학은 비판을 통한 교정, 즉 언어 오류의 교정이다; 그러나 철학은 궁극적으로 언어 사용을 사용하는 대로 기술할 뿐이다. "철학은 언어의 실질적 사용을 어떤 방식이든지 훼손해서는 안 된다. 따라서 철학은 결국 이 사용을 단지 기술할 수만 있다. 왜냐하면 철학은 이 사용을 근거지을 수 없기 때문이다. 철학은 그것이 있는 대로 모든 것을 내버려둔다."(345) 그런 점에서 비트겐슈타인에게 철학은 내맡김이다: 사물을 있는 대로 내버려둔다: 수행하는 대로 바라본다; 있는

대로 말한다——그러나 이 모든 것을 오로지 언어의 관점에서.

자명한 것이 드러날 수 있고, 철학적 사유가 중지될 수 있도록 철학은 자기 자신을 통해 언어적 가상 문제로서 해결되어야 한다. "본래적인 발견은 내가 원할 때 나에게 철학적 사유를 중지시키도록 하는 힘이다."(347) 따라서 "철학자-무의미(Philosophen-Unsinn)"(533)는——철학을 통해——중지되어야 한다. 그렇다면 모든 철학자는 무의미를 말해야 할까? 비트겐슈타인은 이 물음을 긍정하는 것처럼 보인다. 그는 과거의 철학을 자신의 새로운 철학으로 대치하려고 하지 않는다; "철학자-무의미"는 필경——스스로를 지양하는 철학을 통하여——사라져야 한다. 철학의 철학은 그 자체 더 이상 철학이려고 하지 않는다. "우리는 철학이 '철학'이라는 단어 사용을 언급할 때, 두번째 등급의 철학이 있어야 한다고 주장할 수 있다. 그러나 그것은 그렇지가 않다; 오히려 그 경우는 '맞춤법'이라는 단어를 가지고 해야 할 맞춤법의 경우에 해당한다. 그러나 그러한 두번째 등급은 없다."(344)

언어에 대한 비트겐슈타인의 존경으로부터 우리는 다음의 물음을 제기해야 한다. 즉 철학적 문제의 해소가 현재 진행되고 있는 언어놀이의 틀에서 여전히 **철학**을 움직이게 하는지? 그가 언어적 오해로서의 철학을 실제로 제거했는지? 그러나 언어 외적인 어떤 것(세계)을 전제한 언어학적 상대주의는 명백하게 언어를 더 이상 환원될 수 없는 "최초의 것" "원초 현상"으로 간주한다. 언어 자체에 관하여, 또한 언어 외적 또는 언어 이전의 현실에 관하여, 이로써 언어와 세계의 관계에 관해서 단지 (개연적) 언어에서만 말해질 수 있듯이, 언어를 통한 현실의 파악 가능성 내지 파악 불가능성도 단지 (개연적) 언어에서만 말해질 수 있다. 이때 어떤 방법으로든지 생성되었던, 그리고 계속 생성될 이러한 언어가 단순한 '사적 언어' 또는 역사적 사회 언어인지는 우선 사소한 문제이다. 그럼에도 불구하고 비트겐슈타인은 언어 비판 내지 언어 치료의 가능성을 포기하지 않고, 이로써 진리 주장을 포기하지 않는다. 그는 마지막까지 언어 정화를 통해, 그런 점에서 철학을 통해 철학적 문제들을 사라지게 할 수 있다고 확실하게 믿었던 것처럼 보인다.

3. 포퍼: 비판적 방법론과 발견적 형이상학

카를 라이문트 포퍼(1902-1994)는 빈에서 변호사 아들로 태어났다. 그는 가구사와 교사를 위한 직업 교육을 받고 난 후, 그곳에서 모리츠 슐리크에게 철학과 물리학을 공부하였다. 슐리크를 통해 빈학파와 접촉을 가졌고, 특히 처음부터 논리적 경험주의와 대립하였다. 1934년 주저서인 《탐구논리학》을 출판하였다. 이는 사후에 출간된 《인식론의 두 가지 근본 문제들》의 짤막한 요약본이다. 그는 영국에서 강의를 한 후 뉴질랜드로 이주하였고, 그곳에서 전체주의와 전체주의의 '전체적' 역사철학에 반대하는 두 권의 책(《역사주의의 빈곤》, 영어본 1944/45, 독어본 1957; 《열린 사회와 적들》, 영어본 1945, 독일본 1957)을 저술하였다. 전쟁 후에는 영국으로 돌아와 그곳에서 소위 말하는 비판적 합리주의를 정립하려 했고, 영미철학의 언어철학적 전환(linguistic turn)과 싸웠다. 후기에 그는 무엇보다도 정신 문제에 몰두하였으며, 세 가지-세계-이론(Drei-Welt-Theorie)(사물 세계, 자아 세계, 정신 세계)을 전개하였다.

포퍼의 진술에 따르면, 그는 상대성 이론의 논의를 통해 과학 이론에 접근하였다. 그러나 그의 과학 이론 내지 탐구 이론의 사실적이고 방법적인 출발점은 귀납 논증 문제이다. 또한 그는 과학으로부터, 그리고 과학의 중단을 통해 철학을 규정한다. 그의 관점에 의하면 과학 이론들은 검증될 수 없고, 단지 반증될 수 있을 뿐이다. 왜냐하면 그는 과학적 명제를 귀납 논증에서 연역된, 따라서 기껏해야 개연적인 총체 명제로 간주했기 때문이다("모든 구리는 전류를 전달한다"). 달리 표현하면 모든 과학적 진리는 일시적이고, 근본적으로는 단지 지금까지 증명된 가설이다. 가설은 연구자 자신에 의하여, 그리고 연구자들의 공동체에 의하여 다시금 재검되어야만 한다(오류 가능주의). 모든 최종 근거를 피하려고 하는 이 입장으로부터——특히 그가 여러 번 머리말과 부록을 출간했던 《탐구논리학》에서——상대주의나 회의주의는 나타나지 않는다. 그가 후기의 머리말에서 표현하였듯이, 우리의 지식은 단지 "추측들의 조직물(Gewebe von Vermutungen)" 또는 "비판적 추측(kritisches Raten)"이다. 그러나 "진리에의 접근"(비교. XXV)은 가능하다. 즉 **시도와 실수**(trial and error) 또는 **추측과 논박**(conjecture and refutation)을 통해 가능하다. 더욱이 과학은 가설적이지만 잠재적으로 오류 가능한 지식이다. 그런 점에서 과학 자체는 아마도 무지로서 인식하는 지식이다——그리하여 과학은 계속된 추측들을 통해 아마도 순수한 지식에 접근할 수 있다. 이에 반하여 철학적 내지 형이상학적 명제들은 원칙상 경험적으로 재검될 수 없기 때문에 검증될 수도 없고 반증될 수도 없다; 이 명제들이 진부적이 아닌 한 사변적이며, 어떤 경우든 비과학적이다. 그럼에도 불구하고 포퍼는 형이상학의 과감한 추측들을 무의미(사이비-명제들)로서 거부하지는 않고, 무엇보다도 역사적이고 발견적인 기능으로 받아들인다——또한 순수한 사변성은 (경험적) 과학을 위해 유용한 것으로 증명될 수 있다. 물론 이러한 평가에 있어서 모든 '비과학적' 명제들은 소위 말해 동일하게 취급된다; 그러나 명제들이 모두 동일한 방식으로 무비판적이고 또는 사변적인지, 따라서 근거되지 않는 또는 비이성적인지의 물음은 여전히 제기되고 있지 않다.

근원적으로 단지 과학 이론으로서, 정확히 말해 "탐구논리학" 또는 "인식논리학"으로서 이해된 비판적 합리론에 대한 포퍼의 구상은 다양한 관점으로 확장된다. 예를 들면 변이와 도태를 통한 생물학적 진화는 시도와 오류를 통한 삶의 발전으로 설명되고, 따라서 삶은 (무의식적인) 문제 해결 태도로 설명된다. 그런 까닭에 소위 말하는 진화론적 인식론은 인간의 과학적 문제 해결 태도를 인식 장치의 최고 표현으로 설명할 수 있다. 인식 장치는 변이와 도태를 통해 형성된 것이다. 특히 정치적 실천은 인식론과 유사하게 실천적 문제 해결 시도로서 규정된다. 실천적 문제 해결 시도는 과학의 비판적 추측과 유사하게 단지 조립 기술(piecemeal engineering)일 수 있다——이로 인해 정치는 특히 처음부터 개량적인 성격뿐만 아니라 실험적인 성격을 갖게 된다. 그러나 인식 이론으로서 첫눈에 매우 명백하게 보이는 비판적 합리주의도 물론 일련의 근원적인 문제들을 안고 있다. 예를 들어 우리가 일종의 검증을 주장해야 한다면, 어떤 것이 참이 아님을 증명하기 위해 모든 반증은 어쩔 수 없이 스스로 진리 주장을 관철해서는 안 되는지의 물음이 제기된다. 특히 비판적 합리주의의 원리에는 수없이 논의되었던 물음이 있다. 즉 이 이론의 의미에서 볼 때, 이 원리 자체가 비판적-합리적으로 증명될 수 있는지, 또는 이 원리가 합리성을 위해 비합리적인(독단적인) 결정에 근거하고 있는지의 물음이 제기된다. 이 결정은 대립적일 뿐만 아니라 임의적이다.

포퍼는 철학적 자기 이해를 여러 번 명확하게 설명하려 했고, 이로 써 철학에 대한 서로 다른 개념들이 전개된다. 이 문제를 거의 다루지 않았던 《탐구논리학》은 처음에 철학을 과학도 형이상학도 아닌, 함축 적 의미에서 과학 이론으로 이해하고 있는 것처럼 보인다——어떻든 철학은 불가피하게도 이러한 메타이론인 것처럼 보인다. "경험과학 은 이론의 체계이다. 우리는 인식논리학을 이론들의 이론이라 부를 수 있다."(31) 더욱이 과학의 경계 기준인 반증으로 인해 머리말에서 철학 내지 형이상학은——직접적이기보다 간접적으로——원리상 반증될 수 없는, 따라서 순수한 사변적 이론으로 설정된다. 그러나 이것은 주 제가 되지 않는다. 오히려 기회가 있을 때마다 형이상학적 사변의 발 견적 가치가 과학의 발전을 위해 강조된다.(13) 나중에 포퍼가 여러 곳에서 철학의 문제를 직접적으로 논의한 뒤에, 비로소 이것을 《탐구 논리학》의 머리말과 부록에서 상세히 주장하였다.

1958년에 쓴 머리말에서 포퍼는 무엇보다도 철학의 언어분석적 관 점과 견해를 달리한다. "언어분석자들은 순수한 철학 문제는 없으며, 만일 문제가 있다면 이것은 언어 사용의 문제이고, 그리고 단어들의 의미와 의의에 대한 문제라고 믿고 있다. 그러나 적어도 사유하는 모 든 인간들이 관심을 가지고 있는 하나의 철학적 문제가 있다고 나는 믿는다. 그것은 우주론의 문제이다: 세계를 이해하는 문제——또한 이 세계에 속해 있는 우리 자신과 우리의 지식의 문제. 이런 의미에서 모든 과학은 우주론이라고 나는 믿는다; 과학과 마찬가지로 철학이 단연코 우주론에 기여하기 때문에 나에게 흥미롭다."(XIV) 우주론으 로서의 (소크라테스 이전의 철학적 의미에서) 철학은 다시금——과학과 유사하게——총체적으로 현실에로의 직접적인 통로를——명제 이론 이 아니라 객체 이론으로서——획득하는 것처럼 보인다. 반면 이런 관점에서 볼 때 언어분석은 철학의 "자기 파괴(Selbstverstümmelung)"를 야기했으며, 다음과 같은 (철학적) 주장 또한 야기했다. 즉 철학은 **정의를 통하여** 세계에 관한 우리의 지식에 어떤 기여도 할 수 없다.(XVIII) 포퍼는 철학에 대한 이런 이해를 인식 방해라 하여 거부한다. 따라서 중요한 것은 언어와 언어 기능을 이해하는 것이다. "우리의 문제를 단순한 언어적 오해로서 간주하고, 그리고 제거시키는 것"(XIV)이 철학의 문제가 아니다. 언어분석이 철학의 유일한 참된 방법만이 아니라 보편적 토론도 참된 방법이다——하지만 이것이 참된 방법인지를 우리는 포퍼에 대해 의심할 수가 있다. 포퍼는 물론 오랫동안 비판적 또는 합리적 토론을 통한 올바른 인식 발전을 희망한 것 같다.

《경험과학과 형이상학의 가능성에 관하여》(1957/58)라는 논문에서 포퍼는 철학 이해와 과학 이해를 상당히 비관적으로 설명한다. 첫번째 부분에서 우선 경험 내지 경험과학의 문제가 논의된다. 포퍼에 의하면, 오늘날 우리는 뉴턴의 물리학이 관찰(관찰 명제들)로부터 연역되지 않았고, 또한 연역될 수 없다는 사실로부터 출발해야 한다; 또한 뉴턴의 물리학은 단지 아직도 자연에 대한 하나의 가능한 해석, 따라서 상대적인 해석이다. "그러므로 우리의 오성은 하나의 해석 능력만이 아닌, 더 많은 해석 능력을 가지고 있다. 또한 오성은 자연에 자신의 모든 해석을 절대적으로 강요할 힘도 가지고 있지 않다. 오히려 오성은 실험적 방식으로 작업한다. 우리는 신화와 이론을 인지하고, 그리고 우리는 이것을 가지고 무엇을 수행할 수 있는지를 실험한다. 게다가 우리가 개선할 능력이 있다면, 우리는 이론들을 개선한다. (…) 그럼으로써 이론들은 우리의 자유로운 창조가 되고, 자연 법칙의 시적(詩的) 공감이 된다."(8) 이로써 지금까지 정확하고 보편 타당한 과학의 최고 본보기였던 뉴턴의 물리학은 뜻밖에도 신화와 시 가까이에 접근한다. 이론의 개선 가능성과 이로써 진리와 현실에의 접근 문제는——그렇지 않아도 포퍼에게 명확하지 않았지만——이로 인해 더더욱 불명료해진다. 직접적인 검증 이념은 반증을 통한 간접적인 진리의 접근 이념으로 대치되었고, 이제 이 이념마저도 적어도 현실의 자유로운 해석 이념으로 대치되는 것처럼 보인다.

다른 한편 포퍼는 과학 이론의 반증 가능성을 고집한다. 즉 앞에서 제시된 논문의 두번째 부분에서 그는 철학 이론의 반증 불가능성(Nichtwiderlegbarkeit)을 논의한다. 이로부터 이제 결과적으로 하나의 문제가 발생한다. **"철학 이론들이 반증될 수 없다면, 어떻게 우리는 참된 철학 이론들과 거짓된 철학 이론들을 구별할 수 있는가?"**(13) 근본적으로 구별할 수 없다. 왜냐하면 우리는 어떤 이론도 검증할 수 없기 때문이다. 논리적-수학적 그리고 경험적-과학적 이론들은 "비판적 사유"를 통해 끊임없이 합리적으로 재검될 수 있고, 따라서 반증될 수 있다. 그러나 우리는 "반증 불가능한 철학 이론들을 어떻게 **비판적으로** (…) 논의할 수 있는가?"(14) 그 스스로 제기한 물음에 대한 그의 대답은 다음의 전제로부터 출발한다. 즉 이제 "이성적 이론"은 과학적이든지 아니든지 간에 단순히 맹목적인 주장을 제시하는 것이 아니라, 특정의 문제 상황 속에서 특정한 문제를 해결하려고 한다. 그렇다면 우리 또한 물음을 제기할 수 있다: "이 이론이 그것의 문제를 해결하는가? 이 이론이 다른 이론보다 더 잘 해결하는가?"(15) 그런 한에서 (문제 해결과 해결의 질이 인식될 수 있다는 전제하에서) 이성적 또는 비판적 논의는 가능할 수 있다. 물론 이 논의의 특성은 단지 막연하게 파악된다——칸트의 "비판적, 자기 비판적 합리주의의 근본 이념이 여기에서 길을 제시해 준다."(16) 이런 관점에서 포퍼가 철학적 문제의 발견이야말로 소위 말하는 문제 해결보다 더 중요하게 간주한 사실이 이해된다.

《나는 철학을 어떻게 보는가》(영어본 1975, 독어본 1978)라는 논문에서 포퍼는 우선 일련의 철학 구상들과 거리를 둔다; 한편 그는 근대 체계철학의 철학 이해에 대립하고, 다른 한편 근원적으로 그와 인접한 방향들(빈학파, 비트겐슈타인)의 철학 이해와 대립한다. 이제 그는 철학에 대한 매우 넓은 개념에서 출발한다. "모든 사람은 철학자이다. 비록 철학적 문제들을 지니고 있음을 의식하지 못할지라도 그들은 어찌하였든 철학적 선입견을 가지고 있다."(201) 선입견은 여기에서(해석학과는 달리) 순수하게 부정적으로 이해되지만, 포퍼는 이것의 계몽 가능성을 믿고 있는 것 같다. 이를 위해 필요한 비판을 그는 전문적인 철학자들에게 기대한다. 그의 관점에 의하면 비록 이들이 가장 나쁜 (철학적) 선입견의 주원인자라고 할지라도. "모든 철학은 무비판적인 일상 이해의 불확실하고, 그리고 종종 해로운 견해에서 시작되고 있음이 틀림없다. 그러나 목표는 계몽된, 비판적인 일상 이해이며, 진리에 접근하는, 그리고 인간의 삶에 해로운 영향을 주지 않는 입각점에 도달하는 것이다."(202) 이것을 넘어서서 포퍼는 무엇보다도 철학을 인식 이론으로 이해한다. "나의 견해에 의하면 인식 이론의 문제들이 철학의 핵심 부분이며, 더욱이 일상 이해의 무비판적인 대중철학뿐만 아니라 학술적인 철학의 핵심 부분이다."(204) 물론 이 두 형식의 철학에는 무비판적인 인식낙관주의가 깔려 있다. 그러나 이것은 거부되어야 한다. 이런 점에서 포퍼는 이제 그가 "다원적 실재론"이라 부르는 "인식론적 비관주의"(비교. 205)에 접근한다. 그밖에도 그는 철학과 개별 과학의 공동 연구를 강력히 변호한다. 소박한 일상 이해와 이로부터 출발한 실증주의자들이 희망했던 그런 안전한 지식의 건축물은 물론 불가능하다——모든 과학은 가설적이다.

그러나 포퍼는 인식론보다 철학자에 더 많은 기대를 건다. 철학자는 과학자들처럼 "지적 대담성"이 필요하다; 철학자는 "사유의 영역에서 혁명가"(200)이기를 과감히 시도해야 한다. 물론 그는 합리적 또는 비판적 논의를 위하여 개방적이어야 한다; 그러나 바로 "비판적 관점이 (…) 철학의 생명"(209)이기 때문에 포퍼는 매우 사소한 비판에, 즉 **일상 언어철학**의 "잔소리 많은 철학자"의 소심성에 주의하라고 경고한다. 이 잘못된 철학 이해의 관점에서 그는 이제 우주론으로서의 철학적 정의로 돌아와 철학을 다시 한번 확장시킨다. "사소한 문제를 가지고 잔소리하는 철학자와 반대로, 나는 우주와 그 속에 있는 우리의 터를, 그리고 우리 지식의 위험한 힘과 선과 악에로의 힘을 비판적으로 심사숙고하는 바로 그 속에서 철학의 과제를 본다."(210) 그리하여 포퍼는 결국 실존철학이 일정한 방식에서 시작했던 문제와 마주친다. "모든 인간은 철학자들이다. 왜냐하면 그들은 삶과 죽음에 하나 또는 다른 견해 혹은 태도를 받아들이기 때문이다."(210) 따라서 철학은 자신의 문제, 즉 실존의 문제를 갖고 있다. 철학은 단지 과학의 시녀가 아니다.

이제 포퍼에게 철학의 최고 목적은——과학처럼——근본적으로 우주론이다. 더욱이 넓은 의미에서 볼 때, 철학은 전체 속에서, 그리고 이 속에 있는 우리의 위치에서 현실의 합리적 인식 또는 비판적 상론이며, 더 나아가 가치와 의미 물음의 실존적 관심에서 현실의 합리적 인식 또는 비판적 상론이다. 그러나 무엇보다도 철학은 근원적으로, 그리고 핵심적으로 자연 인식 가능성의 비판적 토론이고, 따라서 과학 이론이며, 더 나아가 인식논리학 혹은 탐구논리학이다. 근본적으로 소위 말하는 모든 인식은——과학 인식도——단지 검증될 수 있는 추측만이 아니라 가설적 이론이며, 더군다나 시적 신화이다. 그러나 이런 방식으로 인해 철학의 합리성뿐만 아니라 과학의 합리성이 문제시된다. 결과적으로 포퍼가 초기에 과학 지향적 철학에서 제시한 철학과 과학의 예리한 구분은 위태롭게 된다: 과학과 철학은 단지 반증될 수 있는 신화와 반증될 수 없는 신화의 구분처럼 구분된다——이 구분은 증명되어 있지 않지만 다음의 사실이 전제되어 있다. 즉 반증에서 최소한의 검증이 생기고, 따라서 현실에 대한 최소한의 진리가 가능하다.

포퍼와 관계맺으면서, 그리고 그의 근원적 의도와는 다르게 인식론적 비관주의 또는 다원적 실재론은 계속적으로 발전되었다. 토머스 쿤(1922-1996)은 철학사를 발전 대신에 비합리적 패러다임 변화로 해석하고, 그리하여 과학사와 함께 과학 자체를 비합리주의로 만들었다. 여기에서 파울 파이어아벤트(1924-1994)는 모든 이론들 자체는 아무래도 좋다(anything goes)는 "무정부적인 인식론"을 체계적으로 도출했다; "대담한 경험주의자"들에게는 결국 조롱만이 남아 있다. 이로써 과학 지향적 철학은 자기 파괴로 인해 역전된다: 과학의 영광으로부터 과학의 신화에로, 철학의 과학화로부터 과학 자체의 탈과학화로. 모든 합리적 인식의 본보기인 과학의 영광은 형이상학으로서의 철학을 멸시했고, 또는 새로운 종류의 철학을 요구했다. 그러나 종국에는 과학 자체가 비합리적 것으로 입증되고, 이로써 그들의 이상(理想)에 비추어 볼 때 비과학적인 것으로 입증된다. 철학과 과학은 단지 현실의 서로 다른 해석일 뿐이다. 이 현실 해석과 현실의 연관성은 결국 불분명하게 남아 있다.

4. 과학의 한계

20세기에 강조된 과학 지향적 철학은 특히 30년대 빈학파에서 전개되었고, 제2차 세계대전 이후 역수입되어 영향을 끼쳤다. 이 철학은 엄밀한 과학들만이 유일하고 올바른 인식을 제공하고, 따라서 철학은 적어도 지금까지의 형식에서는 무용하다는 관점에서 출발했다. 수학적 자연과학들은 이런 실증주의를 위해 절대적 규범의 역할을 했다: 즉 명제들의 참된, 따라서 보편 타당한, 그리고 초역사적인 체계로서의 과학으로서. 반면 전통철학은 사실 그들에게 형이상학이었고, 근본적으로 단순한 의미 없는 것이었다. 즉 형이상학은 가상의 문제들과 사이비 명제들의 무질서한 집산이었다. 따라서 과학적 인식 가능성 조건의 분석은 다시금 철학과 과학의 구별을 해명하여야만 했다. 그러나 과학에 열광했고 철학을 비판했던 철학자들도 불가피하게 여전히 철학자로 머물러 있었기에, 그들은 적어도 자연과학을 철학의 중심 주제로 삼으려 했고, 철학을 자연과학에 봉사하는 보조과학으로 위치시켰다. 그때 그들은 자연과학을 가능한 모범으로 간주했고, 현대 과학의 의미에서 철학을 가능한 과학화하려고 했다; 철학은 과학이 되어야 했고, 또는 만일 철학이 과학의 과학에 환원되지 않는다면 적어도 과학철학에 환원되어야 했다. 물론 처음부터 전통철학의 전반적인 멸시에 대해 어떤 의심도 품었다. 그리고 이것은 과학 이론의 전개와 함께 다음의 결과를 초래했다. 즉 이것은 그들의 근원적인 의도와는 반대되는 결과를, 다시 말해 모든 철학 문제를 과학 문제로 환원하는 것을 거부하는 내지 철학을 무의미로 서술하는 것을 거부하는 결과를 가

저왔다. 과학 이론의 한계와 마찬가지로 과학의 한계는 그들 자신이 형이상학, 역사, 그리고 소위 말하는 삶의 문제를 방어하는 데서 명백하게 드러났다.

그리하여 처음부터 과학과 다른 것에 관한 물음, 또는 과학보다 가능한 더 많은 것에 관한 물음은 명백하게도 완전히 사라지지 않았고, 과학의 이론적 근거들에 불가피하게 남아 있었다. 왜냐하면 과학적 명제들, 특히 이 명제에 전제된 근본 개념들, 따라서 과학 언어들은 해석이 요구되었기 때문이다; 과학적 명제들의 "의미," 진리 및 진리 증명은 계속된 내지 선행된 "확증"이 요구되었다. 그밖에 과학의 근본 개념들은 자기 해명, 더 나아가 구성 내지 구조가 요구되었다——범주론의 형식이든, 또는 기초과학의 형식이든 간에. 더욱이 이러한 철학은 필요한 경우 여전히 과학 이론(과학논리학)으로 이해되었지만, 그것을 벗어난 모든 철학은 시학(서정시)으로서 자격을 박탈당했다; 그럼에도 불구하고 비난당한 형이상학이 적어도 역사적으로 발견적 기능을 가지고 있었고, 그리고 오늘날도 가능한 방식으로 여전히 가지고 있다는 것을 우리는 부정하지 않는다. 따라서 단순한 기호논리학 또는 논리학 자체가 과학 연구에 충분하지 않다는 것도 우리는 부정하지 않는다. 그밖에 과학에 의해 의미 있게 논쟁될 수 없는, 그러나 전제된 사실들이(세계의 존재 또는 존재와 사유의 결합과 같은) 미해결의 문제로서 남아 있다. 그러나 이 문제의 상론을 위한 모든 수단들을 제거한 논리실증주의의 관점에서 볼 때, 이 수수께끼 같은 사실들은 단지 '신비적인 것'으로 나타날 수밖에 없었다——수리논리학(수학)은 직접적으로 신비설을 통해 부족한 것을 보충하는 경향을 나타내기도 했다. 또한 일상 언어의 분석은 과거의 모든 문제를 무의미로서 제거하는 데 성공하지도 못했다.

과거의 철학 문제들의 어쩔 수 없는 재수용만큼이나 적어도 소위 말하는 과학 이론의 내적 발전도 과학 지향적 철학의 발전을 위해 중요하였다. 과학을 검증 가능한 명제들의 단순한 체계로서(과정으로서가 아닌) 해석하려는 원초적 성향은 곧 불충분하고 성취될 수 없음이 입증되었다. 검증 문제는 확증적으로 해결되지 못했고, 그리고 될 수도 없었다. 따라서 반증 이론이 이를 대신하였다. 그러나 이것은——새로운 검증 문제 이외에——과학에 대한 완전히 다른 구상을 암시하고 있었다. 즉 이것은 끊임없이 자신을 검열하는 탐구 과정으로서의 과학을 암시하고 있었다. 과학은 더 이상 명제들의 확고한, 최종 근거의 체계가 아니었다. 과학은 단순히 일시적인 이론 내지 일시적으로 증명된 (순수실용적 또는 더 나아가 협약적) 이론이 되어 버렸다. 근원적으로 진리의 유일한 참된 형식으로 간주되었던 과학 언어, 논리적 계산 자체는 "언어놀이"로 변질되었다. 특히 정밀한 모든 인공 언어들은(물론 언어놀이도) 정밀하지 못한, 그리고 언제나 비판되었던 일상 언어의 해석을 요구하게끔 변질되었다. 그리하여 짐작컨대 과학적 과학의 초역사적인 진리가 역사에 의하여 다시금 회복되었다. 따라서 결국 과학적 인식의 전체 과정은 비과학적으로(예를 들어 역사적으로) 조종된 패러다임 변화로서, 많든 적든 비합리적인 해석 실험을 통한 임의적인 놀이로서 나타났다.

그러나 이것은 결과적으로 그들의 최초 형식에 나타난 과학과 형이상학의 근원적인 철학 비판적 구분이 더 이상 유지되지 못했다는 것을 의미했다; 과학의 상대화는 (최종 근거가 불가능했던) 철학의 가치를 높여 주었다. 철학과 과학의 경계는 다시금 뚜렷하지 않게 되었다. 과학 자체가 일종의 철학으로 입증된다면, 철학도 역시 일종의 과학으로 이해될 수 있다. 즉 철학은 고대의 넓은 의미에서 과학으로 이해될 수 있다. 그리고 19세기부터 유래된 자연과학과 정신과학의 구분도 물론 양쪽으로부터 문제시되었다. 한편으로는 정신과학에 자연과학적 방법을 전용하는 것은 더 이상 금지될 수 없었고, 다른 한편으로는 자연과학이 단순한 역사적 현상들이 되어 버렸다. 그러나 무엇보다도 철학과 과학은 공통적으로 이런 전개로 인해 사실적이고 역사적인 상대화의 소용돌이 속에 빠져 버렸다. 진리에 대한 모든 희망은 인식 가능성의 보편적인 절망 앞에 굴복되는 것처럼 보였다. 이로써 과학 지향적 철학의 지나친 낙관적인 합리주의는 실제로는 역으로, 즉 회의적이고 비관적인 비합리주의로 전복되었고, 다시금 쓸데없는 것과 함께 귀중한 것도 버려 버렸으며, 또는 이성을 다른 창문으로 내던져 버렸다.

그밖에 소위 말하는 삶에 관한 물음, 따라서 가치 및 세계와 실존의 상황 파악에 관한 물음이 제기되었다. 과학을 선호한 과학철학은 이것을 과학적으로 (수학적 자연과학의 의미에서) 해결하는 것이 불가능하기에 이 문제를 제외시켰다. 그러나 이것을 단순히 임의적인 (불합리한) 주관성에 계속 위임하는 것이, 그리고 철학으로부터 근원적으로 제외시키는 것이 불가능함이 입증되었다. 그리하여 이것은 **우주론**이라는 이름하에 복권되었고, 언어분석철학에서 점차로 다시금 직접적인 주제가 되었다. 이로써——윤리학과 형이상학에서도——언어 문제로부터 과거의 사실 문제로 가는 길이 가능하게 되었다.

VI

과학과 구원의 확실성

철학의 변형들

20세기 독일철학의 전체적인 조망은 어떤 고정된 윤곽의 크기를 전제하지 않는다; 이 조망은 어떤 통일 주제를 가지고 있지 않기에 오히려 실험이란 제목이 더 어울릴 것이다. 다양한 철학들 내지 철학자들이 있다면, 그들은 다양한 철학 개념들 속에서 많든 적든 간에 명백하게 자기 규정을 설명한다. 20세기 철학에 통일된 철학과 철학의 통일된 이해가 없다는 것은 일반화된 사실이다; 그런 점에서 차이와 불일치는 결코 문제시되지 않는다. 처음에는 차이의 확인만이 있고, 어떤 의도된 결과는 없다. 그러나 서로의 차이를 명백하게 구별하려는 당파들의 노력에도 불구하고 모든 당파들을 무시하지 않고서도 우리가 추측한 것보다 더 큰 통일성을, 그리고 어떤 공통된 구조를 발견할 수 있는지의 물음은 흥미롭게 제기될 수 있다.

철학적 사유는 구체적인 상황 속에 있는 자유로운 사유이다. 자유로운 사유로서 철학적 사유는 언제나 자기 자신으로부터 자신을 규정한다. 철학적 사유는 자기 자신을 검열하고 변형시킨다; 상황에 제약된 사유로서의 철학적 사유는 역사적 사유이다. 역사적 사유는 특정한 상황의 문제에 어떻든 대답하고, 앞서 주어진 것을 어떻든 과제로서 수용한다. 그리하여 철학적 사유는 국경에, 더 나아가 세기의 한계에 고착되어 있지 않다; 그럼에도 불구하고 민족들과 국가들의 실존 조건들하에서, 그리고 시대의 사건들과 연관 속에서 상대적으로 언제나 어떤 전형적 형식들이 있다: 시대 전형적인, 그리고 지역 전형적인 형식들, 무엇보다도 종교적으로 제약된 형식들(프랑스의 계몽주의, 영국의 경험주의, 독일의 관념론 등등)이 있다. 이것은——끊임없는 변화에도 불구하고, 물론 일부는 연속적인 변화, 일부는 혁명적인 변화에도 불구하고——어떤 구조 유사성과 구조 총체성을 형성한다. 이런 의미에서 우리는——수많은 철학자와 다양한 철학에도 불구하고——독일권 내에서 20세기의 철학을 포괄하는 특성과 같은 것이 가능함을 추측할 수 있다. 따라서 우리는 인습적인 시간 계산과 정치적인 지리학의 우연성에도 불구하고 이 시대와 이 장소에서 철학의 어떤 통일된 문제, 또는 통일된 형식이 있음을 추측할 수 있다. 또한 1945년 이후 원칙적인 보편주의와 새로운 국제화에도 불구하고——20세기에도 여전히 일종의 '민족 특성'이 있을 수 있다. 이 근거들은 무엇보다도 공통된 역사와 상황 속에 있을 수 있다. 예를 들면 이 근거들이 계몽주의 시대 이후 오늘날의 독일철학에 여전히 작용하고 있는 이전 역사에 있을 수 있고, 종교적 분열과 그후 독일 나치 정권의 발생에 있었을 수 있다. 정신적·사회적 경험들과 이념들의 공통된 토대는 유사한 감수성과 의향을 지닌 유사한 사유 방식을 야기시킬 수 있다.

1. 입장들과 전개들

20세기의 독일철학은——우리가 19세기의 후예들을(따라서 신칸트주의, 해석학, 현상학) 우선 제외시킨다면——비교적 쉽게 세 그룹으로 구분된다: 1) 실존과 초월 지향적 철학, 2) 사회 지향적 철학, 그리고 3) 과학 지향적 철학. 이미 19세기에 전개된 인식론들, 그리고 과학철학에 대한 노력들은 계속해서 발전되었기 때문에 적어도 20세기의 부분으로 간주될 수 있다. 그럼에도 불구하고 이런 구분은 원칙상 변함이 없다. 왜냐하면 과학 이론과 과학화 시도의 전후 형식은, 모든 차이에도 불구하고 근원적인 방향은 이음새 없이 거의 일치하고 있기 때문이다. 이 형식은 모든 인식의 규범을 수학적 자연과학에서 찾으려고 한다. 그런 점에서 근원적으로 세 가지 서로 다른 사유 성향들이 있다. 이 세 가지 입장은 소위 20세기 독일철학의 각점(角點, Eckpunkte)을 형성한다. 원래 실존과 초월 지향적 철학은 소위 말하는 본래적인 인간의 실존을 문제로 삼고, 더 나아가 최종적으로 인식될 수 없는 초월성과의 관계에서——짧게 말하면——참된 자아와 참된 존재를 문제로 삼는다. 원래 사회 지향적 철학은 정의롭고 소외되지 않은 사회의 가능성을——짧게 말하면——참된 공동체와 더 나아가 모든 인간의 공동체를 문제로 삼는다. 원래 과학 지향적 철학은 과학적 인식의 본질을——짧게 말하면——참된 과학과 그 대상을 문제로 삼는다. 그리하여——더욱 중요한 것은 사방팔방의 끊임없는 논쟁 때문에——우선 대립의 인상이 지배적이다. 그외에도 한 그룹들 내에서까지 대립의 인상이 지배적이다: 예를 들어 하이데거와 야스퍼스는 잠시 동안

우정을 나눈 후 더 이상 서로를 알려고 하지 않았고, 블로흐와 프랑크
푸르트학파는 거리를 두었으며, 포퍼는 비트겐슈타인과 언어분석철학
과 싸웠다.

　그러나 가까이 살펴보면 세 입장 모두는 사실상 서로서로의 연관성
을 갖고 있다. 우선 급진적이고 개인화된 주체철학인 실존과 초월 지
향적 철학은 비록 일부는 추상적이지만 참된, 즉 실존적 공동체에 관
심을 개진하고 있을 뿐만 아니라 이 철학의 근본에 의하면 참된 국가
의 정치적 관심도 개진한다. 물론 이러한 관심은 상황 속에서 서로 다
른 사회 참여를 유도한다: 하이데거는 실존적 · 존재론과 존재사에 토
대를 둔 나치주의에 참여하고, 야스퍼스는 도덕적 엄숙주의와 결합된
시민자유주의에 참여한다. 우선 현대 사회의 네오마르크스주의적 비
판으로 이해될 수 있는 사회 지향적 철학은 물론 개별자를 위한 정의
로운 그리고 소외되지 않은 사회를 원하며, 따라서 진정한 자아 또는
손상되지 않은 의식의 가능성에 관한 물음을 제기한다. 그밖에 두 방
향은 많든 적든 간에 과학 비판적이며, 다시 말해 과학적 실증주의("과
학 미신")와 대립한다. 그러나 역으로 과학 지향적 철학은 인간과 인간
의 공동체에 물론 무관심하지는 않다. 비트겐슈타인은 편파망상증일
지 모르지만, 적어도 포퍼는 열린 사회와 함께 참된 공동체에 대한 어
떤 이념을 전개하였다. 그리고 과학 지향적 철학자들은 많든 적든 간
에 각자가 전개한 형이상학 내지 가능한 형이상학의 개념을 물론 갖고
있다. 그들은 공식적으로 여러 방식으로 형이상학에 적대적이지만, 종
종 다시금 형이상학이 적어도 부분적으로 정당화될 수 있는지, 그리
고 어떻게 정당화될 수 있는지를 숙고한다. 그들은 비록 고전적——
근대의 초기까지——형이상학을 거부했지만, 과학에 의해 인식된 현
실과는 완전히 다른 어떤 현실의 이념을 근본적으로 포기하기 쉽지는

않다.

물론 20세기의 가장 중요한 철학자들을 세 가지 철학적 방향으로 병렬시키는 것은 너무나 단순화된 서술이다. 그러나 이 도식적인 환원 자체는 충분한 근거를 가지고 있기에 앞으로도 계속 이런 방식으로 서술될 것이다. 왜냐하면 한편으로 실존과 초월 지향적 철학과, 다른 한편으로 사회 지향적 철학은 모두 넓은 의미에서 구원철학으로, 즉 자아를 강조하는, 그리고 우리를 강조하는 구원철학으로 이해되기 때문이다. 두 철학은 좌절(소외 내지 비본래적인 것)을 분석함으로써 고대 철학이 행복을 물었던 것처럼 우선 올바른 삶과 그것의 성공 조건들을 묻는다. 따라서 20세기 수많은 철학의 방향들은 (전체적으로 대략 언급한다면) 두 개의 커다란 그룹으로 구분된다: 과학으로 지향된 철학과 어떤 형식이든간에 인간의 구원에 더 관심을 가진 철학. 그리고 그 배후에는 물론 두 개의 서로 다른 인간의 모습들, 또는 세계관(한편으로는 경험적 구상과 다른 한편으로는 메타경험적 구상)이 있다. 그런 점에서 철학의 태곳적 대립은 20세기 철학에서도 마찬가지이다. 즉 이 대립은 더 과학적인 철학 이념과 더 실존적인 철학 이념과의 대립이다. 자아를 그리고 우리를 강조하는 구원철학이 대립의 통일성을 형성하는 것처럼 과학 지향적 철학과 구원 지향적 철학은 대립으로 공속 관계를 맺고 있다. 특히 구원철학 자체는 다소간 과학철학으로 이해되고, 원래 과학에 관심을 지닌 철학은 종국에는 어떤 종류의 구원, 즉 올바른 사유를 꾀한다.

철학자들을 다양한 방향으로 정돈시키는 것은 전체적인 조망을 위한 승강구로서는 유용하지만, 이것은 불가피하게 표면적일 수밖에 없다. 따라서 입장의 조망은 다음의 문제들에 주의를 기울여야 한다. 즉 이 문제는 그때그때의 철학에 핵심적인 것, 그리고 철학을 통해 어떻든 개진된, 그후 해결된(또는 해결되지 않는) 문제이다. 각 시대들은 필시 전형적인 물음들을 갖고 있는 것처럼 보이며, 그리고 그 시대의 사유는 우선적으로 이런 또는 저런 대상에 주의를 기울이는 것처럼 보인다: 예를 들면 소크라테스 이전에는 자연 또는 우주에, 중세에는 신에, 계몽 시대에는 인간에 주의를 기울인다. 만일 우리가 앞에서 제시한 사유 방향으로부터 사실 문제에 눈을 돌리면, 20세기에서도 우리는 몇 개의 전형적인 문제 영역들을 찾아낼 수 있다. 20세기에는(그리고 20세기만이 아닌)——주요 입장의 기점에서 볼 때——무엇보다도 세 가지 문제가 있다: 참된 인간 존재, 참된 국가와 참된 과학. 그리고 이것은 계속해서 세 가지 문제, 즉 참된 종교, 참된 정치, 참된 과학의 물음을 포함하고 있다. 20세기의 철학은 이 오랜 물음에 어떤 공헌을 하였는가?

(1) 참된 인간 존재와 종교의 문제

참된 인간이기 위해 인간은 어떻게 살아야 하는지의 물음은 대단히 오래되었다; 이것은 일반적으로는 윤리학을 통해, 그리고 최종적으로는 대부분 종교를 통해 대답되었다. 이런 의미에서 볼 때 20세기에서는 예를 들어 본래적 실존, 또는 소외되지 않은 자아가 참된 삶의 모습으로 요구되었다. 비록 철학적 윤리학은 명백히 포기되었지만, 이로써 **사실상** 규범이 정립되었고, 규범의 충족을 통해 일종의 영혼의 구원이 기대되었다. 이 구원은 물론 자아의 힘에 달려 있다고 간주되어서는 안 된다. 그런 점에서 볼 때 대부분 이 물음 제기는 불가피하게 규범적일 뿐만 아니라 종교적이다. 그럼에도 불구하고 20세기의 철학에서 신의 직접적인 물음은 제외된다.

철학이 존재한 이래로 철학은 절대자 또는 최고 존재자의 문제를 다루었고, 더욱이 그때그때 지배하고 있는 종교와 논쟁하면서 대부분 이 문제를 다루었다. 따라서 철학은 오랫동안 기독교의 틀 안에 있었다. 그것은 중세에 가장 분명하게 나타난다. 그러나 종교가 계몽주의로 환원되고 난 후에도, 그리고 독일관념론으로의 복귀가 좌절된 후에도 기독교는 여전히 살아 있다: 키에르케고르처럼 절망을 위한 지푸라기로, 마르크스와 니체처럼 정치적 또는 형이상학적 분노로. 이 문제의 흔적은 신칸트주의의 종교철학에서도 발견된다. 이곳에서 종교는 여전히 문화 현상으로서 일종의 정신적 삶을 이끌어 간다. 이에 반하여 20세기의 전공철학은 이 문제를 결정적으로 종결시키는 것처럼 보인다. 그렇다고 이것이 일반적으로 단호한 무신론임을 고백하는 것은 아니다——오히려 이 문제는 관심 부족 때문에 자리를 비워둔 것처럼 보인다. 단지 야스퍼스(물론 셸러)에게는 전승된 종교와의 충분한 논쟁이 있고, 철학적 믿음에 명확한 고백이 있다. 그밖에 하이데거에게는 모든 것을 지배하는 초월적 존재의 애매한 이념이, 블로흐에게는 신과 유사한 세계 물질의 이념이, 또는 호르크하이머와 아도르노에게는 이름 붙일 수 없는 비–동일인 것의 이념이 있다. 모든 형이상학에 선천적 혐오감을 갖고 '최종 근거'를 추구한 새로운 과학 지향적 철학에서는 종교 문제가 근본적으로 과학철학인 과학 지향적 철학으로부터 **말 그대로** 탈락된다——비트겐슈타인에게는 기껏해야 "신비한 것"으로서 언저리에 나타날 뿐이다. 20세기의 철학에서 신은 더 이상 주제가 아니다.

(2) 참된 공동체와 정치 문제

　일반적으로 철학자들이 일상적인 정치에 깊은 거부감을 갖고 있음에도 불구하고 정치는——정확히 말해——정치적 공동체의 본질과 규범적 이념으로서의 참된 국가는 고대 철학 이후 철학의 고전적 주제에 속한다. 이에 관하여 이미 일찍부터 원칙적으로 상이한 두 가지 선택이 있었다: 본질적으로 종교 기반에 기초하고 각인된 국가의 이념과, 종교와 거리를 둔 또는 반종교적인 세계 국가의 이념——19세기에 헤겔과 마르크스는 서로 다른 의미에서 의미심장한 국가 이론을 기획했다. 무엇보다도 실천적 정치는 언제나 철학에 있어서 아킬레스건이었다. 만일 철학자들이 모든 것을 더 잘 이해하려고 할 뿐만 아니라 스스로 세계 개혁자로서 활동하려고 한다면, 오히려 비철학적이고 비정치적인 결과가 적지않게 나타난다. 즉 실천과 거리가 먼 이론이 이론적으로 과중된 실천으로 급변되는 경우가 적지않게 나타난다(잘 알려진 바와 같이 이것은 플라톤의 정치 시도에 전형적으로 나타난다).

또한 20세기 철학자들은 이 영역에서 대부분 좋지 않은 결과를 낳았다. 왜냐하면 그들은 정치적 공론가로서 어쩔 수 없이 역사적 사건들의 소용돌이 속에 휩쓸려야만 했기 때문이다. 개념과 숙고를 통하여 민족과 인류를 지도하는 대신에, 정치철학을 통하여 최대한 철학 정치를 가능케 하는 대신에 그들은 적지않게 정치적 도구가 되었다. 나치즘을 위한 하이데거의 사회 참여, 스탈린을 위한 블로흐의 선전은 나중에 괴기한 기분을 느끼게 한다. 매우 도덕적이고 동시에 전투적인 자유 정치를 위한 야스퍼스의 변호는 그 자체 정치적으로나 철학적으로 문제시된다. 그러나 무엇보다도 모든 이러한 정치적 선회는 이전에 전개된 국가철학의 기반에서 발생된 것이 아니라 상대적으로 정치에 공허한 보편 개념들로 설명되고 있음이 눈에 띈다. 이에 반해 사회 분석에 집중했던 프랑크푸르트학파의 사회철학자들은 일반적으로 개인적인 정치 참여를 피했다. 그들은 계속해서 비관적인 문화철학의 영역에 머물렀다. 물론 과학철학에서도 발전된 국가철학을 위한 구체적인 연구뿐만 아니라 구체적인 정치 참여가 발견되지 않는다; 예를 들어 실험 정치에 관한 포퍼의 이념과 마찬가지로 전체주의에 대한 그의 비판은 자유로운 상식으로 설명된다. 그런 점에서 정치 영역에서의 철학 내지 국가철학은 20세기에 적어도 독일에 있어서는 별다른 성과가 없었다.

(3) 참된 과학과 형이상학의 문제

철학은 초기부터 여러 방식에서, 한편으로는 지식 또는 과학으로서, 인식 또는 지혜로서, 다른 한편으로는 이것의 추구 또는 노력으로서 이해되었다. 비록 지식의 본질, 과학의 본질, 그리고 지혜의 본질이 항상 논쟁적으로 토론되었지만, 이런 이해는 근대 초기까지 원칙적으로 변함이 없었다. 근대 초기에 자연과학의 출현으로 비로소 새로운 논의 기반이 일어났다. 교회의 권력으로 무장된 신학으로부터 지금까지 초자연적인 계시 지식의 주장을 통해 압박된 철학은 이제 새로운, 그리고 점점 강화된 지식 경쟁을 바라보게 된다; 왜냐하면 과학은 엄밀하고 보편 타당한 개별과학이며, 더욱이 이 개별과학은 자주 실천적으로(기술적으로) 응용되기 때문이다. 철학은 때에 따라서 자기 제한으로, 그러나 일반적으로 개별과학들을 능가하려는 시도로 개별과학에 반응한다. 따라서 철학은 메타과학 또는 기초과학으로, 인식론(과학철학, 과학의 과학)으로, 또는 절대지로 정의된다.

이러한 시도는 부분적으로 20세기까지 현상학에서 계속된다. 현상학은 적어도 근원적으로 보편학과 근본학 그리고 동시에 엄밀학이고자 한다; 또한 과학 지향적 철학의 초기에, 예를 들어 카르나프에 이와 유사한 이념들이 있다. 그러나 과학적인 과학 종합, 따라서 슈퍼과학에 대한 개별적인 희망 이외에도 철학 이념은 점점 반형이상학적인 과학 이론으로서, 과학적 과학 이론으로서의 권위를 갖게 된다. 그러나 결국 철학의 과학화 계획은 이전에 후설, 딜타이, 신칸트주의가 좌절했던 것처럼 좌절된다. 어떻든 20세기의 거의 모든 철학자가 유일하게 공통적으로 가지고 있었던 주제인 과학은 점점 폐위된다; 특히 현대 철학에서 그것은 거의 신화, 이야기(전설)가 된다. 그리고 초기에 뜨겁게 논의된 방법 문제도 향수를 일으키는 연인이 되어 버린다. 인식 문제는 거의 회의적이고, 그리고 비관적(최종 근거의 포기 속에서)이 된다. 그러나 동시에 과학 지향적 철학은 형이상학으로 제외시킨 물음, 즉 과학적으로 인식 가능한 현실보다 더 많은 물음들을 어쩔 수 없이 상속의 멍에처럼 무겁게 짊어지고 간다. 이 철학은 과학과 삶의 문제 이외에 "신비적인 것," 의미 물음(또한 과학의 의미에 대한 물음) 등이 있다는 것을 안다. 그러나 이 철학은 이 문제에 어떠한 과학적 결과를 기대할 수 없기 때문에 이 문제에 관계하지 않으려 한다. 참된 현실의 물음은 계속해서 제외되고, 또는 가능한 경험의 대상을 지시함으로써 문제화되지 않는다. 따라서 최근의 철학은 비록 과거의 문제들이 현대적인 이해로 인식될 수 없다 할지라도 이것들로 괴로워하는 것처럼 보인다.

이로써 20세기 독일권의 철학적 사유가 움직였던 틀의 윤곽이 제시되었다. 물론 철학적 입장들과 문제 설정을 통계학과 유사하게 관찰하는 것은 적어도 전개의 총체적 조망을 통해, 그리고 다른 중요성을 통하여 보충되어야 한다. 커다란 영향력을 지닌 철학의 모든 입장들은 본래 20세기초에 발생되었다. 20세기의 과학 지향적 철학이 19세기의 과학 이론적 논의와 결합하고 있는 반면, 두 개의 다른 방향들은 20세기초 새로운 정신적·사회적 상황을 통해, 따라서 과거의 관념적 형이상학의 파괴 내지 해체의 반응을 통해, 그리고 이에 못지않게 제1차 세계대전과 제2차 세계대전의 반응을 통해 각인되었다. 그러나 나치즘이 새로운 철학에 대한 자유로운 논의를 불가능하게 했기 때문에 큰 논쟁들은 전후에 시작되었다. 이 논쟁들은 70년대까지 계속되었고, 그후 찬성과 반대에 대한 근원적인 결정들은 사라졌다.

무엇보다도 전쟁의 충격으로 인해 한때 망명을 떠났던 실존철학은 프랑스 실존주의의 유명세의 후원에 힘입어 커다란 지지를 받았다. 그러나 본래적 실존을 갈망하는 열정은 오랫동안 지속되지 못했다. 모든 깨우침의 설교와 도약의 훈계는 계속해서 지쳐 버렸다. 그밖에 사회 지향적, 과학 지향적 철학의 역수입과 이로써 새로운 비판철학의 희망이 크게 작용하게 되었다. 비판적 관점으로, 그리고 아무런 평가도 없이 그들의 젊은 추종자들은 실존과 초월 지향적 철학을 너무나 감정적이고, 또는 비합리적이고, 더 나아가 너무나 형이상학적이라고 보았다. 그리하여 60년대 갑작스럽게 완전히 다른 논쟁 상황이 발생했다. 즉 두 개의 새로운 사유 전형의 논쟁, 다시 말해 과학 이론과 사회 이론의 양극화, 소위 말하는 실증주의와 변증법적 철학의 양극화, 비판적 합리주의와 비판 이론의 양극화가 일어났다(그밖에 부수적으로 **비판·계몽·성숙**과 같은 개념들이 양 진영의 인기 있는 슬로건이 되었다). 이 논쟁에서 처음에는 젊은이들에게 인기 있었던 네오마르크스주의적 구원철학 내지 좌절철학이 승리하는 것처럼 보였다. 그러나 성장의 한계와 유토피아의 한계를 드러나게 했던 새로운 경제 상황과 좌파적 사회 비판에 근거한 테러리즘은 1970년에 일부는 과학적으로 차원 높은 이론적 논쟁의 분위기를 변화시켰고, 일부는 정치적으로 차원 높은 감정적 논쟁의 근본 분위기를 변화시켰다. 그후부터 철학에서는 더 실용적인 또는 더 분석적인, 짧게 말하면 '더 과학적'인 관찰 방식이 자리를 잡게 되는 것처럼 보인다.

물론 이것이 철학에 있어서 과학의 사실성에로의 새로운 방향이 생겼고, 이로써 과학화의 새로운 경향이 나타났다는 것을 의미하지 않는다(예를 들어 진화론을 통한 새로운 선동적인 동인이 일어남에도 불구하고). 반대로 비트겐슈타인과 포퍼는 과학의 한계를 드러나게 했다. 그후 한층 더 쿤과 파이어아벤트가 과학의 한계를 드러냈고, 그리하여 비판적 합리주의는 곳곳에서 무비판적 비합리주의로 전복되는 위험에 서 있다. 동시에 니체와 하이데거 같은 독일 철학자에 그 기반을 둔, 그리고 과거 프랑스의 합리주의를 거부했던 프랑스의 현대 철학은 이와 동일한 방향으로 움직였다(후기 구조주의).

우리가 이러한 발전을 세기초 과학의 영광으로부터 세기말 과학의 기만으로 평가한다고 할지라도 독일에서는 특별하게 각인된 과학과 구원 희망의 '변증법'이 있다. 구원철학에로의 성향은 한편으로는 강력한 형이상학적 사유 전통과 연결되어 있었고, 다른 한편으로는 독일에서 특별히 심각하게 겪었던 위기의 경험과 연결되어 있었다. 세기초의 양대 세계대전은 독일에서 시작되었고 또한 독일을 격퇴시켰으며, 두 차례나 사회적으로나 정신적으로 '새로운 시작'을 강요했다. 그러나 이렇게 수많은 위기와 위기철학을 직면하고 난 후, 특히 젊은 세대에게 어떤 위기의 피로감이 발생했을 수 있다는 것, 이로써 순수한 '과학적' 철학의 성향, 실용주의의 성향이——이 철학의 기반 자체에 문제가 있다는 것을 인식할 때까지——발생했을 수 있다는 것을 우리는 이해할 수 있다. 따라서 세기말에 무엇보다도 열성적인 중개자의 작업을 통해 일종의 절충적 평균철학(eine Art eklektische Durchschnitts-philosophie)이 변화의 주요점들을 갖고 형성되었다. 이 철학에서 다양한 출처의 요소들이, 비록 서로 다른 주요점을 갖고 있지만 여러 번 괄목할 만한 연합 또는 융합을 형성할 수 있다. 특히 중요한 것은 독일의 위대한 철학 전통 때문에 일종의 역사적 해석철학이 발전되었다. 이 철학은 과거 철학자를 해석하는 형식에서 겸손한 철학적 사유를 나타냈다.

그밖에 여기에서 나타난 과학 지향적 철학과 구원철학의 대립이 결코 새로운 것이 아니며, 이와 마찬가지로 두 철학의 중재 시도도 새로운 것이 아님을 돌이켜볼 수 있다. 근본적으로 절대지와 절대종교를 일치시킨 독일관념론에서 더 과학적인 철학과 더 실존적인 철학의 대립 지양은 곧 파괴되었다. 그러나 개별적인 대립은 어떻게든 다른 입장을 결합시키려고 했다. 왜냐하면 대부분의 구원철학들은 적어도 근원적으로 많든 적든 간에 당연하게 '과학적'이려 했고, 그리고 적지 않은 과학 지향적 철학자들도 참된(엄밀한) 철학은 참된(올바른) 실천을 가능케 한다고 당연하게 믿었기 때문이다. 그럼에도 불구하고 20세기 철학자들 중에는 특별히 강하게 각인된 근본 대립이 있는 것 같다. 근본 대립은 확실성에 대한 두 가지 상이한 형식으로 기술된다. 근본적으로 구원 희망의 철학자들은 과학적으로 알 수 있는 것이 모든 것이 아니며, 과학적으로 주어진 또는 인식될 수 있는 것보다 더 중요한 과학 이외의 현실이 있다는 확실성에서 출발한다. 구원 희망은 근본적으로 구원 확실성에 근거한다; 구원 희망은 구원과 같은 그 어떤 것의 가능성을 확실한 것으로 전제한다. 즉 구원과 같은 그 어떤 것이 있다는 것을 전제한다——단지 그것의 현실화가 불확실할 뿐이다. 물론 그런 형이상학적 구원의 확실성은 과학적 지식의 논리적 확실성 또는 경험적 확실성과 근본적으로 다른 종류이다. 그러나 과학적 지식이 확실성의 유일한 합법적 형식이라는 일시적 확실성도 그 자체 역시 과학적 지식이 아니다.

2. 기대와 실망

독일의 20세기 철학은 우리에게 분열의 인상을 준다: 한편으로는 흥미로운 이론들과 사상 구조물들, 광대한 분석과 정밀한 탐구, 다른 한편으로는 편파 망상적인 개념 수공과 고정된 이념, 불합리한 계획과 난해한 환상들——총명과 우둔의 군상들까지. 10년간 수많은 심성을 움직였던 많은 것들은 오늘날도 여전히 의혹으로 남아 있다. 사유에 삶을 바쳤던 사람들을 웃음거리로 만들려는 의도 없이 우리는 모든 것을 물어야 한다: 20세기의 철학은——다른 시대와 비교하여——본질적으로 무엇을 제시하였는가? 20세기의 철학에서——물론 여기에서만이 아니라——얼마나 많은 지식이 탕진되었는가? 물론 큰 기대들은 언제나 고무되었고, 그리고 실망들은 언제나 생산되었다. 존재는 드러나지 않았고, 존재 부름의 준비도 실패한 것처럼 보이고(하이데거), 더욱이 결단 또는 내맡김은 이전보다도 더 인간을 규정하지 못한 것처럼 보인다; 또한 최후의 위기에서 실존적 숙고를 통한 인간의 부활은 일어나지 않았고(야스퍼스), 그 대신 정신적 황폐 이외에 (경솔함을 유혹하는 기술적 가능성을 통해) 전체의 대중화가 예상치 못하게 확산되었다. 마르크스주의는 소위 말하는 따뜻한 전류를 통해 수정되지 못하고, 마르크스주의가 스스로 좌초되기 전에 오히려 따뜻한 전류를 전투적으로 밀쳐 버렸다(블로흐); 또한 절대자의 조망으로 보편적 기만 연관성의 통찰은 엘리트적이고 신비적이었다(호르크하이머·아도르노). 반면에 도구화된 활동적 이데올로기 비판은 자멸하였고, 사회의 저항에 굴복하였다. 그리고 결국 철학은 과학도, 단순한 과학 이론도 되지 못했다. 더욱이 철학은 과학에 직면하여 폐지되었다(빈학파). 그럼에도 불구하고 오히려 과거의 문제들은 여전히 현존해 있다. 사유는 여전히 종양을 불러들였다. 아마도 이것은 언어에서만이 아니었다——결국 과학 자체가 이전보다 더 의문시되었다(비트겐슈타인 · 포퍼). 간단히 말해서 철학의 과학화는 인간의 실존적 각성과 마찬가지로 좌초되었다——인류 또는 적어도 자기 민족의 정신적 지도자로서 활동하려는 철학자의 정치적 야망은 결코 언급될 수 없었다. 그리하여 20세기의 철학에는 일반적인 좌절의 인상만이, 따라서 부정적 결산만이 남아 있다. 어떤 문제가 실제로 해결되었는가?

그러나 20세기의 철학을 돌이켜볼 때, 정당한 평가를 위해 우리는 이 철학의 소득도 지적할 수 있어야 한다. 이것이 준비되었던 사람은 과학 이해의 개념적 안내서뿐만 아니라 실존적 자각의 개념적 안내서를 발견했고, 사유의 역사성을 더욱더 깨우쳤고, 우리의 완전한 실존의 사회적 차원에 더욱더 귀가 밝아졌고, 그리고 우리 언어와 말함의 불명확성에 더욱더 귀가 밝아졌다. 적어도 20세기의 철학은 우리의 지평을 확장시켰다. 오류 자체는 일반적으로 유용한 것이었다(물론 때때로 공동 위험도 있었다). 따라서 독일의 20세기 철학을, 즉 자신의 사유 역사를 천박하게 멸시하는 것은 문제시될 수 없다——오늘날 우리의 사유는 다양하게 이전의 사상가들에게 여전히 의존하고 있다. 그럼에도 불구하고 최근의 철학에 대한 어떤 무력함과 무기력의 인상이 결코 잘못된 것이 아니라면, 우리는 철학적 곤궁함의 근거들에 관한 물음을 시급히 제기해야 한다.

충분한 근거로 지금까지의 모든 철학은(그들 자신의 주장들에 맞게) 파산되었다고, 더욱이 철학은 항상 파산해야 한다는 원칙적인 반론이 발생한다. 왜냐하면 철학이 추구하는 진리를 철학은 발견하지 못하기 때문이다. 물론 파산의 다양한 형식들이 있다. 진리로 가는 올바른 길에 있다는 보편적이고 불가피한 희망과 그후 목적에 도달하지 못한 경험은, 확실하게 '인식된' 또는 '직시된' 진리의 이름으로——물론 이 진리는 이성적으로 이미 잘못된 것으로 인식될 수도 있다——자체에서, 그리고 다른 기대에서 전개하고 각성하는 경험과는 다르다. 물론 이 기대는 그후 환상적인 것으로 증명되어야 한다. 20세기의 철학은 아마도 자기 자신으로부터 너무나 많은 기대를 하였기 때문에 너무나 많은 약속을 하였는가? 철학은 도대체 약속을 해도 좋은가? 즉 철학은 도대체 계획적인 희망을 불러일으켜도 좋은가? 반대로 철학은 자신에게, 그리고 다른 곳에서 끊임없이 커지고 있는 기대들을 전개하는 것을 피할 수 있는가? 사실 결정적인 순간에 더 이상의 대답이 없기 때문에 대중들은 점점 실망하면서 다른 방향으로 머리를 돌리는 동안, 철학자들은 스스로, 비록 인식 가능성에 대해 어찌할 바를 모르지만 지식 내지 더 나은 지식보다는 더 멀리 나아감으로써 적어도 곤궁함과 포기 또는 좌절을 알리지 않으려는 일이 적지않게 발생했다. 오류의 고백은 대부분의 사상들에게 극도로 어렵다. 위급할 경우 그들은 자신의 초기 이론들을 (실질적 철회임에도 불구하고) 여전히 초기 단계의 것으로 규정할 수 있었고, 또는 자신의 위대한 사유를 위해 오류를 정당화시킬 수 있었다.

최근의 독일철학을 직시할 때, 우리는 불안의 근거를 기대와 실망의 긴장된 관계에서 찾아도 좋다. 즉 이것을 (격에 맞지 않지만 경제적으로 말하면) 주장과 이행의 불균형에서 찾아도 좋다. 철학자는 본질적으로 철학에 대하여 무엇을 약속하며, 그리고 그들은 대중에게 무엇을 약속하는가? 철학자는 항상 다른 모든 사람들보다, 지금까지의 모든 철학자들보다 진리에 더 가까이 가기를 희망하였다. 그러나 근대 초기 이래로 많든 적든 간에 과거와 관계를 항상 철저하게 끊으려 하고, 그리고 미래철학에 대한 모든 진리, 즉 이제부터 착수되는 미래철학에 대한 모든 진리를 기대하는 일종의 기획철학이 전개되었다. 무엇이 존재하며, 존재하는 것을 어떻게 이해할 수 있는가의 물음 대신에 완전히 새로운 철학이 요구되었다. 이 철학은 그후 모든 것을 완전히 다른 빛으로 드러내어야만 하였고, 이로써 완전히 새로운 사유에게 모든 것을 헤쳐 나갈 것을 막연하게 종종 약속하여야만 했다. 철학은 예전보다 더욱더 자신에 의해 제시된 미래철학에 모든 희망을 건다. 이로써 철학은 더 높은 권리를 주장하고, 스스로 성공강박증에 빠지며, 언젠가 이 기대에 부합되어야만 할 그런 기대들을 초래시킨다. 그러나 새롭고 참된 최종적인 철학이——이 철학은 절대과학으로서 절대적인 확실성을 제공해야 하며, 무엇보다도 중요한 것은 잃어버린 믿음의 확실성을 위한 보완책을 제시해야 한다——추구된다면, 이것은 실망과 좌절과 권태로 드러날 수밖에 없다.

이로써 철학을 갖고 어떻게 계속 나아갈 것인가? 철학을 갖고 어떤 방식으로 어떻게 계속 진행할 것인가? 우리 앞에 지금 무엇이 서 있는가? 철학의 종말이, 또는 끝없는 철학이? 무엇보다도 철학의 미래에 대한 물음이 근본적으로 제기되어야 하고, 이때 철학의 종말 가능성의 물음도 역시 제기되어야 한다.

철학은 도대체 미래를 갖고 있는가? 이 근원적인 물음은 한편으로는 계산적이며 기술적인 사유에 직면해서, 다른 한편으로는 사유 금지와 사유 타락의 힘에 직면해서 부당한 물음은 아니다. 많은 사람들이 두려워할지 모르나, 아마도 모든 사유에 드러나 있는 또는 숨어 있는 제약들은 현실의 한계를 초월하는 자유로운 사유를 결국 불가능하게 만들지도 모른다. 더욱이 자유로운 사유는 항상 특히 국가와 교회로부터 위협을 받았다——물론 이것은 예외 현상이었지만. 그러나 오늘날 공개적인 폭력의 자리에 이미 눈에 띄지 않는 계략이, 예를 들어 선전을 통해 계속 자리잡고 있다. 아마도 우리는 모든 것을 미리 소환해서 앞서 사유하기 때문에 어느 날 더 이상 사유하지 않게 될 것이다. 더 나아가 과학들이 언젠가 사유의 모든 가능한 영역을 점령하게 될 것이기 때문에 아마도 철학적 사유는 사실상 쓸모없이 될 것이다. 전체와 전체의 근거, 존재와 인식, 존재와 당위 같은 모든 철학적 숙고를 필요 없게 만들 완전하고 최종적인 과학적 세계 해명이 있을 것이라고 아마도 많은 사람들이 무의식적으로 희망할지 모른다. 물론 (20세기에 다시금 좌절되었던) 그러한 기대가 만일 근거 없는 믿음이 아니라 합리적인 논증에 근거한다면, 이 기대 자체는 매우 사변적인 철학적 숙고의 표현일지도 모른다. 그러나 이것이 기대와 달리 진리로 증명된다면, 즉 논쟁의 여지없이 설명되는 과학적 세계 형식이 언젠가 발견되어진다면 철학은 아마도 실제로 쓸모없게 될 것이다——그렇다고 이것은 철학에 있어 유감스러운 일은 아닐 것이다. 이런 경우가 아닌 한, 더욱이 적어도 이것이 있음직하지 않는 한 인간은 여전히 다른 사유를, 예를 들면 의미의 숙고를 요구한다. 믿음에로, 또는 멍청함에로의 도피 이외에 어떤 선택이 있겠는가? 현존하고 있는 철학이 아무리 나쁠지 몰라도 참된 선택은 철학을 더 이상 나쁘게 할 수 없다. 아마도 철학적 사유는 오늘날 여전히 그 어느 때보다 필요하다.

　따라서 만일 인간이 예측컨대 미래에 철학을 포기하지 않고, 근원적인 물음에 근원적인 대답을 추구한다면, 미래의 철학은 어떤 모습으로 드러날 수 있을까? 철학은 지금까지의 모습과 다르게 드러날 수 있을까? 왜냐하면 오랫동안 모든 물음이 제기되었고, 오랫동안——비록 유용성이 없는 결과로 나타났지만——모든 대답이 추구되었기 때문이다. 이 두 물음은 순전히 이론적이고 형식적이지만 쉽게 대답될 수 있다. 철학적 사유는 절망에 직면했을 때도 언제나 사유였다. 철학적 사유는 바로 출구를 찾는 데 있다. 그렇기 때문에 철학적 사유는 필수적이다. 그러나 자유로운 사유로서의 철학은 또한 계산될 수 없고, 예측될 수 없다. 왜냐하면 철학적 사유는 스스로 규정하는, 특히 그때그때 자신의 역사적 상황 속에서 스스로 규정하는 사유이기 때문이다. 물론 역사적 상황은 미리 평가될 수는 없다. 따라서 철학을 갖고 어떻게 계속 나아가야 할지의 물음은 다시금 쓸모가 없게 된다. 이로써 새로운 기대들을 불러일으키는 것도 쓸모가 없게 된다(비록 참된 철학의 이념과 이로써 규범적인 철학 이해가 불가피하더라도). 사물들과 사상들의 진행은 열려 있다——철학은 자신이 할 수 있는 것, 그리고 하려고 하는 것으로 존재할 것이다. 그러나 아마도 철학적 사유는 수많은 미궁과 환상을 고려해 볼 때 스스로 언젠가 약간의 '실재적' 사유가 될 것이다. 그리고 난 후 아마도 철학자들은——가망은 적지만——(객체적으로) 더 조심스럽게, 그리고 (주체적으로) 더 겸손하게 될 것이다. 본질에 집중하는 그러한 사유가 더욱더, 또는 무엇보다도 최소의 철학일 수밖에 없더라도.

참고 문헌

참고 문헌은 A부분에서는 텍스트에 언급된 1차 문헌을, B부분에서는 최근에 발간된 철학 전반에 관한 책을 약간 포함하고 있다. 서로 다른 텍스트의 상태 때문에 논의된 저자들은 일부는 단행본에 따라, 일부는 전집 속에 재출간된 책에 따라, 몇몇의 경우에는 전집의 권수에 따라 인용되었다. 만일 괄호 속에 있는 연도가 전집과 차이가 날 경우 이 연도는 초판을 말한다. 최초에 영어 또는 프랑스어로 출간된 텍스트일 경우도 원전의 발간 연도이다. 텍스트에 명시된 인용들은 앞에 제시된 논문의 의도에 맞추어 저자의 철학 이해에 집중한다. 이때 규칙상 쪽수는 아라비아 숫자로, 경우에 따라 머리말은 로마 숫자로 인용된다. 전집의 권수는 물론 로마 숫자로 표기된다. 비트겐슈타인의 《논고》는 통상처럼 이 책의 명제 열거에 따라 인용된다.

A. 1차 문헌

Adorno, Theodor W.:

— (zusammen mit Max Horkheimer) Dialektik der Aufklärung. Philosophische Fragmente(1944). Gesammelte Schriften. Bd. III. Frankfurt/Main 1981.

— Minima moralia. Reflexionen aus dem beschädigten Leben(1951). Gesammelte Schriften. Bd. IV. Frankfurt/Main 1980.

— Wozu noch Philosophie(1962). In: Gesammelte Schriften. Bd. X/2. Frankfurt/Main 1977.

— Negative Dialektik(1966). Gesammelte Schriften. Bd. VI. 3.Aufl. Frankfurt/Main 1984.

— Philosophische Terminologie. Bd. I. Frankfurt/Main 1973.

Bloch, Ernst:

— Subjekt-Objekt. Erläuterungen zu Hegel(1951). Gesamtausgabe. Bd. VII. Frankfurt/Main 1962.

— Über den Begriff Weisheit(1953). In: Gesamtausgabe. Bd. X. Frankfurt/Main 1969.

— Was ist Philosophie, als suchend und versucherisch?(1955). In: Gesamtausgabe. Bd. X. Frankfurt/Main 1969.

— Das Prinzip Hoffnung(1959). Gesamtausgabe. Bd.V. Frankfurt/Main 1959.

— Tübinger Einleitung in die Philosophie(1963/1964). Gesamtausgabe. Bd. XIII. Frankfurt/Main 1970.

Brentano, Franz:

— Von der mannigfachen Bedeutungen des Seienden nach Aristoteles. Freiburg 1862.

Carnap, Rudolf:

— Der logische Aufbau der Welt(1928). 5. Aufl. Frankfurt/Main, Berlin und Wien 1979.

— Logische Syntax der Sprache(1934). 2.Aufl. Wien und New York 1968.

Cohen, Hermann:

— System der Philosophie. 1. Teil: Logik der reinen Erkenntnis(1902). 2. Aufl. Berlin 1914.

— Die Religion der Vernunft aus den Quellen des Judentums(1911). 2. Aufl. Köln 1959.

— Die Geisteswissenschaften und die Philosophie(1913). In: Schriften zur Philosophie und Zeitgeschichte. Bd. I. Berlin 1928.

Dilthey, Wilhelm:

— Das Wesen der Philosophie(1907). In Gesammelte Schriften. Bd. V. Stuttgart 1957.

Engels, Friedrich:

— Herrn Eugen Dühring's Umwälzung der Wissenschaft(1877/78). In: Karl Marx, Friedrich Engels: Werke. Bd. XX. Berlin 1973.

Feuerbach, Ludwig:

— Vorläufige Thesen zur Reform der Philosophie(1842). In: Gesammelte Werke. Bd. IX. 2. Aufl. Berlin 1982.

— Grundsätze der Philosophie der Zukunft(1843). In: Gesammelte Werke. Bd. IX. 2. Aufl. Berlin 1982.

Feyerabend, Paul K.:

— Wider den Methodenzwang. Skizze einer anarchistischen Erkenntnistheorie (engl. 1975). Frankfurt/Main 1976.

Frege, Gottlob:

— Begriffsschrift(1879). In: Begriffsschrift und andere Aufsätze. 2. Aufl. Hildesheim 1964.

Hegel, Georg Friedrich Wilhelm:

— Werke in zwanzig Bänden. Frankfurt/Main. 1970ff.

Heidegger, Martin:

— Sein und Zeit(1927). Gesamtausgabe. Bd. II. Frankfurt/Main 1977.

— Grungprobleme der Phänomenologie(1927). In: Gesamtausgabe. Bd. XXIV. Frankfurt/Main 1975.

— Die Selbstbehauptung der deutschen Univerität. Breslau 1933.

— Deutsche Studenten(3.11.1933). In: Guido Schneeberger: Nachlese zu Heidegger. Dokumente zu seinem Leben und Denken. Bern 1962.

— Grundfragen der Philosophie(1937/38). Gesamtausgabe. Bd. XLV. Frankfurt/Main 1984.

— Brief über den Humanismus(1949). In: Gesamtausgabe. Bd. IX. Frankfurt/Main 1976.

— Was heißt Denken?(1952). In: Vorträge und Aufsätze. Pfullingen 1954.

— Einführung in die Metaphysik(1953). Gesamtausgabe. Bd. XL. Frankfurt/Main 1983.

— Wissenschaft und Besinnung. In: Vorträge und Aufsätze. Pfullingen 1954.

— Was ist das—die Philosophie?(1956). 5. Aufl. Pfullingen 1972.

— Das Ende der Philosophie und die Aufgabe des Denkens(1964). In: Zur

Sache des Denkens. Tübingen 1969.

— Phänomenologie und Theologie(1969). In: Gesamtausgabe. Bd. IX. Frankfurt/Main 1976.

— Vom Wesen der menschlichen Freiheit. Gesamtausgabe. Bd. XXXI. Frankfurt/Main 1982.

Horkheimer, Max:

— Traditionelle und kritische Theorie(1937). In: Gesammelte Schriften. Bd. IV. Frankfurt/Main 1988.

— Die gesellschaftliche Funktion der Philosophie(1940). In: Gesammelte Schriften. Bd. IV. Frankfurt/Main 1988.

— (zusammen mit Theodor W. Adorno) Dialekktik der Aufklärung(1944). In: Gesammelte Schriften. Bd. V. Frankfurt/Main 1987.

— Zur Kritik der instrumentellen Vernunft(1967). In: Gesammelte Schriften Bd. VI. Frankfurt/Main 1991.

Husserl, Edmund:

— Philosophie der Arithmetik(1981). Husserliana. Bd. XII. Den Haag 1970.

— Logische Untersuchungen(1900/1901). Husserliana. Bd. XVIII-XIX/2. 2. Aufl. Den Haag 1975.

— Die Idee der Phänomenologie(1907). Husserliana. Bd. II. 2. Aufl. Den Haag 1973.

— Philosophie als strenge Wissenschaft(1911) In: Husserliana. Bd. XXV. Dordrecht, Boston, Lancaster 1987.

— Ideen zu einer reinen Phänomenologie(1913). Husserliana. Bd. III/1 und III/2. 3. Aufl. Den Haag 1976.

— Formale und transzendentale Logik(1929). Husserliana. Bd. XVII. Den Haag 1974.

— Cartesianische Meditationen(frz. 1931, dt. 1950). Husserliana. Bd. I. Den Haag 1950.

— Die Krisis des europäischen Menschentums und die Philosophie(1935). In: Husserliana. Bd. VI.2. Aufl. Den Haag 1962.

— Die Krisis der europäischen Wissenschaften und die transzendentale Phäno—
menologie(Teildruck 1936). Husserliana. Bd. VI. 2. Aufl. Den Haag 1962.

Jaspers, Karl:

— Allgemeine Psychopathologie(1905). 5. Aufl. Berlin 1948.

— Psychologie der Weltanschauungen(1919). 5. Aufl. Berlin 1960.

— Philosophie(1931). 2. Aufl. Berlin, Göttingen und Heidelberg 1948.

— Die geistige Situationen der Zeit(1931). 5. Aufl. Berlin 1949.

— Vernunft und Existenz(1938). 2. Aufl. München 1960.

— Existenzphilosophie(1938). 2. Auf. Berlin 1956.

— Von der Warheit. München 1947.

— Einführung in die Philosophie(1950). 10. Aufl. München 1969.

Kierkegaard, Søren:

— Werke in 36 Abteilungen. Düsseldorf 1950ff.

Kuhn, Thomas:

— Die Struktur wissenschaftlicher Revolutionen(engl. 1962, dt. 1973).

Marx, Karl:

— Aus den Vorarbeiten zur Dissertation. In: Frühe Schriften. Bd. I. 2. Aufl.
Darmstadt 1971.

— Einleitung zur Kritik der Hegelschen Rechtsphilosophie(1843/44). In: Frühe
Schriften. Bd. I. 2. Aufl. Darmstadt 1971.

— Thesen über Feuerbach. In: Frühe Schriften. Bd. II. Darmstadt 1971.

— Zur Judenfrage(1843). In: Frühe Schriften. Bd. I. 2. Aufl. Darmstadt 1971.

Natorp, Paul:

— Philosophische Propädeutik. Allgemeine Einleitung in die Philosophie und
Anfangsgründe der Logik, Ethik und Psychologie. Marburg 1903.

— Philosophie. Ihr Problem und ihre Probleme. Einführung in den kritischen
Idealismus. Göttingen 1911.

— Deutscher Weltberuf. Geschichtsphilosophische Richtlinien. Bd. II: Die Seele
des Deutschen. Jena 1918.

— Philosophische Systematik. Hamburg 1958.

Nietzsche, Freidrich:

— Vom Nutzen und Nachteil der Historie für das Leben(1874). In: Werke. Bd. I. München 1954.

— Schopenhauer als Erzieher(1874). In: Werke. Bd. I. München 1954.

— Die fröhliche Wissenschaft(1882/86). In: Werke. Bd. II. München 1955.

— Jenseits von Gut und Böse(1886). In: Werke. Bd. II. München 1955.

Popper, Karl:

— Logik der Forschung(1934). 4. Aufl. Tübingen 1971.

— Das Elend des Historizismus(engl. 1944/45, dt. 1965). Tübingen 1965.

— Die offene Gesellschaft und ihre Feinde(engl. 1945, dt. 1957). 7. Aufl. Tübingen 1992.

— Über die Möglichkeit der Erfahrungswissenschaft und der Metaphysik. In: Ratio. Heft 2. Frankfurt/Main 1957/58.

— Wie ich die Philosophie sehe(gestohlen von der Fritz Waismann und von einem der ersten Mondfahrer)(1978). In: Auf der Suche nach einer besseren Welt. Vorträge und Aufsätze aus dreißig Jahren. München und Zürich 1984.

Rickert, Heinrich:

— System der Philosophie. Teil 1: Allgemeine Grundlegung der Philosophie. Tübingen 1921.

— Grundprobleme der Philosophie. Methodologie, Ontologie, Anthropologie. Tübingen 1934.

Scheler, Max:

— Der Formalismus in der Ethik und die materiale Wertehik(1913/16). Gesammelte Werke. Bd. II. 5. Aufl. Bern und München 1966.

— Vom Ewigen im Menschen(1921). Gesammelte Werke. Bd. V. 4. Aufl. Bern 1954.

— Philosophische Weltanschauung(1928). In: Gesammelte Werke. Bd. IX. Bern und München 1976.

Schlick, Moritz:

— Die Wende der Philosophie. In: Erkenntnis. Bd. 1: 1930—1931. Leipzig

1931.

Schopenhauer, Arthur:

— Die Welt als Wille und Vorstellung(Bd. I 1819, Bd. II 1844). Sämtliche Werke. Bd. I und II, München 1911.

— Parerga und Paralipomenta I und II(1851). In: Sämtliche Werke. Bd. IV und V. München 1913.

Windelband, Wilhelm:

— Was ist Philosophie?(1844). In: Präludien. Aufsätze und Reden zur Einführung in die Philosophie. Bd. I. 4. Aufl. Tübingen 1911.

Wittgenstein, Ludwig:

— Tractatus logico-philosophicus(1921). In: Schriften. Bd. I. Frankfurt/Main 1960.

— Philosophische Untersuchungen(1958). In: Schriften. Bd. I. Frankfurt/Main 1960.

B. 2차 문헌

Coreth, Emerlich u. a.: Philosophie des 20.Jahrhunderts. Stuttgart 1986.

Fellmann, Ferdinand(Hg.): Geschichte der Philosophie im 19.Jahrhundert. Reinbeck 1996.

Fleischer, Margot(Hg.): Philosophen des 20.Jahrhunderts(1990). Eine Einführung. 2. Aufl. 1992.

Hügli, Anton und Paul Lübcke(Hg.): Philosophie im 20.Jahrhundert. 2 Bände. Hamburg 1992.

Lehmann, Gerhard: Die deutsche Philosophie der Gegenwart. Stuttgart 1943.

— Geschichte der Philosophie VIII u. IX. Die Philosophie des neunzehnten Jahrhundert I u. II. Berlin 1953.

— Geschichte der Philosophie X u. XI. Die Philosophie im ersten Drittel des zwangzigsten Jahrhunderts I u. II. Berlin 1953 u. 1960.

Nida-Rümelin, Julian(Hg.): Philosophie der Gegenwart. In Einzeldarstellungen. Von Adorno bis v. Wright. Stuttgart 1991.

Noack, Hermann: Die Philosophie Westeuropas. Darmstadt 1962.

Plümacher, Martina: Philosophie nach 1945 in der Bundesrepublik Deutschland. Reinbek 1996.

Schnädelbach, Herbert: Philosophie in Deutschland 1831-1933. Frankfurt/Main 1983.

Speck, Josef: Grundprobleme der großen Philosophen. Philosophie der Gegenwart I-VI. Göttingen 1972-84.

Stegmüller, Wolfgang: Hauptströmungen der Gegenwartsphilosophie. Stuttgart 1960.

역자 후기

　우리는 이제 21세기를 막 접어들었다. 21세기의 철학이 앞으로 어떻게 진행될지 어느 누구도 예측할 수 없을 것이다. 그러나 21세기는 앞세기의 연속선상에 있다. 20세기에 진행된 철학적 흐름을 파악함으로써 우리는 미래의 철학 흐름을 예측하거나, 또는 방향을 제시할 수 있을 것이다. 과거를 모르고서 어떻게 현재와 미래를 말할 수 있겠는가? 20세기 철학 흐름을 모르고서 어떻게 21세기의 철학을 말할 수 있겠는가?

　철학은 여러 국가나 여러 언어권에서 다양하게 전개된다. 그러나 우리는 다양한 철학을 하나로 묶어서 파악하려고 한다. 그런 까닭에 지역적으로 동양철학·서양철학·아랍철학 등등으로 구분하여 그 지역의 철학적 사유가 무엇인가를 파악하려고 한다. 이러한 구분은 단순한 지형적인 구분에 근거하지는 않았을 것이다. 동양철학은 서양철학과 다른 어떤 철학적 사유를 가지고 있을 것이고, 서양철학은 아랍철학과 다른 어떤 철학적 사유를 가지고 있을 것이다. 지역적 차이뿐만 아니라 지역에 따른 그 나름대로의 고유한 철학적 사유가 있었기에 우리는 동양철학·서양철학·아랍철학 등등으로 구분한다. 서양철학 내에서도 같은 관점에서 우리는 독일철학·영미철학·프랑스철학 등등으로 구분하며, 그리고 각 나라마다 나름대로의 고유한 철학적 사유를 가지고 있기에 이런 구별이 가능할 것이다.

　그러나 서양철학은 모두 고대 그리스철학에 그 뿌리를 두고 있다. 동양철학이 고대 중국철학에 그 뿌리를 두고 있듯이. 그런 까닭에 서양의 각 국가들이 비록 다른 철학적 사유를 했다고 할지라도 서로의 유사성을 지니고 있다. 특히 독일철학은 칸트 이후 독일관념론이라는 거대한 물줄기를 통해 서양 근대철학을 대표하고 있으며, 오늘날 철학적 경향이 다양하게 구분된 까닭도 독일관념론의 수용 내지 비판을 통해 이루어진 것이다.

이런 관점에서 볼 때, 슈나이더스의 《20세기 독일철학》은 20세기 이전 서구의 철학적 사유가 어떻게 전개되어 왔고, 20세기에는 왜 이전과 다른 철학적 사유를 하였으며, 그리고 어떤 철학적 사유의 흐름들이 있었는지를 일목요연하게 정리하고 있다. 더 나아가 20세기의 철학 흐름을 통해 미래의 철학적 사유는 어떻게 진행될 것인지의 물음도 제기하고 있다. 또한 이 저서는 비록 독일철학에 제한하고 있지만, 그러나 독일철학을 통해 서구의 현대철학 전반의 흐름을 놓치지 않는다. 왜냐하면 서양 근대철학의 핵심은 독일철학이며, 현대철학의 다양한 사조들은 근본적으로 근대 독일철학, 특히 칸트 이후의 독일관념론을 어떻게 보는가에 따라 달라지기 때문이다.

저자가 밝힌 바와 같이 《20세기 독일철학》은 다양한 현대철학의 흐름을 유형별로 구분하면서 무엇보다도 그 유형의 대표 철학자들이 주장하고 있는 자신들의 철학 이해에 초점을 맞추고 있다. 현대철학은 '철학'이라는 학을 어떻게 이해하고 있으며, 각자의 이해 속에 그들은 어떤 철학적 사유를 하고, 어떤 철학적 체계를 제시하고 있으며 무엇을 해결하려고 하는지, 그리고 그들의 철학 이해가 지니고 있는 문제점이 무엇인지 이 저서는 명료하게 밝히고 있다.

독자는 아마도 이 저서를 통해 20세기 독일철학뿐만 아니라 서양철학 전반의 역사적 배경과 흐름, 그리고 현대철학의 다양한 유형들 및 이 다양한 유형들로부터 미래철학이 어떻게 전개될 것인지를 인지할 수 있을 것이다. 특히 독자는 이 저서를 통해 철학의 가장 근원적 문제인 '철학이란 과연 어떤 학인가'의 물음에 접할 것이며, 그리고 각 대표 철학자들의 철학 이해를 통해 '철학이란 과연 어떤 학이어야 할 것인지'를 숙고할 기회를 마련할 수 있을 것이다. 또한 독자는 각자 나름대로 미래에는 철학이 어떤 학이어야 할 것임을 주장할 수 있으며, 각자의 입장에 따라 나름대로의 철학적 사유를 할 수 있을 것이다.

이 저서는 현대철학의 다양한 유형들을 소개하고 있기 때문에 번역에 어려운 점이 많았음을 역자로서 고백하지 않을 수 없다. 동일한 용어도 철학사조에 따라 다른 의미로 사용되고 있으며, 더욱이 이 용어에 적합한 우리말을 찾지 못해 더욱더 어려움이 많았다. 동일한 용어라도 가능한 각 철학사조들의 의미 사용에 따라 번역했으며, 또한 각 사조들의 전문 용어는 우리나라의 전문가들이 번역한 용어를 참조하였다. 그러나 현대철학의 모든 사조를 통달하지 못한 역자로서 혹시나 전문 용어를 다르게 번역한 점이 있다면 독자의 비판을 바란다. 그 대표적인 예가 'Wissenschaft'이다. **Wissenschaft**는 우리말로 학문, 학 또는 과학으로 번역된다. 그러나 우리말에서 이 세 언어는 서로 색깔을 달리하고 있다. 역자는 할 수 없이 텍스트의 문맥에 따라 다르게 번역하였다. 이 점 독자의 양해를 구하며, 하루 빨리 번역에 대한 체계적 연구가 있기를 기대한다.

그리고 저자는 20세기 독일철학 전반을 일목요연하게 소개하고 있기에 가능한 집약적으로 서술하고 있다. 집약된 서술이기에 번역에 어려움이 많았다. 그런 까닭에 역자는 가능한 직역을 우선으로 하였지만 직역이 용이하지 않거나 이해를 어렵게 하였을 경우 의역을 할 수밖에 없었다. 이 점 독자에게 양해를 구하며, 혹시 잘못된 번역이 있을 경우 그 책임은 전적으로 역자에게 있으며 독자의 기탄없는 질책이 있기를 바란다.

끝으로 이 책을 출판함에 있어서 끝까지 인내심으로 갖고 격려해 주신 동문선 신성대 사장님과 원고를 교열해 주신 편집부 여러분들, 그리고 번역에 도움을 준 박형진 군에게 감사의 말씀을 드린다.

2005년 5월 송파동에서 박중목

<h1 style="text-align:center">색 인</h1>

박중목

성균관대학교 독문학과 졸업
독일 하이델베르크대학교에서 칸트에 대한 논문
〈선험적 변증론의 체계에서 본 선험적 영혼론의 문제〉로 철학박사 학위 받음.
현재 명지대학교 철학과 겸임교수로 재직중, 인하대학교 철학과에도 강의
저서: 《철학적 물음과 그 이론들》
논문: 〈선험적 오류 추리에 있어서 영혼의 실체성〉
〈칸트에 있어서 영혼의 인격성〉
〈칸트철학에 있어서 이념의 규제적 사용의 가능성〉 등
역서: 《쉽게 읽는 칸트, 순수이성비판》

20세기 독일철학

초판발행 : 2005년 5월 20일

東文選

제10-64호, 78. 12. 16 등록
110-300 서울 종로구 관훈동 74번지
전화 : 737-2795

편집설계 : 李姃炅 李惠允

ISBN 89-8038-539-0 94160
ISBN 89-8038-000-3(세트/문예신서)

【東文選 現代新書】

1 21세기를 위한 새로운 엘리트　　　FORESEEN 연구소 / 김경현　　　7,000원
2 의지, 의무, 자유 ― 주제별 논술　　L. 밀러 / 이대희　　　6,000원
3 사유의 패배　　　A. 핑켈크로트 / 주태환　　　7,000원
4 문학이론　　　J. 컬러 / 이은경 · 임옥희　　　7,000원
5 불교란 무엇인가　　　D. 키언 / 고길환　　　6,000원
6 유대교란 무엇인가　　　N. 솔로몬 / 최창모　　　6,000원
7 20세기 프랑스철학　　　E. 매슈스 / 김종갑　　　8,000원
8 강의에 대한 강의　　　P. 부르디외 / 현택수　　　6,000원
9 텔레비전에 대하여　　　P. 부르디외 / 현택수　　　10,000원
10 고고학이란 무엇인가　　　P. 반 / 박범수　　　8,000원
11 우리는 무엇을 아는가　　　T. 나겔 / 오영미　　　5,000원
12 에쁘롱―니체의 문체들　　　J. 데리다 / 김다은　　　7,000원
13 히스테리 사례분석　　　S. 프로이트 / 태혜숙　　　7,000원
14 사랑의 지혜　　　A. 핑켈크로트 / 권유현　　　6,000원
15 일반미학　　　R. 카이유와 / 이경자　　　6,000원
16 본다는 것의 의미　　　J. 버거 / 박범수　　　10,000원
17 일본영화사　　　M. 테시에 / 최은미　　　7,000원
18 청소년을 위한 철학교실　　　A. 자카르 / 장혜영　　　7,000원
19 미술사학 입문　　　M. 포인턴 / 박범수　　　8,000원
20 클래식　　　M. 비어드 · J. 헨더슨 / 박범수　　　6,000원
21 정치란 무엇인가　　　K. 미노그 / 이정철　　　6,000원
22 이미지의 폭력　　　O. 몽젱 / 이은민　　　8,000원
23 청소년을 위한 경제학교실　　　J. C. 드루엥 / 조은미　　　6,000원
24 순진함의 유혹〔메디시스賞 수상작〕　　P. 브뤼크네르 / 김웅권　　　9,000원
25 청소년을 위한 이야기 경제학　　　A. 푸르상 / 이은민　　　8,000원
26 부르디외 사회학 입문　　　P. 보네위츠 / 문경자　　　7,000원
27 돈은 하늘에서 떨어지지 않는다　　K. 아른트 / 유영미　　　6,000원
28 상상력의 세계사　　　R. 보이아 / 김웅권　　　9,000원
29 지식을 교환하는 새로운 기술　　　A. 벵토릴라 外 / 김혜경　　　6,000원
30 니체 읽기　　　R. 비어즈워스 / 김웅권　　　6,000원
31 노동, 교환, 기술 ― 주제별 논술　　B. 데코사 / 신은영　　　6,000원
32 미국만들기　　　R. 로티 / 임옥희　　　10,000원
33 연극의 이해　　　A. 쿠프리 / 장혜영　　　8,000원
34 라틴문학의 이해　　　J. 가야르 / 김교신　　　8,000원
35 여성적 가치의 선택　　　FORESEEN연구소 / 문신원　　　7,000원
36 동양과 서양 사이　　　L. 이리가라이 / 이은민　　　7,000원
37 영화와 문학　　　R. 리처드슨 / 이형식　　　8,000원
38 분류하기의 유혹 ― 생각하기와 조직하기　　G. 비뇨 / 임기대　　　7,000원
39 사실주의 문학의 이해　　　G. 라루 / 조성애　　　8,000원
40 윤리학―악에 대한 의식에 관하여　　A. 바디우 / 이종영　　　7,000원
41 흙과 재〔소설〕　　　A. 라히미 / 김주경　　　6,000원

42 진보의 미래	D. 르쿠르 / 김영선	6,000원
43 중세에 살기	J. 르 고프 外 / 최애리	8,000원
44 쾌락의 횡포·상	J. C. 기유보 / 김웅권	10,000원
45 쾌락의 횡포·하	J. C. 기유보 / 김웅권	10,000원
46 운디네와 지식의 불	B. 데스파냐 / 김웅권	8,000원
47 이성의 한가운데에서—이성과 신앙	A. 퀴노 / 최은영	6,000원
48 도덕적 명령	FORESEEN 연구소 / 우강택	6,000원
49 망각의 형태	M. 오제 / 김수경	6,000원
50 느리게 산다는 것의 의미·1	P. 쌍소 / 김주경	7,000원
51 나만의 자유를 찾아서	C. 토마스 / 문신원	6,000원
52 음악적 삶의 의미	M. 존스 / 송인영	근간
53 나의 철학 유언	J. 기통 / 권유현	8,000원
54 타르튀프/서민귀족 〔희곡〕	몰리에르 / 덕성여대극예술비교연구회	8,000원
55 판타지 공장	A. 플라워즈 / 박범수	10,000원
56 홍수·상 〔완역판〕	J. M. G. 르 클레지오 / 신미경	8,000원
57 홍수·하 〔완역판〕	J. M. G. 르 클레지오 / 신미경	8,000원
58 일신교—성경과 철학자들	E. 오르티그 / 전광호	6,000원
59 프랑스 시의 이해	A. 바이양 / 김다은·이혜지	8,000원
60 종교철학	J. P. 힉 / 김희수	10,000원
61 고요함의 폭력	V. 포레스테 / 박은영	8,000원
62 고대 그리스의 시민	C. 모세 / 김덕희	7,000원
63 미학개론—예술철학입문	A. 셰퍼드 / 유호전	10,000원
64 논증—담화에서 사고까지	G. 비뇨 / 임기대	6,000원
65 역사—성찰된 시간	F. 도스 / 김미겸	7,000원
66 비교문학개요	F. 클로동·K. 아다-보트링 / 김정란	8,000원
67 남성지배	P. 부르디외 / 김용숙	개정판 10,000원
68 호모사피언스에서 인터렉티브인간으로	FORESEEN 연구소 / 공나리	8,000원
69 상투어—언어·담론·사회	R. 아모시·A. H. 피에로 / 조성애	9,000원
70 우주론이란 무엇인가	P. 코올즈 / 송형석	8,000원
71 푸코 읽기	P. 빌루에 / 나길래	8,000원
72 문학논술	J. 파프·D. 로쉬 / 권종분	8,000원
73 한국전통예술개론	沈雨晟	10,000원
74 시학—문학 형식 일반론 입문	D. 퐁텐 / 이용주	8,000원
75 진리의 길	A. 보다르 / 김승철·최정아	9,000원
76 동물성—인간의 위상에 관하여	D. 르스텔 / 김승철	6,000원
77 랑가쥬 이론 서설	L. 옐름슬레우 / 김용숙·김혜련	10,000원
78 잔혹성의 미학	F. 토넬리 / 박형섭	9,000원
79 문학 텍스트의 정신분석	M. J. 벨멩-노엘 / 심재중·최애영	9,000원
80 무관심의 절정	J. 보드리야르 / 이은민	8,000원
81 영원한 황홀	P. 브뤼크네르 / 김웅권	9,000원
82 노동의 종말에 반하여	D. 슈나페르 / 김교신	6,000원
83 프랑스영화사	J. -P. 장콜라 / 김혜련	8,000원

【東文選 文藝新書】

21	華夏美學	李澤厚 / 權 瑚	20,000원
22	道	張立文 / 權 瑚	18,000원
23	朝鮮의 占卜과 豫言	村山智順 / 金禧慶	28,000원
24	원시미술	L. 아담 / 金仁煥	16,000원
25	朝鮮民俗誌	秋葉隆 / 沈雨晟	12,000원
26	神話의 이미지	J. 캠벨 / 扈承喜	근간
27	原始佛敎	中村元 / 鄭泰爀	8,000원
28	朝鮮女俗考	李能和 / 金尙憶	24,000원
29	朝鮮解語花史(조선기생사)	李能和 / 李在崑	25,000원
30	조선창극사	鄭魯湜	17,000원
31	동양회화미학	崔炳植	18,000원
32	性과 결혼의 민족학	和田正平 / 沈雨晟	9,000원
33	農漁俗談辭典	宋在璇	12,000원
34	朝鮮의 鬼神	村山智順 / 金禧慶	12,000원
35	道敎와 中國文化	葛兆光 / 沈揆昊	15,000원
36	禪宗과 中國文化	葛兆光 / 鄭相泓·任炳權	8,000원
37	오페라의 역사	L. 오레이 / 류연희	절판
38	인도종교미술	A. 무케르지 / 崔炳植	14,000원
39	힌두교의 그림언어	안넬리제 外 / 全在星	9,000원
40	중국고대사회	許進雄 / 洪 熹	30,000원
41	중국문화개론	李宗桂 / 李宰碩	23,000원
42	龍鳳文化源流	王大有 / 林東錫	25,000원
43	甲骨學通論	王宇信 / 李宰碩	40,000원
44	朝鮮巫俗考	李能和 / 李在崑	20,000원
45	미술과 페미니즘	N. 부루드 外 / 扈承喜	9,000원
46	아프리카미술	P. 윌레츠 / 崔炳植	절판
47	美의 歷程	李澤厚 / 尹壽榮	28,000원
48	曼茶羅의 神들	立川武藏 / 金龜山	19,000원
49	朝鮮歲時記	洪錫謨 外/李錫浩	30,000원
50	하 상	蘇曉康 外 / 洪 熹	절판
51	武藝圖譜通志 實技解題	正 祖 / 沈雨晟·金光錫	15,000원
52	古文字學첫걸음	李學勤 / 河永三	14,000원
53	體育美學	胡小明 / 閔永淑	18,000원
54	아시아 美術의 再發見	崔炳植	9,000원
55	曆과 占의 科學	永田久 / 沈雨晟	8,000원
56	中國小學史	胡奇光 / 李宰碩	20,000원
57	中國甲骨學史	吳浩坤 外 / 梁東淑	35,000원
58	꿈의 철학	劉文英 / 河永三	22,000원
59	女神들의 인도	立川武藏 / 金龜山	19,000원
60	性의 역사	J. L. 플랑드렝 / 편집부	18,000원
61	쉬르섹슈얼리티	W. 챠드윅 / 편집부	10,000원
62	여성속담사전	宋在璇	18,000원

63	박재서희곡선	朴栽緒	10,000원
64	東北民族源流	孫進己 / 林東錫	13,000원
65	朝鮮巫俗의 研究(상·하)	赤松智城·秋葉隆 / 沈雨晟	28,000원
66	中國文學 속의 孤獨感	斯波六郎 / 尹壽榮	8,000원
67	한국사회주의 연극운동사	李康列	8,000원
68	스포츠인류학	K. 블랑챠드 外 / 박기동 外	12,000원
69	리조복식도감	리팔찬	20,000원
70	娼 婦	A. 꼬르벵 / 李宗旼	22,000원
71	조선민요연구	高晶玉	30,000원
72	楚文化史	張正明 / 南宗鎭	26,000원
73	시간, 욕망, 그리고 공포	A. 코르뱅 / 변기찬	18,000원
74	本國劍	金光錫	40,000원
75	노트와 반노트	E. 이오네스코 / 박형섭	20,000원
76	朝鮮美術史硏究	尹喜淳	7,000원
77	拳法要訣	金光錫	30,000원
78	艸衣選集	艸衣意恂 / 林鍾旭	20,000원
79	漢語音韻學講義	董少文 / 林東錫	10,000원
80	이오네스코 연극미학	C. 위베르 / 박형섭	9,000원
81	중국문자훈고학사전	全廣鎭 편역	23,000원
82	상말속담사전	宋在璇	10,000원
83	書法論叢	沈尹默 / 郭魯鳳	16,000원
84	침실의 문화사	P. 디비 / 편집부	9,000원
85	禮의 精神	柳 肅 / 洪 熹	20,000원
86	조선공예개관	沈雨晟 편역	30,000원
87	性愛의 社會史	J. 솔레 / 李宗旼	18,000원
88	러시아미술사	A. I. 조토프 / 이건수	22,000원
89	中國書藝論文選	郭魯鳳 選譯	25,000원
90	朝鮮美術史	關野貞 / 沈雨晟	30,000원
91	美術版 탄트라	P. 로슨 / 편집부	8,000원
92	군달리니	A. 무케르지 / 편집부	9,000원
93	카마수트라	바짜야나 / 鄭泰爀	18,000원
94	중국언어학총론	J. 노먼 / 全廣鎭	28,000원
95	運氣學說	任應秋 / 李宰碩	15,000원
96	동물속담사전	宋在璇	20,000원
97	자본주의의 아비투스	P. 부르디외 / 최종철	10,000원
98	宗敎學入門	F. 막스 뮐러 / 金龜山	10,000원
99	변 화	P. 바츨라빅크 外 / 박인철	10,000원
100	우리나라 민속놀이	沈雨晟	15,000원
101	歌訣(중국역대명언경구집)	李宰碩 편역	20,000원
102	아니마와 아니무스	A. 융 / 박해순	8,000원
103	나, 너, 우리	L. 이리가라이 / 박정오	12,000원
104	베케트연극론	M. 푸크레 / 박형섭	8,000원

147	모더니티입문	H. 르페브르 / 이종민	24,000원
148	재생산	P. 부르디외 / 이상호	23,000원
149	종교철학의 핵심	W. J. 웨인라이트 / 김희수	18,000원
150	기호와 몽상	A. 시몽 / 박형섭	22,000원
151	융분석비평사전	A. 새뮤얼 外 / 민혜숙	16,000원
152	운보 김기창 예술론연구	최병식	14,000원
153	시적 언어의 혁명	J. 크리스테바 / 김인환	20,000원
154	예술의 위기	Y. 미쇼 / 하태환	15,000원
155	프랑스사회사	G. 뒤프 / 박 단	16,000원
156	중국문예심리학사	劉偉林 / 沈揆昊	30,000원
157	무지카 프라티카	M. 캐넌 / 김혜중	25,000원
158	불교산책	鄭泰爀	20,000원
159	인간과 죽음	E. 모랭 / 김명숙	23,000원
160	地中海	F. 브로델 / 李宗旼	근간
161	漢語文字學史	黃德實·陳秉新 / 河永三	24,000원
162	글쓰기와 차이	J. 데리다 / 남수인	28,000원
163	朝鮮神事誌	李能和 / 李在崑	근간
164	영국제국주의	S. C. 스미스 / 이태숙·김종원	16,000원
165	영화서술학	A. 고드로·F. 조스트 / 송지연	17,000원
166	美學辭典	사사키 겡이치 / 민주식	22,000원
167	하나이지 않은 성	L. 이리가라이 / 이은민	18,000원
168	中國歷代書論	郭魯鳳 譯註	25,000원
169	요가수트라	鄭泰爀	15,000원
170	비정상인들	M. 푸코 / 박정자	25,000원
171	미친 진실	J. 크리스테바 外 / 서민원	25,000원
172	디스탱숑	P. 부르디외 / 이종민	근간
173	세계의 비참(전3권)	P. 부르디외 外 / 김주경	각권 26,000원
174	수묵의 사상과 역사	崔炳植	근간
175	파스칼적 명상	P. 부르디외 / 김웅권	22,000원
176	지방의 계몽주의	D. 로슈 / 주명철	30,000원
177	이혼의 역사	R. 필립스 / 박범수	25,000원
178	사랑의 단상	R. 바르트 / 김희영	20,000원
179	中國書藝理論體系	熊秉明 / 郭魯鳳	23,000원
180	미술시장과 경영	崔炳植	16,000원
181	카프카—소수적인 문학을 위하여	G. 들뢰즈·F. 가타리 / 이진경	18,000원
182	이미지의 힘—영상과 섹슈얼리티	A. 쿤 / 이형식	13,000원
183	공간의 시학	G. 바슐라르 / 곽광수	23,000원
184	랑데부—이미지와의 만남	J. 버거 / 임옥희·이은경	18,000원
185	푸코와 문학—글쓰기의 계보학을 향하여	S. 듀링 / 오경심·홍유미	26,000원
186	각색, 연극에서 영화로	A. 엘보 / 이선형	16,000원
187	폭력과 여성들	C. 도펭 外 / 이은민	18,000원
188	하드 바디—할리우드 영화에 나타난 남성성	S. 제퍼드 / 이형식	18,000원

231	근대성과 육체의 정치학	D. 르 브르통 / 홍성민	20,000원
232	허난설헌	金成南	16,000원
233	인터넷 철학	G. 그레이엄 / 이영주	15,000원
234	사회학의 문제들	P. 부르디외 / 신미경	23,000원
235	의학적 추론	A. 시쿠렐 / 서민원	20,000원
236	튜링—인공지능 창시자	J. 라세구 / 임기대	16,000원
237	이성의 역사	F. 샤틀레 / 심세광	16,000원
238	朝鮮演劇史	金在喆	22,000원
239	미학이란 무엇인가	M. 지므네즈 / 김웅권	23,000원
240	古文字類編	高 明	40,000원
241	부르디외 사회학 이론	L. 핀토 / 김용숙·김은희	20,000원
242	문학은 무슨 생각을 하는가?	P. 마슈레 / 서민원	23,000원
243	행복해지기 위해 무엇을 배워야 하는가?	A. 우지오 外 / 김교신	18,000원
244	영화와 회화: 탈배치	P. 보니체 / 홍지화	18,000원
245	영화 학습—실천적 지표들	F. 바누아 外 / 문신원	16,000원
246	회화 학습—실천적 지표들	F. 기블레 / 고수현	근간
247	영화미학	J. 오몽 外 / 이용주	24,000원
248	시—형식과 기능	J. L. 주베르 / 김경온	근간
249	우리나라 옹기	宋在璇	40,000원
250	검은 태양	J. 크리스테바 / 김인환	27,000원
251	어떻게 더불어 살 것인가	R. 바르트 / 김웅권	28,000원
252	일반 교양 강좌	E. 코바 / 송대영	23,000원
253	나무의 철학	R. 뒤마 / 송형석	29,000원
254	영화에 대하여—에이리언과 영화철학	S. 멀할 / 이영주	18,000원
255	문학에 대하여—행동하는 지성	H. 밀러 / 최은주	16,000원
256	미학 연습—플라톤에서 에코까지	임우영 外 편역	18,000원
257	조희룡 평전	김영회 外	18,000원
258	역사철학	F. 도스 / 최생열	23,000원
259	철학자들의 동물원	A. L. 브라 쇼파르 / 문신원	22,000원
260	시각의 의미	J. 버거 / 이용은	24,000원
261	들뢰즈	A. 괄란디 / 임기대	13,000원
262	문학과 문화 읽기	김종갑	16,000원
263	과학에 대하여—행동하는 지성	B. 리들리 / 이영주	근간
264	장 지오노와 서술 이론	송지연	18,000원
265	영화의 목소리	M. 시옹 / 박선주	20,000원
266	사회보장의 발명	J. 동즐로 / 주형일	17,000원
267	이미지와 기호	M. 졸리 / 이선형	22,000원
268	위기의 식물	J. M. 펠트 / 이충건	근간
269	중국 소수민족의 원시종교	洪 熹	18,000원
270	영화감독들의 영화 이론	J. 오몽 / 곽동준	22,000원
271	중첩	J. 들뢰즈·C. 베네 / 허희정	18,000원
272	대담—디디에 에리봉과의 자전적 인터뷰	J. 뒤메질 / 송대영	근간

3101 《제7의 봉인》 비평 연구	E. 그랑조르주 / 이은민	17,000원
3102 《쥘과 짐》 비평 연구	C. 르 베르 / 이은민	18,000원
3103 《시민 케인》 비평 연구	J. 루아 / 이용주	15,000원

【기 타】

▨ 모드의 체계	R. 바르트 / 이화여대기호학연구소	18,000원
▨ 라신에 관하여	R. 바르트 / 남수인	10,000원
▨ 說 苑 (上·下)	林東錫 譯註	각권 30,000원
▨ 晏子春秋	林東錫 譯註	30,000원
▨ 西京雜記	林東錫 譯註	20,000원
▨ 搜神記 (上·下)	林東錫 譯註	각권 30,000원
■ 경제적 공포〔메디치賞 수상작〕	V. 포레스테 / 김주경	7,000원
■ 古陶文字徵	高 明·葛英會	20,000원
■ 그리하여 어느날 사랑이여	이외수 편	4,000원
■ 너무한 당신, 노무현	현택수 칼럼집	9,000원
■ 노력을 대신하는 것은 없다	R. 쉬이 / 유혜련	5,000원
■ 노블레스 오블리주	현택수 사회비평집	7,500원
■ 딸에게 들려 주는 작은 지혜	N. 레흐레이트너 / 양영란	6,500원
■ 미래를 원한다	J. D. 로스네 / 문 선·김덕희	8,500원
■ 바람의 자식들—정치시사칼럼집	현택수	8,000원
■ 사랑의 존재	한용운	3,000원
■ 산이 높으면 마땅히 우러러볼 일이다	유 향 / 임동석	5,000원
■ 서기 1000년과 서기 2000년 그 두려움의 흔적들	J. 뒤비 / 양영란	8,000원
■ 서비스는 유행을 타지 않는다	B. 바게트 / 정소영	5,000원
■ 선종이야기	홍 희 편저	8,000원
■ 섬으로 흐르는 역사	김영회	10,000원
■ 세계사상	창간호~3호: 각권 10,000원 / 4호: 14,000원	
■ 십이속상도안집	편집부	8,000원
■ 얀 이야기 ① 얀과 카와카마스	마치다 준 / 김은진·한인숙	8,000원
■ 어린이 수묵화의 첫걸음(전6권)	趙 陽 / 편집부	각권 5,000원
■ 오늘 다 못다한 말은	이외수 편	7,000원
■ 오블라디 오블라다, 인생은 브래지어 위를 흐른다	무라카미 하루키 / 김난주	7,000원
■ 이젠 다시 유혹하지 않으련다	P. 쌍소 / 서민원	9,000원
■ 인생은 앞유리를 통해서 보라	B. 바게트 / 박해순	5,000원
■ 자기를 다스리는 지혜	한인숙 편저	10,000원
■ 천연기념물이 된 바보	최병식	7,800원
■ 原本 武藝圖譜通志	正祖 命撰	60,000원
■ 테오의 여행 (전5권)	C. 클레망 / 양영란	각권 6,000원
■ 한글 설원 (상·중·하)	임동석 옮김	각권 7,000원
■ 한글 안자춘추	임동석 옮김	8,000원
■ 한글 수신기 (상·하)	임동석 옮김	각권 8,000원

【만 화】

■ 동물학 　　　　　　　　　　C. 세르 　　　　　　　　　　14,000원
■ 블랙 유머와 흰 가운의 의료인들 C. 세르 　　　　　　　　14,000원
■ 비스 콩프리 　　　　　　　　C. 세르 　　　　　　　　　14,000원
■ 세르(평전) 　　　　　　　　Y. 프레미옹 / 서민원 　　　　16,000원
■ 자가 수리공 　　　　　　　　C. 세르 　　　　　　　　　14,000원
▨ 못말리는 제임스 　　　　　　M. 톤라 / 이영주 　　　　　12,000원
▨ 레드와 로버 　　　　　　　　B. 바세트 / 이영주 　　　　　12,000원

【동문선 주네스】

■ 고독하지 않은 홀로되기 　　　P. 들레름·M. 들레름 / 박정오 　　8,000원
■ 이젠 나도 느껴요! 　　　　　이사벨 주니오 그림 　　　　　14,000원
■ 이젠 나도 알아요! 　　　　　도로테 드 몽프리드 그림 　　　16,000원

【조병화 작품집】

■ 공존의 이유 　　　　　　　　제11시집 　　　　　　　　　5,000원
■ 그리운 사람이 있다는 것은 　　제45시집 　　　　　　　　5,000원
■ 길 　　　　　　　　　　　　애송시모음집 　　　　　　　10,000원
■ 개구리의 명상 　　　　　　　제40시집 　　　　　　　　3,000원
■ 그리움 　　　　　　　　　　애송시화집 　　　　　　　　7,000원
■ 꿈 　　　　　　　　　　　　고희기념자선시집 　　　　　10,000원
■ 넘을 수 없는 세월 　　　　　제53시집 　　　　　　　　10,000원
■ 따뜻한 슬픔 　　　　　　　　제49시집 　　　　　　　　5,000원
■ 버리고 싶은 유산 　　　　　　제1시집 　　　　　　　　3,000원
■ 사랑의 노숙 　　　　　　　　애송시집 　　　　　　　　4,000원
■ 사랑의 여백 　　　　　　　　애송시화집 　　　　　　　5,000원
■ 사랑이 가기 전에 　　　　　　제5시집 　　　　　　　　4,000원
■ 남은 세월의 이삭 　　　　　　제52시집 　　　　　　　　6,000원
■ 시와 그림 　　　　　　　　　애장본시화집 　　　　　　30,000원
■ 아내의 방 　　　　　　　　　제44시집 　　　　　　　　4,000원
■ 잠 잃은 밤에 　　　　　　　　제39시집 　　　　　　　　3,400원
■ 패각의 침실 　　　　　　　　제 3시집 　　　　　　　　3,000원
■ 하루만의 위안 　　　　　　　제 2시집 　　　　　　　　3,000원